DIEDERICHS GELBE REIHE

herausgegeben von Michael Günther

Statue des Gorakṣanatha im Gorakṣanatha-Tempel in Gorakhpur (Nordindien).

Jyotishman Dam

Shiva-Yoga

Indiens großer Yogi Gorakshanatha

Eugen Diederichs Verlag

Alle Abbildungen stammen aus dem Archiv des Autors.

Die Deutsche Bibliothek – CIP-Einheitsaufnahme
Shiva-Yoga : Indiens großer Yogi Gorakshanatha /
Jyotishman Dam. – München : Diederichs, 1998
(Diederichs Gelbe Reihe ; 142 : Indien)
ISBN 3-424-01393-5

Umschlaggestaltung: Zembsch' Werkstatt, München
Produktion: Tillmann Roeder, München
Satz: Fotosatz Otto Gutfreund, Darmstadt
Druck und Bindung: Pressedruck Augsburg
Printed in Germany

ISBN 3-424-01393-5

Inhalt

Editorische Notiz
zur Umschreibung und Aussprache indischer Wörter 9

Vorwort 11

I. Śiva, die Tantras und der Yoga

Eine Einführung 17

Der Ursprung der Lehren der Tantras
und des Yoga 23

1. Die hinduistischen Tantras 25
Adhikāra und Pāda 26
Jñānapada – Die Philosophie der Tantras 29
Die Mystik der Sprache 34
Sādhanā und Yoga – Die praktischen Methoden . 37
Nyāsa und Mudrā 38
Mantra, Devatā und Yantra 39
Exkurs zur Geschichte des Yoga 41
Der Haṭhayoga und die Kuṇḍalinī-Kraft 42
Die Pañcamakāras oder die Rahasyapūjā 49
Der Guru und die Initiation 53
Samādhi, Mokṣa und Sāmarasya 55

2. Zur Bedeutung der Tantras und des Yoga 58

II. Gorakṣanātha und die Siddhas

1. Siddhas und Kaula-Tāntrikas 61
Die Zeit 61
Die Siddhas 64
Die Kaula-Tāntrikas 70

2. Matsyendranātha – Meister der Fische 73

3. Gorakṣanātha – Indiens großer Yogin 80
Die Werke Gorakṣanāthas 91

4. Die Nāthayogins 92

5. Die 84 Mahāsiddhas und der tantrische Buddhismus 98

6. Die Sants und die indische Mystik des Mittelalters 105

III. Der Yoga der Nāthasiddhas und die Kuṇḍalinī

1. Einführung 113

2. Unsterblichkeit 115

3. Kāyasādhanā – Die Vervollkommnung des Körpers 119

4. Die Vereinigung von Sonne und Mond 122

5. Siddhis – Die Kräfte des Siddha 127

6. Der Haṭhayoga und die subtile Physiologie . . . 131

7. Die Kuṇḍalinī-Kraft 140

8. Haṭhayoga, Kuṇḍalinīyoga und Rājayoga 144
Haṭhayoga 145
Kuṇḍalinīyoga oder Layayoga 157
Rājayoga 164
Der Guru 169

9. Nāthayoga und andere Wege 171

IV. Philosophie und Spiritualität im Leitfaden zur Lehre der Siddhas

1. Einführung 173

2. Das Absolute: Jenseits von Einheit und Vielheit . 178
   Das Absolute in der Siddha-Siddhānta-Paddhati 179

3. Śiva und Śakti 182
   Das Absolute und Śiva-Śakti 182
   Das Verhältnis von Śiva und Śakti 184
   Die kosmische Manifestation 185
   Kula und Akula 186

4. Die Seinsweisen des Unaussprechlichen Einen . . 187
   Der Begriff »Piṇḍa« 188
   Seinseinheiten und ihre Entstehung 190

5. Mikrokosmos und Makrokosmos 195

6. Der Weg zur Vollkommenheit 198
   Das angestrebte Ziel 198
   Vorbereitende Techniken 200
   Wege, die nicht zum Ziel führen 201
   Der Guru: Das Mittel zum Heil 202

7. Der Vollkommene Yogin 204
   Der Zustand der Vollkommenheit 204
   Die Harmonie aller Wege 206

V. Der Leitfaden zur Lehre der Siddhas

Übersetzung der Siddha-Siddhānta-Paddhati . . 209

Erste Unterweisung 209
Zweite Unterweisung 218
Dritte Unterweisung 225
Vierte Unterweisung 229

Fünfte Unterweisung 235
Sechste Unterweisung 247

Anmerkungen 259

Literatur 276

Zum Autor 282

Editorische Notiz

zur Umschreibung und Aussprache indischer Wörter

Anders als im Buchtitel wurde im Text die in der Indologie übliche Schreibweise gewählt. Das heißt, statt *Shiva*, *Yogi* und *Gorakshanatha* wurden *Śiva*, *Yogin* und *Gorakṣanātha* mit den entsprechenden diakritischen Zeichen gesetzt. Gleiches gilt für Begriffe wie *Shakti*, *Vishnu* und *Chakra*, die im Text als *Śakti*, *Viṣṇu* und *Cakra* wiederzufinden sind. Wo ein bestimmter Text der Upanishaden (der ansonsten üblichen Schreibweise in Büchern des Eugen Diederichs Verlags, z. B. DG 15 und DG 26) gemeint ist, steht *Upaniṣad*.

Allgemein ist bei den in Normalschrift gedruckten Sanskrit-Wörtern zu beachten, daß ch wie tsch und j wie dsch ausgesprochen wird.

Die meisten Wörter und Sätze wurden nach dem international anerkanntesten System transliteriert:

a, i, u
kurze Vokale: h*a*t, *i*st, F*u*tter

ā, ī, ū
lange Vokale: h*a*ben, l*ie*gen, *U*fer

o, e, ai, au
sind Diphthonge und daher immer lang

ṛ, ṝ, ḷ
im Sanskrit Vokale; wie ri, rī, li gesprochen

c
ist tsch

j
ist dsch

ṅ
wie in A*n*ker

ñ
wie in pla*n*schen
ṃ
Nasal, der eine Nasalierung des vorangehenden Vokals bewirkt: *saṃhitā* = sã(m)hitā; oder er paßt sich an den folgenden Konsonanten an: *ahaṃ tena* = *ahan tena; bhadraṃ karṇebhiḥ* = *bhadraṅ karṇebhiḥ.*
ph
als p + h gesprochen
ṭ, ṭh, ḍ, ḍh, ṇa
mit zurückgebogener Zunge gesprochen, ähnlich dem englischen t und d
kh, gh, ch,
jh, ṭh, th,
ḍh, dh, bh
behauchte Konsonanten; wie in Blo*ckh*aus, Lich*th*of, Bil*dh*aken, a*bh*auen... (Konsonanten ohne h werden im Unterschied zum Deutschen ohne Behauchung gesprochen, wie etwa im Spanischen)
ṣ, ś
in etwa wie deutsches sch gesprochen
ḥ
leichter Hauchlaut, meist am Ende eines Wortes

Vorwort

Gorakṣanātha, Indiens vielleicht größter Yogin, und die Nāthayogins zählen zu den wichtigsten Vertretern des Shivaismus und des Yoga. Viele der berühmten Siddhas des indischen Mittelalters waren Nāthayogins. Sie lehrten Yogamethoden und gaben entscheidende Impulse, die den Yoga noch in seiner heutigen Form prägen. Die Nāthayogins oder Nāthasiddhas waren die Haṭhayogins schlechthin, sie praktizierten ebenso Kuṇḍalinīyoga, die Meditationstechniken des Rājayoga und die weniger bekannten Methoden des Nādayoga, einem Lauschen auf innere Klänge. Sie versuchten die vollkommene Einheit mit dem Göttlichen zu erreichen, indem sie die Heranbildung eines göttlichen, unsterblichen Körpers anstrebten. Sie wollten zum wahren Ebenbild Śivas werden. Daher wurde ihre Lehre auch treffend als Śivayoga bezeichnet, und Gorakṣanātha, als der Śivayogin par excellence, galt nicht nur den Nāthayogins als eine Verkörperung Śivas selbst.

Der Name Gorakṣanātha oder, wie in Indien heute gebräuchlich, Gorakhnāth, entlockt fast jedem Inder ein Gefühl der Ehrfurcht und Bewunderung. In unzähligen Legenden und Geschichten hat er von dem Yogin und Magier Gorakṣanātha gehört, von seinen okkulten und magischen Kräften und Taten, von seiner nicht wankenden Entsagung und der Hingabe an seinen Meister Matsyendranātha. Stammt der betreffende Inder aus Maharashtra, dann wird er Gorakṣa als einen Ahnherrn der berühmten Viṣṇu-Tradition dieses Landes schätzen, die ihre großen Vertreter in den Heiligen Jñānadeva und Eknāth fand. Stammt er aus dem Punjab, dann wird er von

Gorakṣanāthas legendärer (aber nicht möglicher) Begegnung mit dem Begründer der Sikh-Religion, Guru Nanak, gehört haben. Die Bengalen wiederum kennen Gorakṣa als den Retter seines Meisters Matsyendranātha aus den Fängen des weltlichen Lebens, wie es in dem berühmten Werk »Gorakṣavijaya« (»Der Sieg des Gorakṣa«) erzählt wird. Diese Liste ließe sich fast beliebig lange fortführen. Auch im nahen und durch die geheimnisvollen Himalajas, in denen Gorakṣanātha in Höhlen gelebt haben soll, doch so fernen Tibet erzählt man von Gorakṣanātha Geschichten. Dort taucht er als einer der 84 großen indischen Siddhas auf, die für die tibetische Spiritualität von großer Wichtigkeit waren.

Um so verwunderlicher ist es, daß im Westen, der seit Jahrzehnten mit Büchern über indische Philosophie, über Heilige, Yogins und Yoga überschwemmt wird, niemand von Gorakṣanātha weiß. Ja selbst Indologen kennen meist nur den Namen dieses Yogin. Aber Gorakṣa gilt legendenhaft als einer – oder gar *der* – Begründer des allgemein so bekannten Haṭhayoga und als einer der herausragenden Vertreter des Yoga der Kuṇḍalinī-Kraft. Er ist die große spirituelle Persönlichkeit in der größten und breitesten Yogaströmung aller Zeiten, der der Nāthayogins oder Nāthasiddhas, die im Westen kaum bekannt sind. Dieses Unwissen um einige für das Verständnis der indischen Spiritualität in den letzten 1200 Jahren essentiellen und maßgebenden Kapitel spiritueller Tradition mag seinen Grund vielleicht darin haben, daß wenig wirklich Geschichtliches aus der Unzahl von Legenden, Andeutungen, Anekdoten und den Gorakṣanātha oft zu Unrecht zugeschriebenen Werken herauszufiltern ist. Auch beschäftigt sich die Wissenschaft recht ungern mit dem nördlichen Shivaismus, mit der Blütezeit des Yoga und der tantrischen Philosophie. Der tantrische Shivait und Yogin Gorakṣanātha erleidet damit ein ähnliches Schicksal. Erst in den letzten beiden Jahrzehnten war vermehrt

Interesse für diese Forschungsbereiche zu bemerken. Über Gorakṣanātha selbst weiß man aber noch immer sehr wenig.

Das vorliegende Buch – ein vergleichbares gibt es leider nicht – soll hier ein wenig Abhilfe schaffen. In den Abschnitten über Gorakṣanātha und die mit ihm verbundenen Personen und spirituellen Traditionen wird versucht, alles historisch relevante Material nicht nur vorzuzeigen, sondern zu einem möglichst runden und den spirituellen Aspekt hervorkehrenden Bild zusammenzufügen. Ergänzt werden soll dieses Bild durch Legenden über Gorakṣanātha, seinen Meister Matsyendranātha und andere große Siddhas.

Der philosophische und spirituelle Teil soll zuerst die allgemein bekannte Yogaphilosophie und -praxis der Nāthas, das heißt den Haṭha-, Rāja- und Kuṇḍalinīyoga vorstellen. Einen großen Teil dieses Abschnittes aber wird die Darstellung von Philosophie und Yogapraxis einnehmen, wie sie in dem Werk »Siddha-Siddhānta-Paddhati« (»Leitfaden zur Lehre der Siddhas«) niedergelegt ist. Dieses Werk gilt allgemein als das Hauptwerk Gorakṣanāthas. Im letzten Teil dieses vorliegenden Buches findet sich die Übersetzung des »Leitfadens« aus dem Sanskrit ins Deutsche. Diese Übersetzung ist mit erläuternden Anmerkungen versehen. Es handelt sich um die erste Übersetzung dieses erst seit den fünfziger Jahren allgemein zugänglichen Werkes in eine nichtindische Sprache.

All dem ist ein recht langer einführender Abschnitt über »Śiva, die Tantras und den Yoga« vorangestellt, der die Grundprinzipien tantrisch-shivaitischer Philosophie und spiritueller Praxis darstellen und erläutern soll. Diese übersichtliche und umfassende Einführung in shivaitisches, yogisches und tantrisches Denken und spirituelles Streben ist für ein angemessenes Verständnis Gorakṣanāthas, der Nāthayogins und der Siddhas unumgänglich.

Dieses auch Nicht-Indologen zugängliche Buch ist

das Ergebnis jahrelanger wissenschaftlicher Arbeit über Gorakṣanātha und die Siddha-Siddhānta-Paddhati.

Die Inspiration zu diesem Thema kam durch Sri Chinmoy, einem großen Meister der Spiritualität in unserer Zeit, der selber über Gorakṣanātha und Matsyendranātha geschrieben hat. Seine Worte und seine innere Führung waren die wertvollste und unerläßliche Hilfe, die dem Autor bei der Arbeit zu diesem Buch zuteil geworden ist.

Anerkennung gebührt auch den großen Religionshistorikern und Indologen, auf deren intellektuellen Leistungen das vorliegende Buch gründet: Mircea Eliade, Kalyani Mallik, Eduardo Muller-Ortega, Shashibhusan Dasgupta, Akhoy Kumar Banerjea und andere. Und seine Dankbarkeit legt der Autor auch jenem zu Füßen, dessen großes inneres und äußeres Leben dieses Werk erst ermöglichte: Yogirāja Gorakṣanātha.

Wenn hier Gorakṣanātha »Indiens großer Yogin« genannt wird, so ist das keineswegs eine Übertreibung, sondern eine angemessene Würdigung dieses Siddha und Yogin. Man muß hier freilich anmerken, daß man in Indien spirituelle Größen wie Sri Krishna, Sri Chaitanya, Sri Ramakrishna oder Śaṅkara normalerweise nicht als Yogins bezeichnen würde. Der Titel »Yogin« ist im allgemeinen auf Praktiker des Rājayoga, Haṭhayoga, Kuṇḍalinīyoga und verwandter Formen des Yoga beschränkt. Vor diesem Hintergrund kann Gorakṣanātha als die herausragende Figur der Yogatraditionen in Indien bezeichnet werden, auch was seine angebliche okkulte Macht, seine alles in sich fassende Philosophie und die ungeheure Wirkkraft seiner Persönlichkeit in den Jahrhunderten nach seinem Tod betrifft. Gorakṣanātha verkörpert nicht nur ein neues Erwachen der reinen, zielgerichteten yogischen Spiritualität im Indien um die letzte Jahrtausendwende, sondern seine spirituelle Kraft ist ein wichtiger Schlüssel zum Verständnis der gesamten Mystik und Spiritualität der nachfolgenden Jahrhunderte. Diese Zeit markierte einen neuen Aufbruch, eine neue Entwicklungsstufe der Spiritualität in Indien, die dann erst im 19. Jahrhundert durch Sri Ramakrishna und später durch Sri Aurobindo neue Impulse erhielt, nach 150 Jahren kolonialer Lethargie und des Selbstzweifels. Es war dies die Ausbreitung spiritueller Lehren in alle Bereiche des Lebens hinein, in alle Schichten der Gesellschaft und die Erkenntnis der spirituellen Bedeutung des menschlichen Körpers und der Welt um uns. Es war die Entwicklung der Spiritualität zu einer alles Leben umfassenden Lehre und Kraft.

I. Śiva, die Tantras und der Yoga

Eine Einführung

Am Ende des europäischen Altertums, als die ersten wilden Züge der Völker durch Europa tobten und die antike Welt starb, gewann im Indien der späten klassischen Kulturblüte und großen hinduistischen Königreiche eine neue Geisteshaltung Raum, die Religion und Spiritualität des asiatischen Subkontinents tief prägen und nachhaltig verändern sollte. Indien hatte einmal mehr eine neue, und zugleich alte, Spiritualität geboren. Diese religiöse Strömung und Tendenz des indischen Geistes wird heute als »Tantrismus« bezeichnet, welcher unter der gängigen Bezeichnung »Tantra« bekannt ist. Die »Tantras«, die Bücher der tantrischen Traditionen, gaben dem Tantrismus seinen Namen.

Was ist nun dieser Tantrismus, der so große philosophisch-spirituelle Lehren hervorgebracht hat, die jedoch häufig mißverstanden, mißbraucht und verachtet wurden? Die Frage ist nur schwer zu beantworten. Denn es handelt sich beim Tantrismus nicht um eine einzelne religiöse oder philosophische Schule, die man leicht beschreiben und eingrenzen könnte, sondern um eine breite religiöse Bewegung, die sich sowohl im Hinduismus als auch im Buddhismus, ja selbst – mit Einschränkungen – in der dritten großen auf indischem Boden gewachsenen Religion, dem Jainismus, ausbreitete. Eine Bewegung, die gegen Ende des ersten Jahrtausends schon ganz Indien erfaßt hatte und eine ungewöhnlich reiche Blüte der Religion hervorbrachte. Nach André Padoux ist der Tantrismus sogar das »stärkste Erblühen des indischen religiösen Denkens und Fühlens«.

»Tantra« unterscheidet sich stark von dem, was heute

im Westen darunter verstanden wird. Eine einzelne Linie aus der verwirrenden Vielfalt tantrischer Lehren und Praktiken wurde in den letzten Jahrzehnten, besonders in Amerika, herausgegriffen und mit Tantra schlechthin gleichgesetzt. Als eine Art Lieblingsdisziplin der westlichen Anhänger des Tantrismus erwies sich dabei die geheimste, schwierigste und dabei von ernsthaften Tāntrikas in Indien mit großer Vorsicht praktizierte Methode tantrischer Spiritualität: der Versuch, mystische Vereinigung mit dem Göttlichen durch spirituelle Rituale und Meditationen zu erlangen, die sexuelle Praktiken und den Gebrauch von Alkohol und anderen ansonsten verbotenen Dingen einschließen. Das nimmt nicht wunder, entspricht es doch der Geistesart unserer Zeit. Nach Maßstäben des »linken« Pfades (Vāmamārga) der Tantras ist diese Variante des Tantrismus durchaus legitim, auch wenn die genannten Methoden von den Vertretern anderer tantrischer Richtungen meist strikt abgelehnt werden.

Aber man beging und begeht dabei einen großen Fehler. Denn der Vāmamārga oder Vāmācāra wird in einer unserer materialistischen Geisteshaltung entsprechenden, zu sehr auf das Physische bezogenen Art verstanden und praktiziert. Alle tiefe spirituelle Symbolik und Zielsetzung, alle strenge Disziplin und die Forderung nach weitgehender Freiheit von Begierde als Voraussetzung für den »Pfad der linken Hand« werden dabei zum unbedeutenden Accessoire, zum Lippenbekenntnis – oder schlichtweg außer acht gelassen.[1]

Die Tantras verstehen sich selbst als göttliche Offenbarungen. Sie wurden von Śiva oder Viṣṇu ihrer jeweiligen Gemahlin weitergegeben und gelangten so in den geistigen Besitz der Menschen. Das Hauptcharakteristikum der Tantras ist die hohe Stellung, die der Gestalt der göttlichen Mutter, der weiblichen Kraft (Śakti) Gottes (Śivas oder Viṣṇus) in ihren Lehren zukommt. In den buddhistischen Tantras verwendet man statt Śakti und Śiva oder Viṣṇu andere Begriffe zur Bezeichnung des männlichen und weiblichen Seinsprinzips. In den shivaitischen Tantras nehmen Pārvatī, Śakti oder die Devī (Göttin) als der weibliche Teil des Gottes einen Platz neben Śiva oder aber eine ihm untergeordnete Stellung ein. Der weibliche Aspekt ist Śivas Bewußtseinskraft, seine Schöpfermacht, ohne die er unfähig wäre, zu handeln und zu erschaffen. In den berühmtesten Tantras, den shaktistischen, ist die Śakti aber die allmächtige Herrscherin der Wesen und steht für ihren Verehrer höher als Śiva. Dem Śākta (dem Verehrer der Śakti) gilt sie als erhabene, anbetungswürdige Gottheit.

Ein anderes herausragendes Merkmal tantrischer Religiosität ist die Eingliederung okkulter Praktiken in die vorgeschriebenen spirituellen Observanzen. Damit verbunden ist die oft enge Liaison der tantrischen Lehren mit dem Yoga. Tatsächlich ist der Yoga zusammen mit dem tantrischen Ritual *der* Weg zum Ziel des Tāntrika: die Befreiung von der Unwissenheit der Welt und die Herrschaft über ihre Kräfte. Der Yoga wird hier nur bedingt im Sinne des klassischen Rājayoga, wie er in den Yogasūtras des Patañjali niedergelegt ist, ausgeübt. In den Tantras legt man vielmehr verstärkt Wert auf den wahrscheinlich recht neuen Haṭhayoga und vor allem auf den Yoga der Erweckung der Kuṇḍalinī-Kraft sowie auf verwandte Techniken.

Einhergehend mit der großen Bedeutung, welche der weibliche Aspekt des Gottes, seine Bewußtseinskraft (Cit-Śakti), erlangte, ist für die Tantras ihr besonderes Heilsverständnis und der Weg, der zum spirituellen Ziel des Menschen hinführt, charakteristisch. Die Tantras grenzen sich ab von der weltverneinenden Spiritualität vieler alter indischer Lehren, vor allem der Lehren vieler Upanishaden und der vorherrschenden philosophischen Schulen des ersten Jahrtausends nach Christus – vom Vedānta, der hohen weltverneinenden Philosophie vom absoluten Brahman und vom Ātman, dem All-Selbst; vom vedischen Ritualismus der Mīmāṃsā; vom Seelenpluralismus der Sāṃkhya-Schule und den naturwissenschaftlichen Zügen des Vaiśeṣika-Systems. Für sie sind der Körper und die äußere Welt nicht mehr hindernder Umstand oder furchtbare, zu überwindende Illusion, sondern vielmehr die *große Gelegenheit.* Der Tāntrika will gerade durch den Körper und seine in ihm schlummernden Kräfte, aber auch durch die universellen Kräfte und Gegebenheiten um ihn, einen inneren Fortschritt erzielen und zur Meisterschaft gelangen. Ihm geht es eher darum, den Körper unsterblich zu machen, als ihn auszumerzen. Er versucht alle Kräfte und Antriebe in ihm umzuformen und sie damit für seine Spiritualität nutzbar zu machen. Er will als Jīvanmukta, als ein im Leben Befreiter, nicht nur sich selbst beherrschen, sondern ebenso das ganze Universum und dessen Kräfte. Ja, letztlich bemüht sich der Tāntrika, wie die Siddhas im besonderen, um einen subtilen, unsterblichen und vollkommenen Körper. Denn ihm ist die Schöpfung die wonnevolle, wenn auch in Unwissenheit versunkene Manifestation seines geliebten Gottes Śiva und seiner Allmutter, die er Durgā, Pārvatī, Mahāśakti oder Kālī nennt. Niemals aber darf vergessen werden, daß der Tāntrika den Körper anders begreift als wir es in unserem materialistischen Denken tun: Der Körper ist für ihn eine Manifestation göttlichen Bewußtseins (Cit), ja eigentlich dieses Bewußtsein selbst in einer bestimmten Form; und er ist für ihn ein Symbol des Kosmos, nicht nur ein endliches, physisches Werkzeug des Selbst.

Jeder kann zu diesem Zustand der Befreiung und Erkenntnis gelangen, wenn er auch im Augenblick noch auf der Entwicklungsstufe des gewöhnlichen Menschen, Paśu, stehen mag. Denn dieser hat die ihm innewohnende Möglichkeit, in Zukunft ein Vīra, ein mutiger Aspirant auf dem tantrischen Yogaweg, zu werden, um dann zum Divya, dem Gottmenschen, heranzureifen.

Man darf hier auch anmerken, daß die lebens- und weltbejahende Haltung der tantrischen Lehren in Indien nicht wirklich neu ist. In der ältesten Zeit der vedischen Saṃhitās und mancher alter Upanishaden, wie der Īśā-Upaniṣad und Taittirīya-Upaniṣad, war die grundlegende Lebenshaltung ebenfalls weltbejahend, und von späterem Asketentum und Weltverachtung war noch wenig zu spüren. Diese positive Haltung gegenüber der Welt und dem Leben ist eine jener religiösen Grundhaltungen und Lehren, die aufgrund ihrer Stärke und Bedeutung dazu neigen, aus der weiten Masse der Religiosität und der Volksmystik, in die sie im Lauf der Zeit oft gesunken waren, wieder aufzutauchen, in anderer Form, mit anderer Lehre im Hintergrund, aber vom selben ursprünglichen Geist getragen.[2] Aber es gibt auch eine illusionistische Strömung in den Tantras. Das ist eine Art vedantischer Tantrismus, wie er vor allem von der heute bedeutendsten tantrischen Schule, der Śrī Vidyā, vertreten wird.

Das älteste uns erhaltene Buch der neuen tantrischen Form von Religiosität ist das buddhistische »Tantra der Geheimen Gesellschaften«, das Guhyasamājatantra, das wahrscheinlich dem 4. Jahrhundert entstammt. Es wäre aber sehr voreilig zu sagen, der Tantrismus sei daher buddhistischen Ursprungs. Es gibt vielmehr zahlreiche Anhaltspunkte dafür, daß der Ursprung der tantrischen Religiosität im weiten Feld des Hinduismus zu suchen ist. Denn viele tantrische Lehren und Praktiken sind bereits in sehr alten brahmanischen Schriften wie der Maitrī-Upaniṣad, dem Śatapathabrāhmaṇa, den vedischen Saṃhitās und anderen Upaniṣhaden und Brāhmaṇas zu finden. Zu diesen Lehren und Praktiken gehören manche Mantras und der Gebrauch des Mantras selbst, die Verehrung des weiblichen Aspektes Gottes, im Keim ebenso die in den Tantras so stark heraustretende Mystik der Sprache,[3] die sexuelle Symbolik, bestimmte yogische Elemente sowie die zentralen Gottheiten Viṣṇu und Rudra-Śiva. Auch werden viele vedische Elemente unverändert in die Tantras übernommen, etwa das große Gāyatrī-Mantra und einzelne Elemente des Rituals. Umgekehrt enthalten auch die buddhistischen Tantras eindeutig vedisch-hinduistische Elemente (z. B. das Mantra »Svāhā«), ganz abgesehen davon, daß der spätere und vor allem der tantrische Buddhismus als eine Art hinduisierter Buddhismus gesehen werden kann.

Um die letzte Jahrtausendwende waren verstärkt zwei Hauptströmungen indischer Religion zu beobachten – die vedische und die tantrische. Moderne Tāntrikas sind oft der Meinung, die tantrische oder Āgama-Tradition habe seit jeher neben der vedischen bestanden, und begründen diese ihre Behauptung unter anderem mit dem Hinweis auf das hohe Alter der Rudra-Śiva-Verehrung. Die Tantras selber aber sprechen mehr von der Anpassung der alten spirituellen Lehren (der Veden und Upanishaden) an das gegenwärtige, das schlechteste aller Zeitalter, das Kaliyuga. Diese Anpassung oder, besser, Neuoffenbarung der alten Wahrheiten fände im tantrischen Ritual, in tantrischer Philosophie und tantrischer spiritueller Praxis ihren Ausdruck. Die Tantras sehen sich als die maßgebenden göttlichen Offenbarungen dieses Zeitalters, welche für Gesellschaftsordnung, Religion und die spirituelle Praxis Gültigkeit besitzen. In diesem Sinne stehen sie der vedisch-brahmanischen Orthodoxie nicht feindlich gegenüber, wenn sie ihr auch oft nicht allzu großen Respekt zollen und die brahmanische Gesellschafts- und Sittenordnung oft bewußt und provokant mißachten. Gemeint ist damit besonders das Kastensystem mit seinen strengen Regeln. Deshalb zeugen die Tantras auch, obwohl sie die Bücher esoterischer Schulen sind, in deren spirituelle Lehren und engere Gemeinschaft man initiiert werden mußte, von großer Toleranz. In ihrem Kreis können Brahmanen und Angehörige niedrigerer Kasten gleichen Rang und Wert erlangen, und sie beachten die oft absurden Regeln ritueller Reinheit und der Unberührbarkeit wenig. Das galt aber nicht für die breite Volksmasse, die nur dem äußeren tantrischen Ritual und Lebensstil folgte. Auch viele tantrische Pandits lehnen zwar oft die alten vedisch-brahmanischen Lehren für ihre spirituelle Praxis ab, zweifeln die Gültigkeit ihrer sozialen Regeln für das alltägliche Leben aber nicht an. Das bedeutet, daß der anfänglich sozialreformerische und rebellische Tantrismus sich bald schon in die bestehende alte Gesellschaftsordnung weitgehend einfügte und diese in der Folge mitprägte.

Der Ursprung der Lehren der Tantras und des Yoga

Die meisten Tantras verehren Śiva und seine Gemahlin – Pārvatī oder Śakti. Die Śiva-Verehrung ist in Indien seit sehr alter Zeit bezeugt. Schon in der Induskultur, die im zweiten Jahrtausend vor unserer Zeitrechnung zerfiel, finden sich Symbole und Darstellungen, die sehr an die spätere Śiva-Ikonographie und deren Symbole erinnern. Man hat deshalb oft angenommen, daß der Tantrismus und auch der Yoga, welcher meist im Umfeld der Śiva-Verehrung zu finden ist, im großen Reservoir vorarischer magischer Naturreligion seine Wurzeln habe. Das setzt aber die Annahme geradezu voraus, daß die Indo-Arier (Āryas) in Indien tatsächlich eingewandert wären, eine Hypothese, die heute allgemein akzeptiert wird, ohne weiter hinterfragt zu werden. Es gibt keinen Beweis gegen die Annahme, daß die Āryas nicht in Indien selbst ihre Wurzeln gehabt hätten. Im Gegenteil stiftet der starre wissenschaftliche Mythos von der Einwanderung der Āryas und ihrer Landnahme in Indien in zahlreichen Kapiteln indischer Kulturgeschichte Verwirrung – auch im Hinblick auf das Problem des Ursprungs von Yoga, Śiva-Verehrung und mithin des Tantrismus selbst.[4]

Viele hinduistische Tantras betrachten sich als Fortsetzung bzw. Neuoffenbarung der alten brahmanischen Schriften. Dennoch kann man recht überzeugend die Meinung vertreten, die Tantras der beiden großen auf indischem Boden gewachsenen Religionen gründeten auf einem gemeinsamen Substrat, welches weder eindeutig brahmanisch-hinduistisch gewesen wäre, noch buddhistisch. Dieses Substrat wäre vielleicht eine Art Mischung brahmanischer (und später im Grunde ebenso buddhistischer) Weltsicht mit nicht-brahmanischem magischem Volksglauben, lokalen Kulten und oftmals geheimen spirituellen Praktiken und Lehren gewesen. Tatsächlich sind die Tantras eine Art von Synthese der genannten Elemente. Die Grenzen des vedantischen Hinduismus und jene eines gegen die Mitte des ersten Jahrtausends hin ohnehin zunehmend hinduisierten Buddhismus könnten sich dann sehr leicht im Schmelztiegel jener Mischung religiöser Formen und Inhalte verwischen. Bis es zuletzt, wie im Falle der Siddhas häufig zu beobachten ist, kaum noch eine Rolle spielt, ob jemand ein Buddhist oder ein Hindu ist, da beide Seiten gleichzeitig, und das manchmal mit Recht, im betreffenden Yogin oder Siddha einen Vertreter ihrer jeweiligen Religion sehen können. Es ist aber von der Sache her nicht notwendig, den nicht-brahmanischen Elementen besonderen Raum und Bedeutung zuzuweisen, denn die gesamte tantrische Religiosität kann in ihren wesentlichen Elementen auch ohne die Annahme etwaiger derartiger Elemente erklärt und verstanden werden.

Daher kann hier davon ausgegangen werden, die Tantras und die Lehren der Siddhas seien auf einem brahmanisch-hinduistisch geprägten vagen Gewässer volksnaher und zuweilen von sehr alten (vielleicht nicht-brahmanischen) Elementen durchsetzter Religiosität sowie hinduistischer esoterisch-yogischer Kulte und Praktiken gewachsen und hätten diese dann in den ersten Jahrhunderten nach der Zeitenwende in das Bett einer zuerst noch esoterischen neuen Religionsströmung mit einmal mehr hinduistischem und einmal mehr buddhistischem weltanschaulichen Gepräge gegossen. Dieser Strom schwillt gegen Ende des ersten Jahrtausends immer weiter an, bis Jahrhunderte später schließlich vom Hinduismus zu sprechen beinahe schon vom Tantrismus zu sprechen bedeutet, und vom Buddhismus Tibets zu sprechen ebenfalls vom Tantrismus zu sprechen heißt. Dies gilt vor allem im Hinblick auf Ritual, Pantheon und zumindest im Buddhismus auch hinsichtlich der spirituellen Praxis. Durch das gewaltsame Eindringen des Islam in Indien versiegt dabei der Strom des buddhistischen Tantrismus in Indien bald, erreicht aber seine Hochblüte im Nachbarland Tibet, wo er ab dem 8. Jahrhundert Eingang findet und rasch das geistige Leben dieses Landes beherrscht.

1. Die hinduistischen Tantras

Von den unzähligen Werken der hinduistischen tantrischen Literatur, die es nach alten Angaben gegeben haben soll, sind nur wenige große und manchmal recht spät verfaßte erhalten. Es gibt daneben viele kleinere erhaltene Werke, die in Manuskriptform in nepalesischen und indischen Bibliotheken dahinmodern. So spricht das Sammohana-Tantra von 402 Werken des shivaitischen Tantrismus (Tantras, Āgamas, Upatantras, Yāmalas usw.), von 339 Werken des vishnuitischen Tantrismus und vielen anderen, die zu den übrigen der Pañca-Upāsana (fünf Verehrungsrichtungen) gehören: der Verehrung Śivas, Viṣṇus, der Devī (der göttlichen Śakti), Ganeśas und Sūryas (des Sonnengottes), von denen für tantrisches Denken vor allem die shivaitischen und shaktistischen von Bedeutung sind.

Die Tantras werden auch nach geographischen Gesichtspunkten eingeteilt. Das Sammohana-Tantra spricht von vier solchen Gruppen: Kerāla, Kaśmīra, Gauḍa (Bengalen) und Vilāsa (in ganz Indien verbreitet). Auch soll es unzählige Kulte gegeben haben, die verschiedene Aspekte oder Formen Śivas und der Śakti verehrten. Viele von ihnen existieren heute noch. Die Vielfalt indischer und tantrischer Spiritualität in dem von uns betrachteten Zeitraum zeigt sich auch in einer Aufzählung, die uns durch das Kulārṇava-Tantra überliefert wurde. Diesem Tantra zufolge gibt es sieben grundlegende Arten der religiösen Lebensführung bzw. der spirituellen Disziplin (Ācāra): Vedācāra (gemäß den Veden), Vaiṣṇavācāra (Spiritualität der gewöhnlichen Viṣṇu-Anhänger), Śaivācāra (jene der gewöhnlichen Śiva-Verehrer), Dakṣinācāra (der »rechte« Weg der Tantras), Vāmācāra (der »linke« Weg), Siddhāntācāra (damit dürfte der Weg der Siddhas gemeint sein) und Kaulācāra, der esoterische Weg der Kaula-Tāntrikas. Diese Kategorisierung der spirituellen Methoden Indiens ist jedoch nur eine von vielen möglichen und ist der Kaula-Schule, der das Kulārṇava-Tantra angehört, angepaßt.

Adhikāra und Pāda

In den Schulen der Tantras und des Yoga wußte man genau, daß jeder einzelne einen ganz bestimmten Grad an innerer Bereitschaft mitbringt, eine gewisse Stufe geistiger Entwicklung erreicht hat. Deswegen sollte jedem eine andere Lehre oder, besser, eine andere Stufe derselben Lehre zugedacht sein. Was für den Anfänger ratsam oder gar unerläßlich ist, mag für den in der spirituellen Disziplin Fortgeschrittenen nicht nur unnötig, sondern sogar hinderlich sein. Für Menschen auf den unteren Stufen der spirituellen Entwicklung mögen z. B. Rituale und das monotone Singen von Mantras (Japa) vorgeschrieben sein, für den fortgeschrittenen Yogin aber sind diese mehr äußerlichen Methoden Vergeudung von Zeit, die er der eigentlichen Meditation widmen könnte. Ebenso kann eine schwierige Meditationsmethode oder eine geheime Lehre sich für den Anfänger als geradezu gefährlich, zumindest aber hinderlich auf seinem Weg erweisen, wenn er sie unberechtigterweise ausübt bzw. über sie nachsinnt.

Diese »Feinabstimmung« auf unterschiedliche Personen hin ist das in jedem Yoga und jeder Spiritualität sehr wichtige und oft mißachtete Prinzip der »Berechtigung« und Eignung, in Indien Adhikāra genannt. In den Tantras gibt es drei Grundstufen dieses Adhikāra, die bereits erwähnt wurden: *Paśu*, *Vīra* und *Divya*. Der Paśu-Mensch wird Japa üben, gewöhnliche Rituale ausführen und ein Leben als Haushälter führen. Der Vīra ist der heldenhafte, unerschrockene und willensstarke Aspirant auf dem spirituellen Weg. Er versucht, alle Hindernisse, die sich ihm in den Weg stellen, zu überwinden und durch sein intensives Streben das Ziel der Vollkommenheit zu erreichen. Der Divya wiederum ist der ruhige, gelassene heilige Mensch, der bereits im Frieden der inneren Erkenntnis und Verwirklichung eines höheren Bewußtseins lebt. Die verschiedenen Erkenntnisstufen dieses Prinzips des Adhikāra drückt Sri Chinmoy, ein Meister unserer Zeit, sehr einfach und klar in einem seiner Gedichte aus:

> »Drei Söhne:
> Der Jüngste, der Mittlere und der Älteste.
> Der jüngste Sohn sagte:
> ›Vater ist im Himmel.‹
> Der mittlere Sohn sagte:
> ›Das Himmelreich ist in deinem Herzen.‹
> Der älteste Sohn sagte:
> ›Ich und mein Vater sind eins . . .‹.«[5]

Als umfassende Offenbarungen, die zu sein sie beanspruchen, geben die Tantras jedem Menschen auf jeder Stufe das für ihn notwendige Wissen an die Hand, welches im Falle der mehr esoterischen Lehren durch Symbole verschlüsselt ist. Daher ist der Inhalt der meisten Tantras sehr vielfältig und läßt sich in vier Teile (Pādas) gliedern, die zuweilen wiederum mit den Stufen des Adhikāra korrespondieren.

Zunächst ist hier der Jñānapāda zu nennen, jener Teil, der die Philosophie, das Wissen (Jñāna), enthält. Er beschäftigt sich mit Metaphysik und Kosmologie.

Der Yogapāda handelt von den Techniken zum Erwecken der Kuṇḍalinī-Kraft und den damit verbundenen Lebensweisen und Meditationen.

Der Kriyāpāda beschreibt die kollektive Gottesverehrung und das Ritual.

Der Caryāpāda liefert die Leitlinien für das Leben des Individuums gemäß seinem Adhikāra und seinem Temperament.

In diesen vier Pādas soll alles enthalten sein, was Menschen unterschiedlichster Neigung und Entwicklungsstufe für ihr Leben und zur Erreichung ihrer vielfältigen Ziele benötigen. Denn die Tantras beschäftigen sich nicht nur mit der stufenweisen Hinführung zu Mokṣa, der Befreiung aus dem Kreislauf der Wiedergeburten hin zum Göttlichen, dem der Tradition nach vierten und höchsten Ziel des Menschen. Sie handeln ebenso von den drei anderen Grundbestrebungen der Menschheit: Dharma, sittliches und angemessenes Verhalten; Artha, Besitz; Kāma, Vergnügen und Lust. Wie die alten vedischen Offenbarungen und die mit ihnen verbundenen Bücher erheben die Tantras den Anspruch, allen Menschen, Situationen, Bestrebungen und Erfordernissen gerecht zu werden. Sie betrachten sich als die allumfassende und unendlich breite und tolerante Offenbarung für das dunkle Zeitalter des Kali.

Im folgenden werden die für die vorliegende Untersuchung besonders interessanten Pādas näher betrachtet – der Jñānapāda und der Yogapāda bzw. die Sādhanā.

Kosmologie

Jñānapāda – Die Philosophie der Tantras

Bei der Darstellung der oft sehr komplexen Gedanken tantrischer Philosophie, die meist aus der spirituellen Praxis hervorgehen und stark intuitiven Charakter haben, ist man vor allem vor das Problem klarer und übersichtlicher Darstellung gestellt. Dazu kommt, daß die Philosophie der Tantras sehr ungenügend erforscht ist. Daher wird die folgende kurze Darstellung im großen und ganzen auf die Lehre der einzigen tantrischen (und shivaitischen) Strömung gegründet, die eine ausgebildete philosophische Schule hervorgebracht hat: der kaschmirische Shivaismus, Tṛka genannt. Bekannt geworden ist der Tṛka durch seine Lehre von der schöpferischen Vibration Gottes (Spanda) und durch die philosophische Lehre von der »Wiedererkennung«. In diesem System wird davon ausgegangen, daß die Einzelseele sich als Ergebnis ihrer spirituellen Entwicklung als Śiva wiedererkennt, da sie ihre wahre Śiva-Natur im weltlichen Leben der Unwissenheit nur vergessen hatte. Diese Schule heißt Pratyabhijñā (»Wiedererkennung«).

Die meisten Tantras begreifen das höchste Prinzip, seine Schaffenskraft und die Welt als eines, meist in dem Sinne, daß die Welt eine Projektion (Ābhāsa), eine direkte Manifestation oder Emanation (Prasāra) des höchsten Prinzips ist, die durch das Wirken seiner Schaffenskraft (Paramā Śakti, Ādiśakti) entsteht. Das höchste Prinzip wird meist *Paramaśiva* (höchster Śiva), *parā Saṃvit* (höchstes Bewußtsein) oder *Anuttara* (das Allerhöchste) genannt. Die Projektion oder Manifestation des Universums ist für die Tāntrikas so wirklich, wie es das Projizierende oder Manifestierende ist, mithin so wirklich wie Paramaśiva und seine Śakti selbst. Paramaśiva wird als das allem zugrundeliegende, alles durchdringende und doch allem transzendente reine Sein gefaßt. Paramaśiva besitzt keine Eigenschaften, er ist *niṣkalaḥ.* Seine schaffende Kraft, die von ihm nicht getrennt werden kann, manifestiert in einer bestimmten Stufenfolge das sichtbare und unsichtbare Universum, doch manifestiert sie diese Stufen des Seins in ewiger Gleichzeitigkeit. Das bedeutet, daß keine Stufe, außer in ihrem Grad an Bewußtheit, vor der anderen kommt. Paramaśiva ist reines unaussprechliches Sein, die Mahaśakti (die »große Śakti«) ist reines Bewußtsein (Cit-Śakti), reine Glückseligkeit (Ānanda-Śakti), reiner freier Wille (Icchā-Śakti), reine Erkenntnis (Jñāna-Śakti) und reine Tätigkeit und Macht (Kriyā-Śakti). Sie ist frei, selbständig und allmächtig – svatantra. Durch ihre Fähigkeit der Differenzierung, des Auf-sich-selbst-Beziehens und der Selbst-Erkenntnis wird sie zum schöpferischen Prinzip des Höchsten. Denn im Höchsten, das in unbeschreibbarer Weise in sich selbst versunken ist, gibt es kein Auf-sich-selbst-Beziehen und folglich keine Erkenntnis seiner selbst als Erkenntnis-Beziehung, es gibt nur allwonnevolles bewußtes Sein, erfüllt, vollständig und vollkommen. Śiva träumt gleichsam Seinen ewigen und unendlichen Traum Seiner Selbst, der unaussprechlich ist und dessen Inhalt weit jenseits des Fassungsvermögens der Menschen wie der Götter steht. Er ist der Grund der Schöpfung und ihre *raison d'être.* Ohne Śiva *ist* weder etwas, noch *ist* etwas *nicht,* Er ist Sein und – von unserem begrenzten mentalen Standpunkt aus – auch Nichtsein; die Frage nach Seiner wahren Natur oder nach dem Universum ohne Ihn kann nicht wirklich gestellt werden, denn sie setzt Ihn bereits voraus. Seine Śakti gibt Ihm einen »Namen«, sie macht Ihn von einer Stufe der Manifestation zur anderen immer faßbarer und benennbarer. Sie ist Sein Bewußtsein, und zusammen mit Ihr kann man dem allüberragenden träumenden Mond Śivas erst das westliche mental gefaßte Attribut »Sein« geben. Sie ist die Sonne, Sie ist Sein Licht, das Ihn sichtbar macht, das durch nichts bedingte höchste Licht des Geistes, dessen Kraft und Bewußtsein allem Sein Bewußtsein und Wahrnehmbarkeit verleiht.

Wenn die Śakti aus diesem glückseligen Zustand der Einheit zu »erwachen« beginnt, sich öffnet (Unmeṣa), entsteht das Universum. Wenn sie sich wieder in die unsagbare Transzendenz zurückzieht (Nimeṣa), löst sich das Universum auf. Das Individuum ist nichts anderes als Śiva selbst, aber es ist begrenzt und durch die Umstände der Schöpfung bedingt. Es ist seiner selbst nicht gänzlich bewußt und noch weniger der ihm innewohnenden Śiva-Natur. Aber auch äußerlich ist das Individuum nichts als eine von Śiva untrennbare Manifestation oder Widerspiegelung, und folglich ist es Śiva selbst.

Wenn sich die Śakti regt, in der Spanda-Lehre sagt man, »zu vibrieren beginnt«, d.h., wenn die uranfangliche Schwingung entsteht, aus der das ganze letztlich aus Schwingungen verschiedenster Art und auf unterschiedlichsten Stufen gewobene Universum besteht, manifestiert sie das transzendente Sein in 36 Prinzipien (Tattvas), denen 36 Stufen des Bewußtseins und des Seins entsprechen. Diese entstehen aber *gleichzeitig.* Sri Aurobindo bezieht sich auf dieses Manifestieren des unsagbaren Inhalts Śivas durch die Śakti poetisch greifbar in seinem monumentalen epischen Werk Savitri bei der Beschreibung der Entstehung einer *neuen* Schöpfung:[6]

»Eine allumfassende Kraft erwartet, stumm
Des verhüllten Allerhöchsten endliche Verfügung...
Dann plötzlich fällt ein Blick nach unten
Als ob ein Meer seine eigne Tiefe ergründete;
Eine lebendige Einheit weitete sich im Innersten
Und verband ihn mit der zahllosen Menge.
Eine Wonne, ein Licht, eine Kraft, eine flammenweiße Liebe
Fing alles in eine einzige unermeßliche Umarmung;...«

Auch die Lehre von der Vibration (Spanda) spricht vom »Pochen« und Vibrieren des Herzens Śivas, es heißt dort eben *Spanda.* Die erste Stufe der Manifestation Paramaśivas durch die Śakti heißt *Śiva*, das Prinzip des reinen Ich, das reine Selbst, der reine Geist, Caitanya.[7] Paramaśiva, das Absolute, Unaussprechliche, das eins ist mit seiner höchsten Śakti, steht selbst über diesem Śiva-Tattva, das in anderen Schulen auch Nāda genannt wird. Das zweite Tattva ist die dann wirkende Schöpferkraft selbst, *Śakti*, die das Universum schaffende und es erfahrende Kraft, welche auch Bindu genannt wird. Dann entsteht bzw. besteht die Stufe, die *Sadāśiva* genannt wird, das Prinzip des Ich-Seins, in dem das Ich sich auf Objekte bezieht und erkennt: »Ich bin all dies.« Doch das »Ich« herrscht vor, es ist die Stufe der Subjektivität. Darauf folgt das Tattva *Īśvara*, in welchem sich der Höchste mit dem Universum identifiziert und die Das-heit, das scheinbar andere, Erschaffene, und die Identifikation mit ihm den größten Raum des Bewußtseins auf dieser Stufe einnimmt – diese Stufe ist jene der Objektivität. *Suddhavidyā* oder *Sadvidyā*, die reine Erkenntnis der Beziehung zwischen Subjekt und Objekt, zwischen Erfahrendem und Erfahrenem ist die fünfte Stufe. Diese machen zusammen die fünf »reinen« Prinzipien aus. Darauf folgt *Māyā*, die differenzierende, begrenzende und die Unwissenheit um die wahre Śiva-Natur allen Seins erzeugende Kraft. Auf Māyā-Tattva folgen die fünf Prinzipien der Begrenzung, die Kañcukas (die »Panzer«), die zusammen mit Māyā die sechs rein-unreinen Tattvas genannt werden. Die Kañcukas sind:

Kalā – die Kraft begrenzter Aktivität (anstatt der Allmacht Śivas)
Vidyā – begrenzte Erkenntnis (anstatt des Allwissens Śivas)
Rāga – Begrenzung durch Bindung (anstatt der Freiheit Śivas)
Niyati – Begrenzung durch den Ort (anstatt der Unendlichkeit Śivas)
Kāla – Begrenzung durch die Zeit (anstatt der Ewigkeit Śivas)

Zum Schluß folgen dann die 25 Tattvas, die den Hauptinhalt der Lehre des alten philosophischen Systems des Sāṃkhya ausmachen und von den Shivaiten und den tantrischen Lehren übernommen wurden:

Puruṣa (die individuelle Seele), *Prakṛti* (das Prinzip der geistigen und stofflichen Natur), die menschliche Psyche als *Buddhi* (Intelligenz, Verstand), *Ahaṃkāra* (das begrenzende Ichgefühl) und *Manas* (das nichtreflektierende, mit der Wahrnehmung verbundene Denken). Auf diese folgen die *fünf Erkenntnissinne* (Hören, Fühlen, Sehen, Schmecken, Riechen), die fünf Fein-Elemente dieser Sinne, die sogenannten *Tanmātras,* die *fünf Tatsinne* (Sprechen, Ergreifen, Fortbewegen, Ausscheidung, Fortpflanzung) und am Ende die fünf Elemente und Prinzipien, aus denen die materielle Welt aufgebaut ist – *Ākāśa* (Äther = Raum), *Vāyu* (Wind = Bewegung), *Agni* (Feuer = Energie), *Apas* (Wasser = Flüssig-sein) und *Pṛthivī* (Erde = Festigkeit).

Was die individuelle Seele betrifft, so denkt man sie als durch die Kraft der Māyā und der fünf Kañcukas sowie durch die Prakṛti, die eigene psychische Natur, gebunden, begrenzt und des Bewußtseins ihrer wahren göttlichen Natur beraubt. Sie muß sich erst wieder mit Hilfe geeigneter Methoden zu dieser Erkenntnis, dem »Wiedererkennen« ihrer wahren Natur, der Śiva-Natur, durchringen. Begnadeten Seelen geht diese Erkenntnis in einem einzigen Augenblick auf (durch Anupāya, dem »Nicht-Hilfsmittel«), weniger begnadete benötigen dazu längere Zeit und immer zahlreichere und gröbere Hilfsmittel, je niedriger die Entwicklungsstufe ist, auf der sie stehen. Auf den untersten Stufen sind diese Hilfen Riten, Mantras, Meditation und ähnliches. Doch auf keiner Entwicklungsstufe ist die höchste Erkenntnis möglich, wenn nicht die Gnade Śivas oder jene seiner Śakti wirken würde, wenn sie nicht in Form von höchster Macht in das Wesen des Strebenden herabströmen würde. Dieses Einströmen der göttlichen Gnadenkraft heißt Śaktipāta. Der Śaktipāta ist die unmittelbar herabkommende Gnade Śivas oder wird durch den Guru als Vertreter Śivas bewirkt und vermittelt.

Die Mystik der Sprache

Der schon in den Veden sichtbaren »Mystik der Sprache«, wo Vāk, die Sprache, als Gottheit und kreativer Impuls verehrt wird, kommt in den Tantras in der Lehre von der schöpferischen Schwingung und des transzendenten Ursprungs der Laute ein ungewöhnlich hoher Stellenwert zu. Die mit der Sprachmystik verbundenen Lehren zählen zu den größten Errungenschaften tantrisch-mystischer Philosophie. Aus dem hohen Stellenwert, den die Lehre vom Laut in den Tantras einnimmt, leitet sich auch die zentrale Stellung des mystischen, kraftgeladenen Wortes, des Mantra, in der tantrischen Spiritualität und in geringerem Ausmaß auch im Yoga ab.

Das Geheimnis der schöpferischen inneren Kraft des Mantras liegt nach den Tantras in der Beziehung von Gedankenschwingung und Laut und besonders in seiner Herabkunft aus transzendenten und ursächlichen Ebenen des Bewußtseins. Bei diesem Herabkommen durchläuft das Mantra vier Stufen, in den Veden (Ṛgveda I.164.39+45) *Padāni* genannt. Diese reichen vom höchsten Äther, dem *paramam Vyoma* (nach dem Ṛgveda), bis zur menschlichen Sprache. Alle Götter und kosmischen Mächte wohnen dem Mantra auf der höchsten Ebene inne. Daher waren die göttlich inspirierten Verse der vedischen Seher für ihre Nachwelt *Mantra* – mit göttlichem Bewußtsein beladene, von den Sehern in tiefer Meditation »geschaute« Worte. Mit diesen Mantras riefen sie die göttlichen Mächte herbei und verehrten diese durch sie.

In der später verfaßten Māṇḍūkya-Upaniṣad, die ausschließlich vom höchsten Mantra AUM (OM) und seinen vier Teilen oder Stufen handelt, sehen wir eine ähnliche Auffassung von den Stufen des Mantras. Die vier Teile des Bījamantras (»Keim-Mantras«) AUM oder OM entsprechen dort den vier Bewußtseinszuständen des Menschen: dem Wachen (›A‹), dem Traum (›U‹), dem Tiefschlaf (›M‹) und dem diese Zustände übersteigenden Bewußtsein des reinen Selbst, das sogenannte Vierte (Turīya). Turīya ist die Stille am Ende des Mantras. OM ist der Erzeuger aller Bījamantras,[8] Sarvabījotpādakaḥ, es ist das Mantra, welches für das höchste Bewußtsein selber steht, es ist *Gott als schöpferischer Klang.* Das Göttliche wird in dieser Form *Śabdabrahman* genannt. In den Tantras wird auch die göttliche Śakti als Śabdabrahman bezeichnet, denn durch ihre Schwingung erschafft sie die Welt bzw. wird sie zur Welt.

Die höchste der vier Stufen des Lautes entspricht in den Tantras dem Prinzip Mahākāraṇa, dem »großen Kausalbewußtsein«, in welchem es noch keine Differenzierungen der Rhythmen und Arten der Laute gibt, in dem noch Einheit des Seins herrscht und keine Welten erschaffen sind. Die Manifestation des mantrischen Lautes durch den Menschen ist für den Tāntrika dem vorhin beschriebenen Schöpfungsprozeß selber analog. Die zweite Stufe ist die eigentliche kausale Ebene, Kāraṇa.[9] Der ersten Ebene entspricht die Sprache in ihrem Zustand als *Parā* (»die Höchste«), dem zweiten als *Paśyantī* (»die Sehende«), dann folgt der »mittlere« Zustand, *Madhyamā,* der unseren Gedanken und Ideen entspricht. Am Ende manifestiert sich der mantrische Klang durch den Körper des Menschen als hörbarer Laut und heißt als solcher *Vaikharī.*

Der große englische Tantra-Gelehrte der ersten Jahrzehnte dieses Jahrhunderts, Sir John Woodroffe alias Arthur Avalon, erläutert das Verhältnis des mentalen Vorgangs zur hörbaren Sprache in seinem berühmten Werk »Die Schlangenkraft«[10] folgendermaßen: »Die geäußerte Sprache ist ein Offenbarwerden der inneren Namengebung, ist ein Offenbarwerden des Denkvermögens. Dieser Denkvorgang verläuft gleichartig bei den Menschen aller Rassen. Ob ein Engländer oder ein Inder an ein Objekt denkt, das Bild ist für beide das gleiche, mag es nun durch das Objekt selbst oder vielleicht nur durch die Aussprache seines Namens hervorgerufen sein... Während also der Denkvorgang bei allen Menschen gleichartig verläuft, ist seine Erscheinungsweise als Vaikhari Shabda unterschiedlich... Für jeden einzelnen Menschen aber, der eine bestimmte Sprache spricht, ist die ausgesprochene Bezeichnung eines beliebigen Dinges der grobe Ausdruck für seinen inneren Denkvorgang. Sie ruft diese Denktätigkeit hervor, und sie beschreibt sie auch wieder. Sie formt die Vorstellung, und die Vorstellung zeigt sich im Bewußtsein als Mentalfunktion. Und dieser Prozeß kann so gesteigert werden, daß er schöpferisch wird. Das ist das Mantra-Chaitanya.«

Die Theorie, welche hinter dieser Philosophie vom Laut steht, gründet sich also vor allem auf die Lehre von der schöpferischen Kraft des Lautes oder der Schwingung. Sie kann schöpferisch sein, weil der Laut auf der höchsten Ebene, von der er herabkommt, die Ursache und Essenz des Dinges oder des bezeichneten Wesens in sich trägt. »Im Anfang war das Wort«, wäre man als Abendländer versucht zu sagen. Und tatsächlich begreifen es die Tantras in dieser Weise. Die uranfängliche Schwingung (Ādyaspanda) bewirkt in ihrem Fortwirken Schöpfung und Formgebung der Welt. Nach Kapali Sastry[11] entspricht das in der alten vedischen Symbolsprache dem »Stier, der brüllt« (vṛṣabho roravīti). Der Stier ist ein häufiges vedisches Symbol für die höchste Gottheit.

Und so wird der ursprüngliche Klang ebenso zu den Bījamantras der Tāntrikas, die häufig einem bestimmten Aspekt göttlichen Bewußtseins entsprechen. So hat Śiva als sein Bījamantra *Sauḥ*. Der göttlichen Śakti kommen, je nach Form der weiblichen Gottheit, Bījamantras wie

Hrīm oder *Krim* zu. In diesen Mantras ist, da sie ihren Ursprung auf göttlichen Ebenen nehmen, von Sehern und Yogins dort geschaut und vernommen wurden, die Essenz und das Bewußtsein dieser Gottheiten im Laut verkörpert. Sie *sind* in gewissem Sinne die Gottheit. Der Sādhaka (der Tāntrika) hat durch den richtigen Gebrauch des Mantra einen Anspruch auf die Gottheit selber. Er kann die Gottheit mit dem Mantra herbeirufen, sie verehren und sich ihre Kräfte nutzbar machen.

Die Lehre von den Mantras wird in den verschiedenen tantrischen Werken dann bis ins Detail ausgebildet, in Hinblick auf ihre Anwendung im tantrischen Yoga, im Ritual und ebenso im Okkultismus, an welchem die Tantras überreich sind.

Es lohnt sich also, sich ein wenig mit der Theorie des Mantras zu befassen, weil das Mantra eines der drei wesentlichen Elemente der Tantras darstellt. Das zweite essentielle Element ist die Devatā (Gottheit), vor allem jene, die sich der Tāntrika zu seiner Verehrung erwählt hat, seine Iṣṭadevatā, die für ihn in ihrem Wesen die höchste Gottheit repräsentiert. Und unerläßlicher Teil des tantrischen Weges ist das dritte wesentliche Element, der Guru, der Führer auf dem spirituellen Pfad. Man hat die Tantras oft auch als »Lehre vom Mantra« bezeichnet – Tantraśāstro Mantraśāstraḥ – und damit die große Bedeutung der Mantras für alle vier Pādas der Tantras herausgestrichen.

Sādhanā und Yoga – Die praktischen Methoden

Als *Sādhanā* wird die praktische Umsetzung von yogischen und rituellen Vorschriften und Anweisungen der Tantras bezeichnet. Nun ist die tantrische Sādhanā sehr vielfältig und vielschichtig, d. h., sie hat nicht nur gemäß der jeweiligen Tradition viele verschiedene Formen und Gestalten, sondern ist in den vorgeschriebenen Methoden und in ihren Richtlinien auch aufs engste mit der Stufe verknüpft, auf der der *Sādhaka* (der die Sādhanā Ausübende) sich befindet – mit seinem Adhikāra. Im folgenden werden die höheren yogischen Methoden der Sādhanā beschrieben. Das Ritual, das vor allem für den Menschen auf der Stufe des Paśu gedacht ist, wird hier übergangen.

Das Hauptmerkmal tantrischer Sādhanā ist wohl die starke Hinwendung zum Körper in seiner groben, physischen, sowie in seiner vom Sādhaka vorgestellten feinstofflichen, subtilen Form. Der Körper dient ihm als Mittel zur Erlangung seines Ziels. Er ist ein Mikrokosmos (Piṇḍa, kṣūdro Brahmāṇḍa), der analog zum Kosmos (Brahmāṇḍa) gedacht wird. Aus diesem Grund kann der Sādhaka die Gottheiten und alle kosmischen Energien, auch die höheren Stufen dieser Energien, in seinem Körper lokalisieren und sie dort verehren oder handhaben und beherrschen. Dieser wesentliche Zug der tantrischen Spiritualität drückt sich am deutlichsten in der Subtilanatomie der Cakras und Nādīs aus, ebenso im hohen Stellenwert, den zuweilen der Haṭhayoga und die Lehre von der Kuṇḍalinī in ihr einnehmen, und in den Techniken der Mantras, der Mudrās und im Nyāsa, die einer kurzen Erläuterung bedürfen.

Nyāsa und Mudrā

Der Nyāsa ist eine Art rituell-meditative Projektion von Gottheiten oder höheren Prinzipien auf die entsprechenden Teile des Körpers. Diese Projektion, die »Setzung« (= Nyāsa), wird entweder durch entsprechende Visualisierung und Meditation vorgenommen oder durch die rituelle Berührung der jeweiligen Körperstelle gemeinsam mit dem Aussprechen eines der Gottheit zugehörigen Mantras oder durch beides zusammen. Man bewirkt auf diese Weise eine »Gleichsetzung des Körpers mit dem tantrischen Pantheon, um so die im Fleisch schlummernden heiligen Kräfte zu ›wecken‹«.[12]

Die Mudrās sind meist Handhaltungen, Stellungen der Finger und Hände, in welche oft auch der gesamte Körper mit einbezogen wird. Jede Haltung des Körpers oder des noch kleineren Mikrokosmos der Hände soll einem gewissen Energie- und Bewußtseinsmuster entsprechen, das durch das körperliche Ausüben der Mudrā im Bewußtsein des Sādhaka gewissermaßen induziert wird. Diese Technik kann die Konzentration auf die jeweilige Energie oder den jeweiligen Bewußtseinszustand fördern. Der Körper wird durch eine Mudrā-Stellung zu einem resonierenden Teil für eine »kosmische« Schwingung und eine höhere Energie, vergleichbar einer Instrumentensaite.

Von diesen Mudrās gibt es unzählige Formen, von denen der Haṭhayoga eine ganz besondere Kategorie ausgebildet hat. In ihm sind die Mudrās häufig Ganzkörperstellungen und zum Teil sehr schwierige Übungen zur Beherrschung des Geistes, die zuweilen mit Atembeherrschung, Prāṇāyāma, verbunden werden. Sie sollen zu dem gewünschten Ergebnis, das meist die Umwandlung sexueller Energie in eine höhere Energieform oder die Versetzung des Yogin in Trance ist, führen.

Mantra, Devatā und Yantra

Bei der Behandlung der tantrischen Mystik der Sprache kam das Mantra bereits zur Sprache. So können hier ein paar kurze Bemerkungen genügen.

Der Sādhaka kann nicht einfach ein Mantra verwenden und sich umgehend ein Ergebnis seiner Bemühung erwarten. Er muß den verborgenen Inhalt und die innere Kraft des Mantras erst für ihn wirksam machen. In diesem Zusammenhang betonen die Tantras häufig, daß das Mantra durch den Guru übermittelt werden muß, damit die Kraft des Mantras für den Sādhaka, den Schüler, auch zugänglich ist. Oder aber der Sādhaka verwendet seine Kraft der Konzentration und der disziplinierten Übung, welche im stundenlangen, konzentrierten Wiederholen des Mantras besteht, auf die »Erweckung« der Kraft des jeweiligen Mantras. Ein für ihn wirksam gemachtes Mantra aber soll alles für den Sādhaka, der es richtig anwendet, tun können. Er kann, so meinen die Tantras, die von ihm verehrte Gottheit, seine Iṣṭadevatā, oder einen anderen Bewußtseinsaspekt Śivas durch das Mantra erkennen und in sich verwirklichen. Er kann okkulte Kräfte aller Art aktivieren und alles erlangen, was er begehrt.

Der vom Sādhaka am innigsten verehrte Aspekt Gottes, seine *Iṣṭadevatā*, ist sein Ziel, sein Lebensinhalt, dem seine Hingabe und sein Streben gilt. Die Iṣṭadevatā mag als Śiva oder eine Form der göttlichen Mutter als Kālī oder Durgā/Caṇḍī auftreten, und für den vishnuitischen Tāntrika wird sie eine Form von Viṣṇu oder Lakṣmī sein. Neben der Iṣṭadevatā hat der Sādhaka es aber mit einer Vielzahl anderer Gottheiten zu tun. Sie regieren zum Beispiel über einen Körperteil oder über ein Energiezentrum (Cakra) in seinem Körper oder werden aus einem anderen Grund an einem bestimmten Punkt seiner Sādhanā oder zu einem bestimmten Zweck für ihn wichtig. Deshalb versucht der Sādhaka diese Gottheiten voll Hingabe und Konzentration durch das ihnen zugeordnete Mantra und/oder die Visualisierung ihrer mythischen oder symbolhaften Gestalten als Hilfe und Unterstützung auf seinem Weg zu gewinnen.

Zur Meditation auf die jeweilige Devatā verwendet der Tāntrika häufig neben visualisierten Gestalten und dem Mantra eine geometrische Zeichnung, das sogenannte Yantra (auch Maṇḍala genannt), das in symbolhafter Form das Bewußtsein der Gottheit und sie umgebender Kräfte enthalten soll. Ein Yantra soll dem Meditierenden durch die Vertiefung in die Bedeutung seiner Symbole die jeweilige Gottheit geistig zugänglich machen.

Der tantrische Yoga ist meist der Yoga zur Erweckung der Kuṇḍalinī-Kraft im subtilen Körper des Menschen, der oft mit dem bekannten Haṭhayoga kombiniert wird. Er hebt sich so ab vom klassischen achtgliedrigen Yoga (Rājayoga) der *Yogasūtras* des Patañjali, der in diesen Merksätzen (Sūtrāṇi) den Yoga im 5. Jahrhundert nach der Zeitenwende systematisiert hatte. Der tantrische Yoga unterscheidet sich vom klassischen Rājayoga aber nicht nur hinsichtlich seines philosophischen Hintergrundes – die maßgebende Philosophie des Rājayoga war das Sāṁkhya-System gewesen –, sondern auch im Hinblick auf seine Methode und Theorie. Besonders der langsam in den Tantras und allen voran in den Lehren der Nāthasiddhas hervortretende Haṭhayoga und die Lehre von der Kuṇḍalinī sind für Patañjalis System noch nicht wichtig.

Der Yoga selbst hat nachvollziehbar alte Wurzeln in Indien, beginnend bei einer vedischen Gruppe von Asketen, den Vrātyas, und wurde als Methode zum Teil bereits im alten vedischen[13] Begriff des Tapas, der »Hitze« und Askese, vorweggenommen. In einer der wichtigsten und noch einer recht alten Zeit zugehörigen Upaniṣad,[14] der Maitrī-Upaniṣad, stoßen wir schon auf klar formulierte Yoga-Lehren, so wie wir in der noch älteren Śvetāśvatara-Upaniṣad ein klares Zeugnis von Śiva-Verehrung vor uns haben. Yoga und Shivaismus waren denn auch meist aufs engste miteinander verknüpft.

Der am weitesten verbreitete hinduistische religiöse Text, die *Bhagavadgītā*[15], handelt ebenfalls vom Yoga. Doch in ihr sehen wir einen Yoga ohne ausgebildete typisch yogische Praktiken. Dem König und der – höchstwahrscheinlich historischen – großen spirituellen Persönlichkeit, Sri Krishna, wird in der Bhagavadgītā die Schilderung eines Weges zur Erlangung der Einheit mit dem Göttlichen in mehr vishnuitischer denn shivaitischer

Art zugeschrieben. Die wesentlichen Elemente hierzu sind für ihn die Beherrschung des Geistes (durch den Rājayoga), Erkenntnis Gottes (Sāṃkhya, Jñāna), Hingabe (Bhakti) und Dienst an Gott (Karmayoga). Auf diese Weise hat die Bhagavadgītā in einer den anderen Texten über den Yoga unähnlichen Weise einen Yoga-Weg zum Höchsten gezeichnet, der eine großartige und unkomplizierte Synthese aller wesentlichen spirituellen Methoden und Annäherungsweisen an das Göttliche darstellt.

Wahrscheinlich nach den Lehren der Bhagavadgītā, aber spätestens zur Zeit Patañjalis werden dann die ältesten der zahlreichen sogenannten Yoga-Upanishaden verfaßt, die sich auch eingehend mit yogischen Techniken, der Kuṇḍalinī und sogar mit Ansätzen des Haṭhayoga auseinandersetzen, wie die Yogatattva-Upaniṣad, die Dhyānabindu-Upaniṣad oder die Nādabindu-Upaniṣad. Wichtige Yogaschriften aus der Zeit nach der letzten Jahrtausendwende sind dann vor allem die Haṭhayogapradīpikā, die Śivasaṃhitā, die Gheraṇḍasaṃhitā und die zahlreichen Texte der Nāthayogins. Der Yogin Gorakṣanātha selber soll neben zahlreichen anderen eine Schrift mit dem Titel »Haṭhayoga« verfaßt haben, die allerdings nicht erhalten ist.

Der Haṭhayoga und die Kuṇḍalinī-Kraft

In dem Kapitel über die Philosophie der Nāthasiddhas und Gorakṣanāthas wird noch detailliert auf den Haṭhayoga, die subtile Anatomie des menschlichen Körpers und die Wirkungen der Kuṇḍalinī-Energie eingegangen. Deshalb wird hier nur Grundsätzliches erwähnt.

Der Haṭhayoga ist ein System von körperlichen Übungen, das darauf abzielt, den Körper – und mit ihm den Geist – zu stärken, gesund zu machen und zu erhalten. Er möchte auch die verborgenen Kräfte im Körper und in den Vitalkräften des Menschen wecken und niedrigere, triebhafte Energien in höhere und bewußt lenkbare überführen. Auf diese Weise bereitet der Haṭhayoga den Yogin darauf vor, den nächsten großen Schritt zu wagen, nämlich sich den eigentlichen geistigen Meditationspraktiken zu widmen, und er unterstützt ihn darin. Haṭhayoga ist also von seinem Selbstverständnis her nur eine Vorbereitung für einen Yoga der Meditation, den Rājayoga.[16] Er umfaßt mehrere Arten von Übungen: Techniken zur Reinigung des Körpers, die so bekannten Körperstellungen (Āsanas), die Atemübungen (Prāṇāyāma), die schon erwähnten Mudrās, die oft esoterischen Charakter besitzen und aufgrund ihrer Schwierigkeit oder möglicher negativer Folgen nur unter der Leitung eines Haṭhayoga-Gurus praktiziert werden können. Dazu kommen Bandhas, das sind den Mudrās ähnliche Techniken der Handhabung vitaler Energien durch Muskelkontraktionen.

Grundlage für den Haṭhayoga ist die von den Yogins gelehrte »subtile« Anatomie des menschlichen Körpers und die auch den tantrischen Lehren zentrale Gleichsetzung von Mikrokosmos und Makrokosmos. Die Silbe »Ha« bedeutet für den Yogin die Sonne, und die Silbe »Ṭha« den Mond. Sonne und Mond stehen für die beiden Pole vitaler Energien im Menschen. Die sonnenhafte Energie fließt in einem subtilen Nerv (Nāḍī) rechts von der Wirbelsäule. Dieser Nerv heißt Piṅgala. Die mondhafte weibliche Energie fließt links von ihr. Ihr Nerv heißt Iḍā. In der Mitte der beiden, in einem feinen Kanal in der Wirbelsäule, aber dennoch auf »subtilphysischer« Ebene, befindet sich die Suṣumnā oder Brahmanāḍī, der »Nerv Gottes«. Durch diesen soll denn auch die vitale Energie des Menschen in Form der erweckten Kuṇḍalinī-Energie nach oben fließen und in ihrem Aufstieg dem Yogin Macht, Licht und Erkenntnis bringen. Der dafür nötige Zustand der Läuterung und Konzentration muß aber durch Yoga-Praktiken erst erlangt werden. Dazu müssen die subtilen Nerven durch Haṭhayoga-Techniken, Meditation, lautere Lebensführung und spirituelles Streben gereinigt werden. Und dieser Nerven gibt es 72000 an der Zahl, von denen aber nur einige wenige von größerer Bedeutung sind. Nach dieser, lange Zeit in Anspruch nehmenden Reinigung des subtilen körperlichen Systems des Yogin kann durch geeignete Meditationstechniken, unterstützt durch Haṭhayoga und Mantras, die potentielle Kuṇḍalinī-Energie, welche im untersten Energiezentrum (dem Mūlādhāra-Cakra) am Steißbein, dreieinhalb mal um den Śivaliṅga gerollt, in Form einer Schlange »schläft«, erweckt werden. Dieser Zustand des Eingerolltseins, den das Wort Kuṇḍalinī (»die Eingerollte« = Schlange) schon ausdrückt, soll auf den im gewöhnlichen Menschen potentiellen Charakter dieser göttlichen Energie hindeuten. Durch Fortsetzen der Bestrebungen des Yogin wird die Kuṇḍalinī-Energie »erweckt«, d.h. wirksam gemacht, und in der Brahmanadi höher geführt, zu den übrigen Energiezentren hin: zuerst zum Svādhiṣṭhāna-Cakra in der Gegend des Sakrums, dann zum Maṇipura-Cakra in der Nabelgegend, zum Anāhata-Cakra beim Herzen, weiter zum Viśuddha-Cakra am Kehlkopf, zum Ājñā-Cakra (dem »dritten Auge«) zwischen den Augenbrauen, zuletzt zum siebenten Cakra[17] auf (oder über) dem Scheitel des Kopfes. Dort erfährt sie die Wiedervereinigung mit dem höchsten Śiva-Śakti-Prinzip. Das Bewußtsein des Yogin tritt bei dieser Wiedervereinigung in einen Zustand des Samādhi, einer meditativen Trance, ein, der die Wonne der Vereinigung mit dem göttlichen Bewußtsein ist. Die niedrigere Śakti-Energie im Körper, welche die Kuṇḍalinī ist, verschmilzt in einem ekstatischen Akt der Sammlung aller Energien des Yogin in diesem höchsten Bewußtseinszentrum mit dem höheren Licht von Śiva-Śakti. Der Yogin verliert sich in der Einheit des Unendlichen, er nimmt die Welt um ihn nicht mehr wahr und lebt zur Gänze, solange er diesen Zustand aufrechterhalten kann, in der unsterblichen Bewußtheit seines wahren Gott-Selbst. Dieser gesamte Prozeß ist aber nicht in Tagen oder Wochen zu durchlaufen, sondern setzt eine sehr schwierige und große Gefahren bergende, jahrelang geübte spirituelle Disziplin voraus, für die man wiederum schon einige Voraussetzungen mitbringen muß. Die Yogins betonen vor allem, daß der Aspirant für die erfolgreiche Ausübung des Kuṇḍalinī-Yoga größtmögliche Freiheit von jeglicher Begierde erlangt haben muß. Bei der Verehrung (als die göttliche Śakti) und Höherführung der Kuṇḍalinī werden die jeweiligen Cakras aktiviert bzw. die Lotusse, als die man die Cakras auch beschreibt, geöffnet. Sie werden »durchstoßen«, weshalb dieser Prozeß auch die »Durchstoßung der sechs Zentren« (Ṣaṭcakrabheda) heißt. Nun sei aber jedes dieser Cakras ein flammendes, wenn auch gewöhnlichen Menschen verschlossenes Tor, das zu einer anderen Welt, einer anderen Bewußtseinsebene, führen soll. Diese Bewußtseinsebenen seien für den Sādhaka zugänglich, wenn er das jeweilige Cakra aktiviert hat, und ebenso stünden ihm ihre dort vorhandenen Kräfte und Mächte zur Verfügung.

In der »Beschreibung der sechs Energiezentren« (Ṣaṭcakranirūpana), einem wichtigen mittelalterlichen Text (und seinem Kommentar), wird das Herz-Cakra oder der Herzlotus und die Meditation auf ihn folgendermaßen beschrieben:[18]

> Der Lotus des Herzens heißt Anāhata, er ist das sechseckige Vāyu-Maṇḍala, die Region des Gottes der universellen Lebenskraft. In seinem Inneren soll der Sādhaka auf das Mantra ›YAM‹, das Bījamantra des Gottes, meditieren, das grau wie eine Rauchwolke ist, vier Arme besitzt und auf einer schwarzen Antilope reitet. Er soll dort auf die lautere Wohnstatt des Mitleids meditieren, den hell wie die Sonne leuchtenden Herrn, der die Mudrā der Gnadengewährung macht und die Furcht aus den drei Welten vertreibt. Dieser trägt ein Juwelenhalsband und eine

Das Anāhatacakra (Herzcakra).

Edelsteinkette, er ist mit Fußglöckchen geschmückt und in seidene Gewänder gehüllt. Er strahlt mit dem Glanz von 10 000 000 Monden, und sein geflochtenes Haar leuchtet sanft. In diesem Cakra wohnt auch die Göttin Kākinī, grell wie der Blitz, Gutes verheißend, dreiäugig und mit Schmuck behangen. Sie hält Schlinge und Trinkschale und gewährt Gnade und Furchtlosigkeit. Sie ist sanften Herzens vom Genuß des göttlichen Nektars. Die Śakti, so stelle sich der Meditierende vor, ist in diesem Cakra in der Gestalt eines Dreiecks in der Fruchthülle des Herzenslotus gegenwärtig. Sie leuchtet wie 10 000 000 Blitze. Im Inneren des Śakti-Dreiecks ist der Liṅgam Śivas, leuchtend wie Gold; er ist die Wohnstatt der gnadenreichen Göttin Lakṣmī.

Wer über diesen Herzlotus meditiert, wird zum Beherrscher der Sprache und ist gleich dem Herrn fähig, die Welten zu beschützen und zu vernichten. Das Herzcakra gewährt Wünsche und ist vollendet geschmückt mit der Seele des lebendigen Wesens (Haṃsa), die einer stillen Flamme gleicht. Der hier durch Meditation vollendete Yogin ist weise, hat seine Sinne vollständig in der Gewalt und ist eifrig im Handeln. Er ist lieb zu den Frauen und zur Meditation auf das Brahman fähig. Seine poetisch inspirierte Sprache fließt wie ein Strom; er gleicht Viṣṇu, dem Geliebten der Lakṣmī, und hat die Fähigkeit erlangt, in den Körper anderer und in die Festungen des Feindes in einem Augenblick einzudringen.

Soweit eine in hinduistisch-tantrischer Art bilderreiche, von Symbolen und Mythen geprägte Meditation, die diese Bilder, Götter und ihre Kräfte jedoch als konkret erfahrbar betrachtet und sie niemals nur als Symbole abstrakter Prinzipien sieht. Jegliche Spiritualität und insbesondere jede innere, spirituelle Erfahrung ist nach Aussagen der

Meister des Yoga stets konkret, faßbar und voll fester Realität. Echte und tiefe spirituelle Erfahrung ist niemals schimärenhaft, blaß oder abstrakt, sondern spürbar, aufrüttelnd, in ihrer Wirklichkeit und Nähe überwältigend. Abstrakt und vage sind nur unsere mentalen Vorstellungen über spirituelle Dinge, wenn wir zu stark im Intellektuellen befangen sind oder vergeblich um eine adäquate gedankliche Ausdrucksform für das innerlich konkret Erfahrene ringen. Das muß nicht nur vom Yogin und spirituellen Aspiranten erkannt werden, sondern sollte jedem, der sich mit asiatischer, und insbesondere indischer Spiritualität beschäftigt, immer klar vor Augen stehen, will er sie verstehen und in ihren tieferen Sinn vordringen.

Mit den geöffneten Cakras soll der Sādhaka jetzt mit inneren Kräften und verborgenen Wesenheiten konfrontiert werden, er soll Siddhis, okkulte Kräfte, erlangen und wird dazu verführt, seine eigenen Begierden und persönlichen Wünsche mit diesen Siddhis in sehr effizienter Weise zu befriedigen. Tut er das aber, ist er vom Yoga abgefallen und oft stärker seinen Begierden verhaftet, als jeder gewöhnliche Mensch es ist. Für ihn ist der Yoga, seine Suche nach Gott, Wahrheit und Vollkommenheit eine Zeitlang zumindest zu Ende. Sein Besitz, Sinneslust und Ruhm begehrendes äußeres Ich, das er eigentlich abschütteln wollte, nimmt in seinem Bewußtsein jetzt größeren Raum ein und nicht sein inneres, wahres Selbst, das er eigentlich gesucht hatte. Daher die immer betonte Voraussetzung von Lauterkeit und Reinheit für einen Yoga dieser Art und die Notwendigkeit der Führung durch einen kompetenten Adepten des Yoga, einen echten Guru.

Die vom ihm erlangten okkulten Kräfte, die vom weisen Yogin stets nur im Bedarfsfalle, in Übereinstimmung mit seinem innersten Gewissen für das Wohl der Wesen eingesetzt werden sollen, sind in acht Hauptkräfte eingeteilt worden: *Aṇiman,* die Kraft, unendlich klein wie ein Atom zu werden, d. h. unsichtbar werden zu können;

Laghiman, die Kraft, unendlich leicht zu werden, d.h. sich in die Lüfte erheben zu können; *Gariman,* die Kraft der Schwere, d.h., sich selbst oder einen Gegenstand unendlich schwer und damit unverrückbar wie einen Berg machen zu können; *Mahiman,* die Kraft, unbegrenzt groß zu werden; *Prāpti,* die Kraft unbegrenzter Fortbewegung; *Prākāmya,* die Kraft unbezwingbaren Willens, d.h. alles erlangen zu können, was man nur wünscht; *Vaśitva,* die Herrschaft über die Wesen und die Elemente; *Īśitva,* die vollkommene Beherrschung aller Kräfte, sogar die Fähigkeit zur Erschaffung und Auflösung aller Dinge. Dazu kommen viele weitere Kräfte, die in den Yogatexten beschrieben werden, wie zum Beispiel die Fähigkeit, frühere Geburten zu kennen, Gedanken zu lesen, und die Kenntnis anderer Welten.

Diese Kräfte und die Erlangung des Samādhi in seinen verschiedenen Stufen sind das Ziel des Haṭhayogin, des Rājayogin und des tantrischen Sādhaka in ihren lebenslangen Bemühungen um die Beherrschung ihrer Natur und den Sieg über die ihr Bewußtsein verdunkelnde Unwissenheit.

Die Pañcamakāras oder die Rahasyapūjā

Pañcamakāras bedeutet schlicht und einfach »Die fünf ›M‹«. Mit diesen fünf »M« sind jene fünf im Yoga (und teilweise auch sonst) verbotenen oder verpönten Dinge gemeint, deren Namen mit »M« beginnen. Es sind dies *Madya,* Wein, *Māṃsa,* Fleisch, *Matsya,* Fisch, *Mudrā,* geröstete Bohnen (ein Aphrodisiakum) und *Maithuna,* geschlechtliche Vereinigung.

Das Ritual, bei dem diese fünf herangezogen werden, ist, bekannt als *Rahasyapūjā,* das geheime Ritual, oder als *Latāsādhanā,* das Ritual mit der jungen Frau. Es stellt den Hauptgrund dafür dar, daß die Tantras als Ganzes abgeurteilt wurden. Man warf ihnen vor, die Erfüllung verbotener Begierden (vor allem die außereheliche geschlechtliche Vereinigung) unter dem Deckmantel der Gottesverehrung und Religion zum Ziel zu haben. Das führte nicht nur zu einer verächtlichen Haltung gegenüber einer bedeutenden religiösen Bewegung, sondern ebenso zur Nichtbeachtung der Tantras durch die Wissenschaft und hat zum gegenwärtig »modernen« Mißverstehen tantrischer Lehren im Westen sicherlich nicht unwesentlich beigetragen.

Das geheime Ritual steht aber tatsächlich nicht unbedingt im Zentrum tantrischer Sādhanā. Von den verschiedenen tantrischen Richtungen, wie Shivaiten, Śāktas, Vishnuiten und Buddhisten, um nur die wichtigsten zu nennen, war dieses Ritual meist nur von den Śāktas und den Buddhisten (sowie den Kaula-Tantras der Shivaiten) in Betracht gezogen worden. Und auch dort war seine tatsächliche Ausführung eingeschränkt auf einen bestimmten Typ von Sādhaka, den Vīra (den ›Helden‹) in einem bestimmten Stadium seiner Entwicklung. Mit der Rahasyapūjā folgte der Vīra dem Vāmamārga, dem »Pfad der linken Hand«, im Gegensatz zum Dakṣiṇamārga, dem »Pfad der rechten Hand«, der mehr auf meditativen Techniken aufbaut. Denn die Rahasyapūjā wurde allgemein als eine sehr schwierige und, wenn falsch ausgeführt, dem spirituellen Fortschritt äußerst abträgliche Disziplin erachtet, die strengste und schwierigste Vorbereitung erforderte. Unter anderem war für notwendig befunden worden, daß der Sādhaka frei von jeglicher Begierde geworden ist und seine Partnerin wirklich als die Verkörperung der göttlichen Śakti erkennt, mit deren Hilfe er sich zur Gotterkenntnis aufschwingen kann und nicht seine Sinne befriedigt.

Abgesehen von der Gruppe von Sādhakas, die für die Latāsādhanā in bestimmten tantrischen Traditionen in Frage kamen, hatten die Pañcamakāras für die Tāntrikas auch eine völlig andere Bedeutung. Sie waren Symbole für spirituelle Zustände und Wirklichkeiten und wurden von allen wirklich nach spirituellen Zielen strebenden Tāntrikas als solche angesehen. Die Tantras benutzen sehr oft Symbole – und häufig sexuelle – zur Darstellung spiritueller Gegebenheiten. Man nennt diese weitverbreitete, vor allem auch unter den buddhistischen Siddhas gepflogene Praxis *Sandhābhāṣā,* »Absichtssprache«. Beabsichtigt wurde durch ihre Verwendung wahrscheinlich die Aufhebung aller erlernten Vorstellung und Ideen, aller Konditionierungen in unserem Denken, würden wir heute sagen. Die Sandhābhāṣā stellt ein ganz besonderes Kapitel tantrischer und yogischer Spiritualität dar, sie wird aber an dieser Stelle mit dieser kurzen Bemerkung nur gestreift.[19]

Mögliche symbolische Bedeutungen der Pañcamakāras sind daher:[20]

Madya – berauschende, wonnevolle Gotteserkenntnis
Māṃsa – Widmung aller Dinge an *Mām,* Mich
Matsya – das Gefühl des »Mein«, *Mat-sya*
Mudrā – Aufgeben der Übel
Maithuna – Vereinigung der Kuṇḍalinī-Śakti mit dem höchsten Prinzip Śiva-Śakti im Sahasrāra-Cakra.

Man muß aber bemerken, daß die mit sexuellen Symbolen durchsetzte Sprache mancher Tantras und die Existenz der nur für Eingeweihte gedachten Rahasyapūjā in Indien zu allerlei Mißbrauch verleitete und im Westen, resultierend aus einem von selbsternannten »Tāntrikas« eifrig geförderten Mißverstehen indisch-tantrischer Spiritualität, auch heute zu allerlei Mißverständnis und Mißbrauch führt. Das geheime Ritual wurde in Indien unter dem Deckmantel der Verehrung der Göttin häufig von Nicht-Yogins zur Befriedigung ihrer Begierden praktiziert, was mit der Absicht der großen tantrischen Lehrer und Schriften ganz und gar nichts mehr gemein hatte. Beinahe alle shaktistischen, tantrisch-buddhistischen und manche shivaitischen Traditionen läuteten mit Disziplinlosigkeit und dem Mißverstehen ihrer spirituellen Schriften den langsamen Untergang der tantrischen Spiritualität und die fortschreitende Pervertierung ihrer Lehren ein. Dieser Umstand machte eine Reformbewegung, welche sich auf die grundlegenden spirituellen Werte von Reinheit und Disziplin rückbesann, notwendig. An der Spitze dieser Reformbewegung stand, soviel wir über diese im Halbdunkel der Geschichte erahnen können, Gorakṣanātha und nach ihm die große und populäre Bewegung der Nāthayogins. Die Nāthayogins wurden bekannt für ihr Streben nach Reinheit und ihre Zielgerichtetheit, zu einer Zeit, als der Mißbrauch tantrischer Lehren immer mehr um sich griff und die yogisch-tantrische Spiritualität im Schlamm der Unaufrichtigkeit und dem Überhandnehmen von Äußerlichkeiten zu ersticken drohte.

Erhellend sind in diesem Zusammenhang die Worte Sri Aurobindos:[21]

> »Sogar seine Zweiteilung (des Tantrasystems) in den Pfad der rechten Hand und den Pfad der linken Hand, Dakshina Marga und Vama Marga, hatte ihren Ausgangspunkt in einer gewissen tiefen Wahrnehmung. Im alten symbolischen Verständnis der Worte Dakshina und Vama war diese die Unterscheidung zwischen dem Weg des Wissens und dem Weg des Ananda – die Natur, die sich im Menschen durch die richtige Unterscheidung in der Macht und Handhabung ihrer eigenen Energien, Elemente und Möglichkeiten befreit, und die Natur, die sich durch freudvolle Annahme der Macht und Handhabung ihrer Energien, Elemente und Möglichkeiten befreit. Aber auf beiden Pfaden gab es am Ende eine Verdunkelung der Prinzipien, eine Verzerrung der Symbole und einen Fall.«

Der Guru und die Initiation

Um in die esoterischen Lehren des Yoga und tantrischer Sādhanā eingeweiht werden zu können, um die Stufen der *Dīkṣā,* der Einweihung, durchlaufen zu können, mußte man nicht nur die entsprechende geistige Voraussetzung und den Willen zum Sieg über die eigene Unwissenheit und Unvollkommenheit mitbringen, sondern man benötigte dazu vor allem eines – einen befähigten Meister. Nicht irgendein Lehrer oder Gelehrter, sondern ein wirklicher Guru mußte gefunden werden. Dieser sollte sich vor dem bloß in den Schriften Bewanderten dadurch auszeichnen, daß er die spirituellen Lehren, die der Gelehrte theoretisch aus Büchern kennt, auch in sich und in seinem Leben wirksam gemacht hat, daß er sie »verwirklicht« hat. Er sollte die Einheit mit der Gottheit in sich erlangt haben und aus dieser heraus sprechen und handeln, eins mit dem göttlichen Willen. Natürlich gab es und gibt es viele, die sich den Gurustatus anmaßen, oder aber man verstand die Bedeutung eines wahren Gurus nicht wirklich und betrachtete bloße Philosophen und Schriftgelehrte als solche. Der wahre Guru aber soll den Schüler nicht nur durch Worte belehren, sondern ihn im Schweigen und in der Meditation führen und formen. Er erkennt den inneren Status und die Veranlagungen des Schülers und führt ihn dementsprechend. Er soll den Schüler mit seiner spirituellen Kraft aufladen und ihn dadurch befähigen, auf dem Weg voranzuschreiten. Das ist *Śaktipāta,* das Herabkommen der Kraft des Gurus und des Gottes in den Schüler zu dessen spiritueller Stärkung und Wandlung. Solch ein wahrer Guru steht für den Schüler neben der verehrten auserkorenen Gottheit im Mittelpunkt seiner Sādhanā, und der Schüler ist angewiesen, im Guru nicht einen großen Menschen oder Heiligen zu sehen, sondern nur das den Guru erfüllende Göttliche. Sri Chinmoy, ein großer Guru der Gegenwart, drückt das folgendermaßen aus: »Der Guru ist nicht der Körper. Der Guru ist die Enthüllung und Manifestation einer Göttlichen Macht auf Erden.«[22]

Der wahre Guru ist ein gültiger Ausdruck des höchsten Bewußtseins; für den Sādhaka, der den Guru vollsten Herzens als seinen Führer akzeptiert hat und umgekehrt vom Guru akzeptiert worden ist, ist er der Repräsentant Śivas selber. Der Guru macht den Schüler, den Śiṣya, zu einem Teil seines eigenen Lebens, er nimmt ihn voll Liebe in sein Bewußtsein hinein und läßt die Sonne des Selbst im Schüler langsam sich erheben, bis dieses Selbst zu einer alles überstrahlenden Wirklichkeit geworden ist. Als Repräsentant des Göttlichen für den Schüler ist der Guru der Kanal für die Gnade Śivas und seiner Śakti, die durch ihn auf den Sādhaka herabströmt und das spirituelle Pflänzchen der Wahrheit im Herzen des Schülers zu einem mächtigen Baum heranwachsen läßt.

Die Lehren der Tantras und der Siddhas und jene Gorakṣanāthas sind gekennzeichnet durch die hohe Stellung, die der menschliche spirituelle Führer, der Guru, in ihnen einnimmt. Es muß aber beachtet werden, daß stets der wahre Guru, nicht der bloß Gelehrte oder der anmaßende Scharlatan gemeint ist. Über die bengalischen buddhistischen Siddhas (die Siddhācātryas) hat der Guruvāda (»Guruismus«) dann in den tibetischen Buddhismus Eingang gefunden und ist in Indien und Tibet auch heute eine aller spirituellen Praxis zentrale Lehre.

Der Guru gewährt Einweihung, die sogenannte Dīkṣā. Die Dīkṣā wird zwar äußerlich oft rituell vorgenommen. Wenn sie aber ein wahrer Yogin und Guru vollzieht, soll sie den Schüler im Inneren wandeln und die Saat für eine spätere reiche Ernte der Vollkommenheit in ihm säen. Die häufigste und gängigste Art der Dīkṣā ist die Dīkṣā durch ein Mantra, das der Guru dem Śiṣya übermittelt. Dieses Mantra ist für den Schüler wirksam gemacht und kann mit hohem Gewinn in seiner Sādhanā verwendet werden. Oder der Guru weiht den Schüler ohne rituelle Handlungen durch seinen Segen, den er durch die Hände oder seinen Blick übermittelt, ein. In jedem Fall gewährt er dem Schüler Śaktipāta.

Der initiierte Sādhakā ist somit in die innere Familie des Guru aufgenommen, in den Gurukula, der aus dem Guru, seiner Frau und den anderen Schülern des Gurus besteht. Ob er nahe dem Guru lebt und ihm persönlich dient oder in einem anderen Land wohnt, der Guru ist durch die Gewährung wahrer, innerer Dīkṣā verantwortlich für die spirituelle Entwicklung des Śiṣya geworden und trägt diese Verantwortung aus seiner Liebe zum Schüler voll Freude und Ernsthaftigkeit. Er hat eine Art inneres Gelübde abgelegt, daß er dem Göttlichen im Schüler bedingungslos und uneingeschränkt dienen werde. Nach Sri Chinmoy ist »ein wahrer Guru der selbstlose, hingebungsvolle und ewige Bettler, der Allmacht und Allgegenwart von Gott erbittet, um seine unbewußt hungrigen und bewußt strebenden Schüler in vollkommenem Einklang mit den Bedürfnissen ihrer Seelen zu nähren.«[23]

Jeden Schüler behandelt der Guru auf individuelle Weise, gemäß dessen Charakter, innerer Veranlagung und Karma. Er versucht in den langen Jahren des spirituellen Trainings den Schüler immer näher an sein hohes, vom Heiligen durchdrungenes Bewußtsein heranzuführen und ihn auf diese Weise ihm selbst stets gleichwertiger zu machen. Der größte Stolz eines großen Gurus ist ein Schüler, der ihm gleichkommt an spiritueller Höhe, wenn das auch nur selten geschieht. Solch ein Śiṣya ist die große Entschädigung und Rechtfertigung für das mühevolle Wirken des Gurus für seine Schützlinge.

Samādhi, Mokṣa und Sāmarasya

Das große Ziel des Yoga und der Spiritualität war in Indien immer Mokṣa oder Mukti gewesen, die Befreiung von der Unwissenheit und dem begrenzten Bewußtsein des Menschen. Aber mit dieser Befreiung geht der für den orthodoxen Inder stets wichtigste Umstand einher, nämlich das Ausscheiden aus dem für ihn so schrecklichen Kreislauf von Geburt und Tod. Wenn er schon nach Befreiung als dem vierten der vier Lebensziele des Menschen strebt, bedeutet ihm das Leben hier nicht viel. Ebensowenig ziehen ihn die durch gute Taten gewonnenen Aufenthalte in höheren Himmelswelten an, die voll von Harmonie, Schönheit und Glück sind, wo er sich als ein Gott gar verkörpern mag und große, lichtvolle Macht genießt. Aber auch diese Himmel sind begrenzt, und das Dasein in ihnen dauert nicht ewig. Jede Menschenseele muß, gleich wie viele Jahrhunderte sie dort oben verbracht haben mag, wieder auf die Erde zurück und wird weitergewirbelt im Strudel der Existenzen, die dem Yogin letztlich immer Leid, Unvollkommenheit und Bindung bedeuten. Die in dieser Welt angestrebte Mukti wird nach dem Tod des Yogin daher zur Paramukti, der endgültigen Befreiung der Seele von allen Banden, der Auflösung aller Illusionen, dem schließlichen Verschwinden der Welt für den befreiten Yogin.

Die höchsten Erfahrungen, die der Yogin auf dem Weg des klassischen Rājayoga durchläuft, werden unter dem Begriff »Samādhi« zusammengefaßt, was soviel wie »Versenkung« oder »Trance« bedeutet. Es gibt einen Zustand des Samādhi, der das Erlebnis des absoluten, durch keine Zeit, keinen Ort und keine Begrenzung irgendeiner Art bedingten, völlig stillen, unendlichen Bewußtseins beinhaltet, das »Nirvikalpa-Samādhi« oder »Asamprajñatā-Samādhi«. In einem niedrigeren Zustand mögen Regungen im Bewußtsein auftauchen, aber alles ist dennoch in eine tiefe, glückselige Trance getaucht – das wird »Savikalpa-« oder »Samprajñatā-Samādhi« genannt. Die Erfahrung dieser höheren Samādhis schließt die Wahrnehmung der Außenwelt aus, sie sind also die Erfahrung einer trancehaften Versunkenheit, die nicht beliebig aufrechterhalten werden kann. Der Yogin muß aus einem solchen Samādhi wieder »herabkommen« in Körper und Leben, die an dem Höhenflug seiner Seele und seines Geistes nur bedingt und passiv teilgenommen haben.

Anders ist das spirituelle Ziel, das von den Tāntrikas und den Siddhas angestrebt wird. Sie ersehnen das Eintauchen des gesamten Wesens, mit Einschränkungen auch des Körpers, in eine Wonne der Vereinigung mit dem Göttlichen. Der ganze Mensch soll mit dem Bewußtsein Paramaśivas und seiner Śakti in höchstem Entzücken verschmelzen, er soll mit ihnen von »gleicher Essenz« (»sama-rasa«) werden. Der Tāntrika will »Sāmarasya«, die ganzheitliche essentielle Vereinigung mit der Gottheit, nicht unbedingt irgendeine Loslösung von der Welt und ihren Kräften, sondern die vollkommene Einheit mit der hohen Mutter, die auch die Welt ist. Er muß sich natürlich von der Unwissenheit, die im Bewußtsein der Getrenntheit und Abgesondertheit des einzelnen von Gott besteht, befreien, muß sie vernichten. Aber er muß dazu nicht auch seinen Bewußtseinsinhalt »Welt« vernichten, sondern diesen vielmehr in eine ganzheitliche Erfahrung der Gottheit miteinbeziehen.

Der Tāntrika möchte handeln und dennoch mit Śiva bewußt verbunden sein, er will die innere Wonne aller Dinge (rasa) kosten und seine so gewonnene Freude Ihm darbringen: Er will, in einem tantrischen Bild gesprochen, die Biene sein, die nektartrunken von einer Blume zur anderen torkelt und immer mehr göttlichen Nektar aus der wonnevollen Berührung mit den Blüten gewinnt. Er kostet das Göttliche in allen Dingen und Wesen und ist dabei mit seinem eigenen inneren, göttlichen Selbst identifiziert. Der vollendete Meister wird bei dieser Erfahrung des Göttlichen in der Welt seine Reinheit, seine Entsagung jener Seite der Dinge und Wesen, die der Unwissenheit und Niedrigkeit angehört, nicht vergessen. Er wird seine innere Erkenntnis und seine Verwirklichung der Einheit mit allem, was Śiva und Śakti sind – nämlich allem, was ist –, nicht einen Augenblick lang verlieren. Ist der Yogin dann sogar fähig, die höchste Höhe seines Bewußtseins im Absoluten mit den erdgebundenen Handlungen hier unten in Einklang zu bringen, erstreckt sich sein Geist vom höchsten spirituellen Gipfel Gottes bis in die irdische Tiefe *zu gleicher Zeit*, dann hat er den erhabensten Zustand erreicht, der möglich ist. Dieser heißt Sahajasamādhi, das »natürliche« Samādhi, welches kaum jemals erreicht werden soll.

2. Zur Bedeutung der Tantras und des Yoga

Nach Sri Aurobindo war der Tantrismus eine Art Ausweitung der alten vedischen Spiritualität, ein Ausströmen der hohen, oft geheimen Lehren der vedischen Saṃhitās und der Upanishaden in alle Schichten des Volkes und des Lebens hinein, was zahlreiche bunte Blüten der Spiritualität hervorbrechen ließ.

Die Tantras bedeuteten, wie wir schon gesagt haben, keine gänzliche Abkehr von der alten Religion und ihrem Ritual. Sie waren eine Fortentwicklung und Verbreiterung des Alten, um die Lehren der vergangenen Zeit auch dem einfachen Menschen besser nahebringen zu können – in Ritual, Philosophie, Yoga (die beiden letzteren haben aber auch sehr esoterische Züge) und Mythos. Sie erfüllten damit einen ähnlichen Zweck wie die mythologischen Schriften derselben Zeit, die Purāṇas. Nach M. P. Pandit hätten die Tantras, neben der Fortentwicklung und Abänderung des alten Rituals, den vedischen Feueraltar durch den indischen Tempel und das abstrakte vedische Opfer durch bilderhafte Verehrung ersetzt.[24] Die Tantras hätten die esoterischen Lehren der Veden, die in den vedischen

Hymnen in einer symbolhaften Sprache niedergelegt worden waren, aufgegriffen und sie mit unterschiedlichen Formen des Yoga und der tantrischen rituellen Spiritualität in Verbindung gebracht. Die viel früher als die Tantras entstandenen Upanishaden hätten sich eher auf den Erkenntnisaspekt jener alten Lehren konzentriert und diesen in ihren berühmten Lehren der Welt zugänglich gemacht.

Betrachtet man das Verhältnis, in dem die Tantras oder Āgamas zu den Veden stehen, wird klar, daß viele vedische Elemente in den Tantras weiterleben, freilich in einer der neuen kulturellen Umgebung angepaßten Form. Das gilt auch von den vedischen Göttern wie Viṣṇu, Rudra-Śiva[25] und der Śakti, welche letztere in den Veden als Aditi, Sarasvatī oder schlicht als »Göttin« (Devī) verehrt wird, wenn sie dort auch bei weitem nicht einen solch prominenten Platz einnimmt wie in den Tantras. Es erscheint sehr bedeutsam, daß die Tantras weniger das vedisch-upanishadische Wissen weiterentwickeln, ebensowenig das Ritual, das sie nur historisch-kulturellen Gegebenheiten anpassen (Bau von Tempeln, kollektive rituelle Spiritualität), sondern daß sie die sicherlich sehr alten Entwicklungslinien des Yoga und des Okkultismus, die auch in der älteren Literatur durchaus stark hervortreten[26], aufnehmen. Die Tantras und der späte Yoga führen diese eigentlich esoterische Linie zu einer Blüte und einem Höhepunkt, der auch die esoterischen Lehren einer größeren Gruppe von Menschen zugänglich macht. Der Gipfel dieser um die Jahrtausendwende und in den nachfolgenden Jahrhunderten immer stärker erkennbaren »Katholizität« wird, soweit dies feststellbar ist, in den Yogalehren und der breiten Bewegung der Nāthasiddhas erreicht.

Die Lehren der Tantras und Siddhas tragen mit ihrer lebensbejahenden und positiveren Grundhaltung zur Welt als einer realen Schöpfung Śivas dazu bei, daß ein zu starkes Abdriften des indischen Geistes in den lebensverneinenden und dadurch das gesamte kulturelle Gefüge schwächenden Illusionismus, in den Māyavāda Śaṅkaras und das Denken seiner Anhänger und die weltverachtende Haltung anderer Schulen verhindert wird. Und auch damit transponieren sie die Geisteshaltung der älteren vedischen Schriften und der vedischen Spiritualität, wie sie in diesen gespiegelt ist, in das Denken der neuen Zeit. Denn die Haltung dieser ältesten Lehren war im Grunde positiv, optimistisch und weltbejahend gewesen. Die tantrische Tradition betrachtet die Tantras daher auch als den fünften Veda, neben Ṛgveda, Sāmaveda, Yajurveda und Atharvaveda. Sie seien die maßgebenden Schriften für unser Zeitalter.

Die Tantras bieten in der Gesamtheit ihrer vier Pādas eine breite Synthese, allen zugänglich, offen, mutig, zuweilen auch gegen den Widerstand der Orthodoxie stehend und zugleich tief verwurzelt in den alten Lehren. Sie vereinigen spirituelles Wissen, Volkskulte, magischen Glauben, die sozial formende Wirkung des Rituals und immer mehr auch die Lehren des Yoga in einer großen Zusammenschau der Schöpfungen des indischen Geistes. Trotz all der Mißverständnisse tantrischer Lehren und Methoden und trotz aller Irrungen auf tantrischen Wegen, die es zweifellos gegeben hat und gibt, müssen die kulturformende Kraft und der spirituelle Wert der Tantras für den Hinduismus (und in ähnlichem Ausmaß für den Buddhismus) hervorgehoben werden. Dennoch werden noch heute Wirkung und Bedeutung der tantrisch-yogischen Blütezeit grob unterbewertet.

II. Gorakṣanātha und die Siddhas

1. Siddhas und Kaula-Tāntrikas

Nach einer Betrachtung der philosophischen und religiösen Grundlagen des in der zweiten Hälfte des Jahrtausends nach der Zeitenwende hervortretenden tantrisch-yogischen Stils und Inhalts von Religion und Spiritualität lohnt es sich auch, ein leider noch weitgehend unerforschtes Feld indischer religiös-spiritueller Kultur zu beleuchten. Denn der Yogin Gorakṣanātha und sein Meister Matsyendranātha bauen ihre Lehre und ihre spirituelle Methode nicht nur auf allgemeinen tantrischen und yogischen Grundfesten auf. Sie gehören ebenso vage bekannten, esoterischen Strömungen des shivaitisch-tantrischen und buddhistisch-tantrischen Umfeldes an. Das sind die vielgerühmten, aber kaum eingehend erforschten Traditionen der Siddhas und der tantrischen Kaulas. Bevor man jedoch die Frage nach Herkunft und Charakter von Siddhas und Kaula-Tāntrikas zu beantworten versucht, sollte man sich der allgemeinen historischen und kulturellen Situation des im Hinblick auf Gorakṣanātha besonders wichtigen Zeitraumes zwischen 800 und 1200 n. Chr. zuwenden.

Die Zeit

Parallel zu dem breiten und enthusiastischen sozialen wie religiösen Aufbruch im Volk auf der Basis der alten Religiosität, den die Tantras markieren und die tantrischen Gelehrten, Yogins und geheimen Zirkel begründen – mitsamt allen seinen auch negativen Seiten –, kommt es zu einer hinduistischen Renaissance in Philosophie, Leben und Denken der Elite des indischen Subkontinents, die sich nicht auf die Inhalte der Tantras und der Yogaschriften gründet oder auch nur bezieht.

Dieses Wiedererstarken des Hinduismus nach vielen Jahrhunderten buddhistischer »Eroberungen« in Gesellschaft und Kultur Indiens hatte in der Philosophie seine zentrale Figur in dem allgemein als größten indischen Philosophen betrachteten Südinder Śaṅkara gefunden, der an der Wende vom 8. zum 9. Jahrhundert gelebt hatte. Śaṅkara stellte die Philosophie wieder deutlicher auf den Boden der alten vedisch-upanishadischen Lehren, war aber in seiner Lehre gleichwohl sehr stark vom Buddhismus geprägt, weshalb ihn seine hinduistischen Gegner oft als einen »verkappten Buddhisten« (»pracchanno bauddhaḥ«) verspotteten. Seine Auslegung der upanishadischen Lehre vom Brahman, dem Absoluten, und vom Ātman, dem Allselbst, und seine Lehre des unbeschreibbaren, illusionären Charakters von Welt und Einzelseele (Māyā) nahmen größten Einfluß auf die indische Philosophie der Folgezeit und prägen noch heute das indische Geistesleben. Śaṅkara nahm viel von den buddhistischen Lehren auf, die ihrerseits einen entscheidenden Wandel noch vor Śaṅkara erfuhren. Aus dem ursprünglichen Buddhismus wurde das sogenannte Große Fahrzeug, dessen Lehren sich mit fortschreitender Entwicklung immer mehr denen des Hinduismus annäherten, was den Buddhismus in Indien natürlich schwächte, da er langsam vom Hinduismus (re-)absorbiert wurde. Andererseits aber trug der offene, »katholische« Charakter des neuen Buddhismus sicherlich zu seiner Verbreitung in Tibet, China und Japan bei. Den endgültigen Todesstoß erhielt der Buddhismus dann in einem recht säkularen Zusammenhang, nämlich durch die Heere der in Indien 1192 endgültig zur Macht gewordenen türkischen Muslime, die bald darauf buddhistische Klöster zerstörten und deren Mönche massenweise hinmordeten. Die Überlebenden flohen aus Indien oder zumindest aus der damaligen buddhistischen Hochburg Indiens, dem Bengalen der Pāla-Könige. Die buddhistischen Laienanhänger konvertierten wohl aus Angst vor Vernichtung oder Unterdrückung zum ohnehin nicht sehr unterschiedlichen Hinduismus oder zum Islam.

Schon im Jahre 712 hatten die Araber Sind, den heutigen Süden Pakistans, erobert, doch erst in den ersten Jahrzehnten des 11. Jahrhunderts war die neue große Religion im Westen zur wirklichen Gefahr für Indien geworden. Mahmūd von Ghaznī plünderte mit seinen zentralasiatischen, zur Religion des Propheten bekehrten Turkvölkern Nordindien mindestens zwölfmal und zerstörte dabei eine Vielzahl der Tempel und Kulturdenkmäler. Fast 200 Jahre später sollten die Muslime, vor allem unter dem ehemaligen Sklaven Kutb-ud-dīn Aibak ein Großreich auf indischem Boden errichten, das gegen die Mitte des 14. Jahrhunderts die Größe des Imperiums Aśokas, des heiligen Königs Indiens im 3. Jahrhundert v. Chr., erreichte. Eine Eroberung durch die Horden Dschingis Khans im 13. Jahrhundert blieb Indien mit seiner langen Geschichte von Invasionen erspart. Im Jahr 1526 kamen dann allerdings die moslemischen Mongolen, genannt Moghuls, nach Indien, um dort zur großen Macht vor dem Eintreffen der Engländer heranzuwachsen.

Die Zeit moslemischer politischer Vorherrschaft, die trotz aller Versuche zur endgültigen Eroberung des Südens fast ausschließlich auf Nord- und Mittelindien beschränkt blieb, brachte den Hindus Unterdrückung, manchmal Verfolgung und bewirkte teils auch Massenkonversionen zum Islam. Doch im großen und ganzen konnte sich das hinduistische religiöse Leben wenig behindert entwickeln, und eine Freundschaft, ja Synthese zwischen den beiden denkbar unterschiedlichen Religionen, dem ikonoklastischen Islam und dem bilderverehrenden Hinduismus wurde oftmals angestrebt: von den Sufis und den Yogins (Gorakṣanātha, Kabīr u. a.) und ebenso von höchster politischer Ebene aus, nämlich vom Größten der Moghulkaiser, Akbar, im 16. Jahrhundert. Trotzdem stellte der Islam die erste wirkliche Gefahr für das Fortbestehen der hinduistischen Religion und Gesellschaft dar. Auch der Buddhismus hatte starken Einfluß ausgeübt, aber er war in seiner Lehre nicht allzuweit von den hinduistischen Glaubens- und Lebensgrundlagen entfernt. Daher konnte er gleich vielen anderen Religionen und religiösen Strömungen im unendlichen, von unglaublicher Toleranz und Weitblick geprägten Schoß des Hinduismus aufgenommen werden und auf diese Weise noch zur Bereicherung des Hinduismus beitragen. Im Falle des Islam war dies zum ersten Mal unmöglich. Zu viele Gegensätze zeichneten die beiden Lehren aus. Was dem Hindu heilig galt, verteufelte der Muslim, etwa Gott in Bildern, Statuen und in vielen Namen zu verehren oder eine hierarchische Gesellschaftsordnung auf religiöser Grundlage zu errichten. Aus diesem Grund gibt es auch heute noch sehr viele Muslime im indischen Kulturbereich, wogegen die meisten anderen Religionen im Ozean des Hinduismus fast zur Gänze aufgegangen sind. Aber der Hinduismus wurde trotz dieser Gefahr, die von den jetzigen muslimischen Machthabern ausging, dennoch nicht wirklich geschwächt. Die wahren Schwächen dieser ältesten noch bestehenden Religion und Kultur der Erde ans Tageslicht zu bringen und eine intensive Rückbesinnung auf die Essenz der alten Lehren, ja eine zweite Renaissance des Hinduismus im 19. Jahrhundert notwendig zu machen, blieb der westlichen Kultur, den Engländern, vorbehalten.

Die Siddhas

Das Wort Siddha bezeichnet jemanden, der es zu Vollkommenheit in der Beherrschung einer Disziplin gebracht hat, insbesondere im Feld der Spiritualität und des Okkultismus. Es entspricht sehr genau dem englischen Wort »realized«, in seinem Doppelsinn von »erkannt« und »verwirklicht«. Yogins und Heilige, die man im besonderen Siddhas nennt, gibt es in Indien in den verschiedenen shivaitischen Richtungen und später auch im Buddhismus. Nach dem großen Religionswissenschaftler Mircea Eliade gehören die Siddhas und Siddhayogins auch aufgrund ihrer okkulten Praktiken zu einer neuen »Grundwelle jener tiefen indischen Spiritualität..., die bis in die indischen Urschichten hinabreicht«.[1] Für Eliade und andere zählen die Siddhas zum Teil zu den Vertretern einer vorarischen, magischen Religion. Wir neigen aber eher zur Ansicht, daß die Siddhas die an das Licht der Geschichte getretenen Repräsentanten alter esoterischer und durchaus brahmanistischer bzw. hinduistischer Traditionen waren, die vielleicht schon lange Zeit hinter und neben den orthodoxen, später philosophisch untermauerten Lehren des Brahmanismus und Hinduismus und insbesondere des Yoga in seinen frühen und klassischen Formen existiert hatten. Es dürfte sich um Abkömmlinge von namenlosen Asketen und Yogins handeln, die seit Jahrtausenden schon besitzlos durch den indischen Subkontinent zogen, frei von weltlichen Banden, allein der Suche nach der Wahrheit und dem Streben nach Vollkommenheit verpflichtet. Sie hatten ihre Lehren von Guru zu Schüler weitergereicht, hatten entweder in Bergen und Wäldern gelebt oder ihre wahre Natur und ihre gewonnene Erkenntnis hinter einem einfachen, gewöhnlichen Leben verborgen.

In ihrem Streben nach Wahrheit und Gott trafen sie sich durchaus mit den bekannten Lehren der hinduistischen Spiritualität. Doch in einem besonderen Punkt unterscheiden sich die Siddhas von den vedantischen Sannyāsins, den buddhistischen Bikkhus und Asketen anderer Traditionen, wenngleich jene Yogins, die man traditionellerweise als Siddhas bezeichnet, auch diesen einen besonderen Punkt nicht gleich stark betont oder hervorgehoben haben. Denn hier läßt sich von der Suche nicht nur nach der Verwirklichung des Selbst und der geistigen Unsterblichkeit sprechen, sondern vom Streben nach der Unsterblichkeit des Körpers, die mit der Verwirklichung des Absoluten einhergehen soll oder kann. Die Siddhas beschreiben einen göttlichen Körper, Divyadeha oder Divyatanu, der nur in subtiler Form, unsichtbar für menschliche Augen, existieren soll. Sie kennen auch einen Praṇavatanu, einen »Körper, der aus der göttlichen Urschwingung OM besteht«, und einen Mantratanu, einen »Mantra-Körper«.[2]

Dieser göttliche Körper ist auch in seiner sterblichen Substanz völlig umgewandelt, frei von den Unreinheiten der Welt und ihrer Unwissenheit und daher spirituell vollkommen rein. Für viele Siddhas ist die auf den Tod folgende endgültige Befreiung des vollendeten Yogin vom Kreislauf von Geburt und Tod ein minderes Ziel. Aber den Körper zusammen mit Geist und Seele göttlich und unsterblich zu machen, wenn auch auf einer höheren, »subtilen« Ebene, bedeutet dagegen eine wahre Errungenschaft und Verwirklichung. V. V. Ramana Sastri vergleicht dieses Ideal der Befreiung von den Banden der Erde mitsamt dem Körper interessanterweise mit der scheinbar ähnlichen Idee, die hinter der körperhaften Himmelfahrt Christi zu stehen scheint.

Auf die Lehre der Siddhas, wie sie im einzelnen vom berühmtesten der Siddhas, Gorakṣanātha, in seinem »Leitfaden zur Lehre der Siddhas« dargelegt worden ist, wird weiter unten näher eingegangen. Gorakṣanātha steht aber nur beispielhaft für eine bestimmte Siddhatradition, wenn sie auch oft als Siddhatradition schlechthin betrachtet wird, nämlich für jene der Nāthayogins oder Nāthasiddhas. Andere Siddhatraditionen, die oft nur dem Namen nach bekannt sind und unterschieden werden können, sind die Siddhakaulas, die Siddhāmṛtas und die Maheśvarasiddhas des tamilischen Shivaismus. Interessanterweise werden auch die Vertreter der indischen Alchimie, des Rasāyana, oft als Siddhas, genauer als »Raseśvarasiddhas« bezeichnet. »Raseśvara« ist der »Herr der Stoffe«, derer sich indische wie taoistische Alchimisten bedienen, nämlich das Quecksilber.

Eine ganz besondere Gruppe von Siddhas bilden die berühmten 84 Siddhas der tibeto-indischen buddhistischen Traditionen. Nicht nur Gorakṣanātha und sein Meister Matsyendranātha gehören, obwohl sie Shivaiten waren, diesen 84 Siddhas an, sondern vor allem eine Gruppe bengalischer buddhistischer Yogins, die man Siddhācāryas nennt. In ihren Liedern und Versen geben sie singend und poetisch, oft in den typisch tantrischen Symbolen der Sandhābhāṣā, ihre Lehre und ihre ekstatischen Erkenntnisse weiter. Die 84 Siddhas oder Mahāsiddhas, wie sie auch heißen, lebten wahrscheinlich alle zwischen 800 und 1200, in einer Zeit, da die Spiritualität erstarrt war in philosophischen Haarspaltereien, in Ritualen, deren Sinn in einer immer zwanghafteren Gesellschaftsordnung und in dogmatischen Lehren zu ersticken drohte. Auch die Kultur und die großen Reiche Indiens waren durch das Fehlen neuer, frischer Inspiration im Niedergang begriffen. Aber Indiens Religion hätte nicht so viele Jahrtausende überdauert, wenn nicht ihre Fähigkeit zu Anpassung, Aufnahme neuer Elemente und grundlegender Erneuerung auf der Basis des Alten schier unerschöpflich wäre. Hier sind die Yogins und Siddhas hervorzuheben, die diese Belebung und Erneuerung zuerst bewirkten: sie waren Rebellen gegen Buchgläubigkeit und jegliche Begrenzung persönlicher religiöser Freiheit, die in Indien im Unterschied zum Abendland ohnehin immer großgeschrieben wurde. Sie mißachteten Tabus und Dogmen, lebten gegen alle Konvention und Sitte und brachen den Fels der Erstarrung. Viele von diesen Männern und Frauen erreichten einen hohen spirituellen Status, folgten ihren Visionen und ihrer inneren Erkenntnis und vermittelten auf diese Weise religiöse Ekstase und innige Hingabe als Ideale an das breite Volk. Als Reformatoren, spirituelle Führer und Wegbereiter neuer religiöser Emotion legten sie zugleich großen Wert auf das Erkennen der spirituellen Bedeutsamkeit allen Lebens, jeglicher Handlung und auch des in den vergangenen Jahrhunderten so mißachteten und verdammten menschlichen Körpers. Andere sogenannte Siddhas wiederum trugen mit ihrer spirituell unaufrichtigen, lasziven Lebensführung und den praktizierten tantrischen Ritualen bloß zur Herabwürdigung der Spiritualität bei. Insgesamt herrschte jetzt, da die alten unkonventionellen, esoterischen Ströme des Yoga in der indischen Kultur wieder auftauchten, eine Atmosphäre, die von den Lehren und Dichtungen der Siddhas ausstrahlte und die voll war vom Duft des Neuen und doch ewig Alten, voll von neuer Begeisterung für die Essenz der ewigen Ideale Indiens. Diese hatten immer in der Verwirklichung des Allerhöchsten und der Suche nach Wahrheit und Vollkommenheit bestanden. Befreiung und Verwirklichung, Mukti und Siddhi, waren nun wieder an vorderste Stelle der angestrebten Ziele im indischen Geistesleben gerückt.

Um viele der Siddhas aus Südindien oder aus Bengalen ranken sich Legenden und fabelhafte Berichte, bei Gorakṣanātha und Matsyendranātha sind es sogar ganze Legendenkreise, die sich in der jeweiligen indischen Provinz bis heute halten konnten. In den Legenden wird sehr oft davon ausgegangen, die Siddhas würden noch immer in den Höhen des Himalaja oder den dichten Wäldern Indiens leben und dort auserwählten Eingeweihten ihre ewige Lehre von der Wahrheit und Unsterblichkeit weiterreichen. Es gibt auch einen Mythos, in dem die Siddhas als Heiler oder belebende Kraft der wahren Lehre der Veden auftreten, ihrer 90 Millionen an der Zahl. Das erscheint einerseits als Versuch, die der orthodoxen vedischen Religion oft entgegengesetzten Siddhatraditionen mit jener Orthodoxie zu versöhnen. Andererseits verleiht der Mythos der Wahrheit Ausdruck, daß die Religion letztlich aus der lebendigen Kraft der zur Gänze gelebten und erfolgreichen Spiritualität des Individuums, des Yogin, des Siddha und Sannyāsin ihre Frische und ihre Wirkkraft bezieht. Sie wird auf diese Weise vor dem Erstarren in Dogma und Äußerlichkeit bewahrt, das den langsamen Tod der betreffenden Religion einleiten würde.

Die Lehren der Siddhas (vor allem jene der Nāthasiddhas und Siddhācāryas) lassen ähnlich wie im Fall der Tantras einen neuen Aufbruch im Feld der Religion und Spiritualität spürbar werden. Aber waren die Tantras – in gewissen Teilen zumindest – für alle Menschen gedacht, so haben die Lehren der Siddhas einen esoterischeren Charakter. Dennoch bleiben sie sehr oft der Mystik des Volkes verpflichtet und nicht jener der geistigen Elite. So müssen diese Lehren keine Zugeständnisse an das bestehende soziale Gefüge oder die brahmanische Orthodoxie machen. Diese Freiheit läßt ihren rebellischen Charakter in der Ablehnung bestehender, oft erstarrter religiöser Lehren und sinnentleerter Rituale, in der Ablehnung jeglicher gesellschaftlicher Verpflichtung und Bindung voll zum Durchbruch kommen. Die Siddhas wollen sich aber in dieser ablehnenden Haltung nicht einfach jeglichen Zwangs entledigen, sondern sie wissen ganz einfach, daß ein Asket und ein der Suche nach der Wahrheit völlig Hingegebener keine Pflicht neben seine Pflicht zur Erkenntnis und Verwirklichung des Höchsten stellen darf. Solch ein Mensch ist ein »Atyāśramī«, d. h., er steht selbst noch über den und außerhalb der vier Lebensstufen der brahmanischen Lehren. Diese umfassen den Lebensabschnitt des Brahmacārin, des diszipliniert Lernenden, des Gṛhastha, des Haushälters und Familienvaters, des Vanaprāstha, des zurückgezogen im Walde Lebenden, und des Sannyāsin, des umherwandernden, besitzlosen Asketen. Der Siddha ist aber keiner der vier, er ist ein »Avadhūta«, »einer, der alles von sich abgeschüttelt hat«, und so, vollkommen frei, allein dem höheren Willen hingegeben und keinem weltlichen Gesetz untertan, sein Leben des Dienstes und des inneren Strebens leben kann. Gorakṣanātha betont, daß ein Siddha oder Avadhūta durchaus in der Gesellschaft leben mag, er mag sogar ein König oder reich sein, aber er wird dies nicht um der Macht oder des Geldes willen sein oder weil die irdischen Bindungen es so herbeizwingen. Denn in Übereinstimmung mit dem inneren Willen wird er völlig frei seine Aufgabe erfüllen und im nächsten Augenblick als nackter Asket davonziehen, wenn er das als richtig erachtet.

Die Siddhas verdammen, wie viele Tāntrikas auch, Wissen, welches aus Büchern bezogen wird, und bloße Gelehrtheit. Für sie ist das Leben Buch genug, und die Worte ihres Meisters sind die notwendige Führung durch dieses große Lehrbuch des inneren und äußeren Daseins und der Natur. Seine innere Erfahrung allein zählt für den Siddha, und nicht irgendeine mentale Kenntnis oder Fertigkeit, die der wahren Praxis des Lebens und der vollständigen Realisierung im Bewußtsein des Yogin ermangelt. Zu werden und zu erfahren ist die Lebensgrundregel der Siddhas, nicht äußerlich zu wissen, denn er hat zur Genüge gelernt, daß wahres Wissen nur durch einen Prozeß der Identifikation, nur durch Werden zu dem Objekt, das erkannt werden soll, durch ein Einssein mit ihm, zustande kommt. Äußere Kenntnis aber bleibt immer an der Oberfläche der Dinge und erkennt nicht die eigentliche Natur der betreffenden Sache oder des betreffenden Lebewesens.

Die Kaula-Tāntrikas

Matsyendranātha wird vom großen kaschmirischen Philosophen Abhinavagupta als der Begründer einer tantrischen Tradition bezeichnet, die man die Kaula-Tradition nennt. Die Kaulas weisen eine Verwandtschaft zu den Siddhas, besonders den Nāthasiddhas auf. Der Begriff »Kaula« leitet sich von dem Wort »Kula« ab, was zuerst soviel wie Familie oder Gruppe bedeutet. In den Tantras und ebenso in Gorakṣanāthas »Leitfaden«, der Siddha-Siddhānta-Paddhati, steht das Wort »Kula« aber entweder für die Śakti oder für eine Art kosmische Seinseinheit, einen »verkörperten Kosmos«. Sein Gegenstück ist »A-kula«, Nicht-Kosmos, Nicht-Gruppe, etwas dem Kosmos Transzendentes. Akula bedeutet somit Śiva, die transzendente, über allem stehende Gottheit. Daher trifft es in den meisten Fällen zu, daß die Kaulas vor allem Śāktas, Verehrer der Śaktī, waren. Einige Autoren[3] sehen in den Kaulas die wohl charakteristischsten Vertreter des Tantrismus, mit einem starken shaktistischen Zug, obwohl sie meist Anhänger Śivas waren. Wie die Siddhas repräsentierten sie eine esoterische Tradition, die später in Texten wie dem Kulārṇavatantra und mit Philosophen wie Abhinavagupta ans Licht der intellektuellen Öffentlichkeit trat. Abhinavagupta wurde von seinem Guru Śambhunātha in die Tradition der Kaulas eingeweiht. Er zeigt deshalb in seinen Werken (z. B. Tantrāloka, Parātriṃśikalaghuvṛtti) starken Einfluß seitens der Lehren der Kaulas, etwa der Mystik der Silben und der Laute (Mantras) oder der Verehrung des Körpers als ein Gefäß des Göttlichen. Ebenso spricht Abhinavagupta von der den Kaulas meist zugeschriebenen Praxis der Pañcamakāras und der besonderen Verehrung der Śakti, die bei ihnen auch Kaulā oder Kaulinī heißen kann. Charakteristisch für die Kaula-Lehre ist vor allem die Analogsetzung von Körper (piṇḍa) und Kosmos (brahmāṇḍa) auf verschiedenen Ebenen und in unterschiedlichen Teilen. Diese auch für die Siddhas, den Haṭhayoga der Nāthayogins und für Gorakṣanātha wichtige Lehre ist anscheinend erst mit den Kaulas zu einem der auffallendsten Züge der tantrischen Lehren selber geworden. Beschreibungen der Analogie zwischen menschlichem Körper und Kosmos finden sich schon im älteren vedischen Schrifttum (den Brāhmaṇas) und den Upanishaden in häufig recht deutlicher Ausprägung.

Trotz der Nähe, die Gorakṣanāthas Lehre zu jener der Kaulas aufweist, und obwohl sein Guru als einer der hervorragendsten Kaulas betrachtet wird, wird er bemerkenswerterweise selber niemals als Kaula bezeichnet, oder auch nur im Zusammenhang mit der Kaula-Tradition erwähnt. Grund dafür mag Gorakṣanāthas Reform und angestrebte »Reinigung« der tantrisch-yogischen Religiosität sein, was ihn außerhalb der tantrischen Traditionen stehen ließ.

Verschiedene Tantras (Kulārṇava, Sammohana) erwähnen »Kaula« als *eine* Methode oder *einen* Weg spiritueller Praxis neben anderen wie Divya und Vāma (Sammohanatantra). Und Matsyendranātha spricht in seinem wichtigsten erhaltenen Werk, dem »Kaulajñānanirṇaya« (»Darlegung des Wissens der Kaulas«),[4] von vielen verschiedenen Schulen der Kaulas wie Yoginīkaula, Vṛṣṇotthakaula, Vahnikaula, Mahākaula, Candrakaula, Jñānakaula und anderen. Im 11. Jahrhundert, aus dem die Handschrift des Kaulajñā-nanirṇaya stammt, waren die Kaulas bereits zu einer vielgefächerten tantrischen Strömung und zu einem wesentlichen Element der großen tantrischen Synthese geworden. Vielleicht geht die Entstehung des Kuladharma sogar bis ins 5. oder 4. Jahrhundert zurück.

Einige wesentliche Texte der Kaula-Schule sind das schon zitierte Kulārṇavatantra, der Kaulajñānanirṇaya, das Nityaṣoḍaśikārṇava (Vamakeśvaratantra), das Svacchandatantra, das Malinīvijayatantra und das Tantrarājatantra, überwiegend Werke des Shivaismus in Kaschmir oder in dieser nördlichen Tradition zumindest hochgeschätzt. Da nun aber von den wirklichen historischen Vorläufern und Begründern der Kaula-Tradition kaum etwas bekannt ist, sei hier die Legende von der Entstehung der Tradition nach dem *Tantrāloka* Abhinavaguptas erzählt (TA 37.13b; 36.13):

Die zwei Lehrer Lakulīśa und Śrīkaṇṭha hatten die Befähigung erworben, den Shivaismus zu lehren. Der erstere war der Begründer der Pāśupatas, einer sehr alten und eigentümlichen shivaitischen Sekte. Der zweite gab drei vollkommenen Wesen Unterweisung: Tryambhaka, Āmardaka und Śrīnātha, damit sie auf die Erde herabkämen und jeweils die shivaitischen Lehren der Nicht-Zweiheit, Zweiheit und Zweiheit-Nicht-Zweiheit lehrten. Tryambhakas Tochter begründete dann die 4. Schule, genannt »Dreieinhalb« (ardhatryambhaka), die als die Kaula-Schule angesehen werden kann. Der Begründer der eigentlichen Kaula-Linie wäre einigen Texten zufolge aber Matsyendranātha[5], der große Meister der Buddhisten, der Tāntrikas und der Siddhas.

2. Matsyendranātha – Meister der Fische

In fast allen Legenden, Guruparamparās (Listen der Abfolgen von Lehrern und Schülern) und Hinweisen auf Gorakṣanātha und Matsyendranātha wird Matsyendranātha als der Guru Gorakṣas dargestellt bzw. erwähnt. Die Nāthasiddhas rühmen ihn als ihren ersten menschlichen Lehrer. Vor ihm kommt nur Śiva selbst als »Ādinātha«, als der göttliche Verkünder der Nātha- und Siddhalehren.

Matsyendranātha gehörte, so machen uns die Legenden und überlieferten Texte glauben, zur Kaste der »Kaivarttas«, er soll also als Fischer an den Küsten Ostbengalens gelebt haben, in einer Gegend oder auf einer Insel namens Candradvīpa. Auch die meisten Anhänger scheint er in diesem Teil Indiens gehabt zu haben. An das östliche Bengalen grenzt das große Land der Tāntrikas, Assam oder Kāmarūpa, wo Matsyendra seine ersten Unterweisungen gegeben haben soll. Von Abhinavagupta wird ihm in dessen gegen Ende des 10. Jahrhunderts verfaßten kolossalen Hauptwerk *Tantrāloka* als »Macchandavibhu« große Verehrung bezeugt (*Tantrāloka* 1.7), und Abhinavaguptas Kommentator deutet an, Matsyendranātha komme noch vor dem aus dem Süden stammenden Meister Sumati, der der Guru Somadevas war. Dieser wiederum war der Meister des geheimnisvollen Śambhunātha. Śambhunātha war der tantrische Guru Abhinavaguptas.[6] Das würde bedeuten, daß Matsyendranātha spätestens im 10. Jahrhundert gewirkt haben müßte. Auch die indo-tibetische Tradition der 84 Siddhas, die von Matsyendranātha als Lui-pa angeführt werden, bestätigt diese zeitliche Situierung, da Matsyendra einige Jahrzehnte vor den großen buddhistischen Lehrern Tilopa und Naropa gelebt haben muß.[7]

Matsyendranātha war vom Fischer zum großen Meister seiner Zeit geworden, bevor ihn an Kraft und Wirkung sein Lieblingsschüler Gorakṣanātha übertraf. Die Beziehung der beiden großen Siddhas und Yogins war von gegenseitiger starker Liebe, von Glaube und Hingabe geprägt, gleich der idealen Verbindung zwischen Meister und Schüler. Nichts Sicheres aber ist uns von einem menschlichen Meister Matsyendranāthas bekannt. Er soll die Lehre, welche er später verkündete, und damit seine spirituelle Vollkommenheit von Śiva selbst erhalten haben, und zwar auf recht ungewöhnliche Weise. So wird Śiva im Kaulajñānanirṇaya die folgende Geschichte in den Mund gelegt:[8]

> Als Śiva eines Tages mit seiner Gefährtin Pārvatī in Candradvīpa, der Mondinsel, weilte, kam sein Sohn Kārttikeya als Schüler zu Śiva. Aber unter dem Einfluß der Unwissenheit stahl Kārttikeya das heilige Lehrbuch, das Śāstra, welches das mystische Wissen barg, und warf es in das Meer. Doch Bhairava, der eine besondere Form Śivas ist, hatte sich als Matsyendranātha verkörpert und fuhr auf das Meer, fing den Fisch, der das Śāstra inzwischen verschlungen hatte, schlitzte dessen Bauch auf und rettete den Ka-

non des heiligen Wissens. Der wutentbrannte Dieb des Śāstras grub daraufhin einen unterirdischen Tunnel, stahl das Śāstra abermals und warf es zum zweiten Mal in den Ozean. Dort wurde es von einem riesengroßen Fisch gefressen. Dies wiederum versetzte Bhairava in Zorn, der jetzt ein Netz seiner spirituellen Kräfte wob (Śaktijāla), auch diesen Fisch fing und versuchte, ihn an Land zu ziehen. Doch der Fisch war ebenso stark wie Bhairava alias Matsyendranātha, er besaß große spirituelle Kraft und konnte auch von den Göttern nicht leicht besiegt werden. So gab Bhairava/Matsyendranātha seine Brahmanenschaft auf und nahm die Identität eines Fischers an, um mit dem Fisch besser kämpfen zu können...

Śiva fuhr in seiner Erzählung der Geschichte nun fort: »Ich selbst bin der Fischer, der den Fisch bezwang. Der Kanon der Kaulas (Kulāgama) war aus dem Bauch des Fisches gerettet worden. Obwohl ich ein Brahmane bin, wurde ich zum Fischer. Dieser Brahmane wird Matsyaghna (»Fische tötend«) genannt, da er den Fisch tötete. Und der Herr der Brahmanen ist ein Fischer, da er wie ein solcher fischte.«[9]

Dieser älteste Mythos über Matsyendranātha aus dem 11. Jahrhundert enthält einige interessante Aspekte: die Identifizierung des großen Meisters Matsyendranātha mit Śiva selber, die »Rettung« einer verlorengegangenen Lehre aus ihrer Vergessenheit oder vor ihrer Vernichtung durch Matsyendranātha (ein »neue« Lehre gibt es nach indischem Verständnis nicht, denn alle Wahrheit ist in den uralten Wahrheiten, die der Veda verkündet hat, schon in irgendeiner Form enthalten) und das Fahrenlassen seines orthodoxen, konservativen Brahmanenstatus, um die Lehre Śivas erhalten zu können. In anderen, späteren Fassungen des Mythos bzw. der Legende, hört Matsyendra (»Matsyendra« bedeutet »Herr der Fische«) im Bauch eines Fisches, oder ein andermal als ein Fisch selbst, Śivas Unterweisungen in geheimes Wissen zu und erlangt auf diese Weise spirituelle Erkenntnis.

Das Symbol des Fisches und des Fischers tritt in zahllosen Kulturen auf, und zwar immer im Zusammenhang mit einer Offenbarung, genauer mit dem Übergang einer Lehre vom Zustand der Vergessenheit oder »Verfinsterung« in den Zustand voller Manifestation.[10] Für diese Interpretation des Fischesymbols im Falle Matsyendranāthas (und somit Gorakṣanāthas) spricht auch, daß die beiden Siddhagurus, manchmal auch nur Matsyendra allein, oft nach Śiva oder Ādinātha benannt werden. Vielleicht hatte durch diese beiden Meister wirklich eine neue »Offenbarung« stattgefunden. Auf jeden Fall aber war ein neuer Impuls im Yoga und der tantrischen shivaitischen Spiritualität von ihnen ausgegangen.

Die neue »Offenbarung« bestand darin, eine noch über die tantrische Synthese hinausreichende Zusammenschau des shivaitischen Tantrismus, der Alchimie, des Haṭhayoga, der Magie und der gesellschafts- und religionskritischen, rebellischen Haltung, die allen Siddhas des Nordens eigen war, herzustellen. Sie war aber zu gleicher Zeit eine Erneuerung und Rückbesinnung auf die *reine* Lehre des Yoga und der Siddha-Tradition.

Neben der großen Legende, die in dem späten Bengalī-Werk »Gorakṣavijaya« (»Der Sieg des Gorakṣa«) oder in »Mīnacetana« (»Die Erweckung des Fisches = Matsyendranātha«) schriftlich niedergelegt wurde, in welcher aber Gorakṣanātha als spiritueller Retter Matsyendranāthas die Hauptrolle spielt (und auf die deshalb im Zusammenhang mit ihm eingegangen wird), gibt es weitere wichtige Legenden um Matsyendranātha in Nepal. In einer dieser Legenden wird Matsyendranātha mit dem Bodhisattva Avalokiteśvara identifiziert:

Gorakṣanātha kam eines Tages nach Nepal, um seinen Meister zu sehen, der sich häufig auf dem Berg Kamari im Süden des großen Tales aufhielt. Da der Berg schwer zugänglich war, zwang Gorakṣanātha die neun Schlangengötter (Nāgas) unter eine Schildkröte und setzte sich auf sie. Als Folge dieses Aktes okkulter Macht blieb der Himmel ohne alle Regenwolken, und das Tal litt unter einer zwölfjährigen Trockenheit. Eine Hungersnot verwüstete das Land. Doch Bandhudatta, der Guru von König Narendradeva, wußte Abhilfe und ging mit dem König zum Berg Kapotala, um Avalokiteśvara alias Matsyendranātha zu holen. Der von den beiden dort verehrte Avalokiteśvara erbarmte sich Nepals, erschien dem Bandhudatta, gab ihm ein geheimes Mantra, aber verließ die beiden sogleich wieder. Doch Bandhudatta zog durch das Rezitieren des empfangenen Mantras den Bodhisattva wieder zu sich, der jetzt in der Gestalt einer schwarzen Biene kam und in Bandhudattas Opferkrug flog. Daraufhin verschloß König Narendradeva, von Bandhudatta unsanft geweckt, den heiligen Krug. Auf diese Weise konnten die beiden nun den Avalokiteśvara nach Nepal tragen und ihm dort an einem Ort genannt Bugama eine heilige Stätte errichten. Nepal erhielt dadurch reichlich Regen und wurde gerettet...

Noch heute wird Matsyendranātha in Nepal als der rote Bugama Avalokiteśvara einmal im Jahr mit großem Aufwand gefeiert. Und das Fest seines angeblichen jüngeren Bruders oder Sohnes Mīnanātha, der aber zumeist mit Matsyendranātha identifiziert wird, wird in Nepal mit ähnlichem Pomp begangen.[11]

In einer anderen, nichtbuddhistischen Version der Legende von Nepal hält Gorakṣanātha, erzürnt über den schlechten Empfang, den man ihm in diesem Land bereitet hatte, die Wolken unter sich fest. Trockenheit und Hungersnot waren die fürchterliche Folge. Deshalb holte man nach langer Zeit Matsyendranātha nach Nepal, und als er an Gorakṣanātha vorüberging, konnte dieser nicht anders, als dem Guru seine Ehrerbietung zu erweisen und sich damit zu erheben. Die Wolken entflohen, und Regen fiel im Übermaß auf die trockene Erde ... Auf diese Weise wurde Nepal von Matsyendranātha gerettet. Es wird auch berichtet, daß die spätere Königsdynastie von Nepal durch die Gnade Gorakṣanāthas begründet worden war, um durch die Dynastie (den Gorkhas) seine Rache an dem alten Königsgeschlecht der Newars, das ihn mißachtet hatte, zu vervollständigen. Seine Fußabdrücke schmücken seitdem die Königskrone und sein heiliges Symbol wurde auf die Münzen geprägt. Es gibt Stimmen, die aufgrund dieser Ereignisse während der Regierungszeit Königs Narendradevas in Nepal im 7. Jahrhundert, legendenhafter Berichte und der Guruparamparās im Tantraloka die Lebenszeit von Matsyendranātha und Gorakṣanātha in das 6. und 7. Jahrhundert zurückversetzen wollen, eine Annahme, für welche es keinen Gegenbeweis gibt.[12]

Matsyendranātha soll sechs Söhne gehabt haben, von denen jeder eine eigene Tradition (saṃtāna) gründete. Nach einer anderen Legende soll Matsyendranātha zwei Söhne mit den Königinnen von Sri Lanka gezeugt haben. Ihre Namen waren Nimnāth und Paraśnāth, und sie gelten als die Begründer zweier Yoga-Sekten der Jainas, die sich heute tatsächlich Matsyendranātha und Gorakṣanātha verpflichtet fühlen. Nach der Legende sollen die beiden Söhne Matsyendras gar die Jaina-Religion begründet haben.

Gemeinsam mit Gorakṣanātha wird Matsyendranātha vom bedeutendsten Text des Haṭhayoga auch der erste Meister oder Wissende des Haṭhayoga genannt.[13] Aber obwohl Matsyendranātha so eng mit dem Haṭhayoga-übenden Nāthasampradāya (der Natha-Tradition) verbunden ist, scheinen seine Lehre und seine Lebensführung von diesen doch abzuweichen. Er tritt entgegen Gorakṣanātha als ein Vertreter tantrischer Lehren auf, als ein Kaula-Tāntrika. Seine Werke beinhalten reine Kaula-Lehren, die in ihren philosophischen Grundlagen jenen Gorakṣanāthas in der Siddha-Siddhānta-Paddhati aber sehr nahe stehen. Abhinavagupta nennt Matsyendranātha den Begründer der Kaula-Tradition im Kali-Zeitalter, in welchem wir uns gegenwärtig befinden. Er soll die gesamte Lehre der Kaulas »herabgebracht« (avatarita) haben.[14]

Aus den vielen Verzweigungen des Kaula-Tantrismus lassen sich zwei Hauptströmungen, die Siddhakaulas und die Yoginīkaulas herausschälen. In dem ihm selbst zugeschriebenen Werk Kaulajñānanirṇaya wird Matsyendranātha als der Begründer der Yoginīkaula-Schule dargestellt. Der Kaulajñānanirṇaya behauptet von sich selber auch, im Land Kāmarupa wäre dieses Werk in jedem Haus der Yoginīs, den weiblichen Yogins,[15] zu finden. Doch scheint Matsyendra selbst zu der Siddhakaula-Schule gehört zu haben, die er nach Abhinavaguptas Kommentator ja auch gegründet haben müßte. In der nördlichen Śaiva-Tradition ist Matsyendranātha (hier oft Macchandanātha genannt) der »Herr des Zeitalters« und regiert als solcher im mystischen Maṇḍala des Siddhacakra die nördliche Weltgegend.[16] Auf die Kaula-Lehren Matsyendranāthas wird bei der Darstellung der Philosophie Gorakṣanāthas in wesentlichen Zügen noch eingegangen.

Über Lebenszeit und Tod Matsyendranāthas sind, wie bei den meisten anderen Siddhas auch, nicht einmal legendenhafte Berichte überliefert. Der Grund dafür ist sicherlich auch darin zu finden, daß man gemeinhin annimmt, die großen Siddhas würden, in welcher Art von Leib auch immer, noch körperhaft leben. Wie die Haṭhayogapradīpikā[17] es ausdrückt: »Sie (die Siddhas) haben die Macht der Zeit zerschmettert und leben in der Welt« (Khaṇḍayitvā kāladaṇḍaṃ brahmāṇḍe vicaranti te).

3. Gorakṣanātha – Indiens großer Yogin

Aus der umsichtigen Führung des Matsyendranātha, der die heilige Lehre erneut von Śiva erhalten hatte und selber Śiva gewesen sein soll, ging die erhabene Blüte des indischen Yoga und der esoterischen Traditionen Indiens hervor – der »Hüter des Lichts«, wie man den Namen Gorakṣa auch übersetzen kann.

Gorakṣanātha wird ebenfalls als ein Avatāra, eine Inkarnation Gottes, verehrt und »Īśvarasantāna« – »Sohn Gottes« – genannt.[18] In vielen Gegenden Indiens achtet man Gorakṣanātha noch höher als einen menschlichen Guru, er steht über den Gesetzen der Zeit, und er soll auf Erden in verschiedenen Zeitaltern erschienen sein. Nach den Legenden der Nāthayogins bat vor dem Beginn aller Schöpfung Viṣṇu, erschreckt durch die unendliche Ausdehnung der Urwasser vor ihm, Gorakṣanātha um Hilfe. Dieser gab ihm eine Handvoll Asche von seinem heiligen Feuer und wies Viṣṇu an, die Asche über die Wasser zu streuen. Viṣṇu tat, wie ihm geheißen, und die Schöpfung wurde aus der unendlichen Weite des Urozeans, einer Art unendlichen Bewußtseins, geboren.

Gorakṣanāthas hohe Stellung innerhalb der ehrwürdigen Tradition von großen Lehrern des Haṭhayoga ist unumstritten, ja man neigt dazu, ihn als den Begründer des Haṭhayoga zu betrachten. Seine wichtigste, heute verlorene Schrift hieß angeblich »Haṭhayoga«. Er ist der große Lehrer der Nāthayogins, deren Tradition als die größte und breiteste Yogabewegung aller Zeiten bezeichnet werden kann. Ihre Lehre bestand vor allem aus Haṭhayoga und Kuṇḍalinīyoga. Bis heute hat Gorakṣanātha unangefochten den Status des größten Meisters und der niemals in Frage gestellten Autorität inne. Allen Nāthayogins gilt er als Gottheit und als größter Guru zugleich. In Matsyendranātha dagegen sehen Nāthayogins nur in zweiter Linie eine Autorität und einen Guru, denn seine Lehre steht den rein tantrischen Linien näher als den puristischen, asketischen Anschauungen und Lebensregeln der Nāthasiddhas in der Tradition des Gorakṣanātha.

Über Gorakṣanāthas Herkunft weiß man noch weniger als über die von Matsyendranātha. Vieles spricht dafür, daß er ebenfalls in Bengalen geboren worden ist. Aber jeder Teil Indiens, selbst der Süden, will ihn als den Sohn seines Volkes für sich beanspruchen. Zahlreiche Legenden berichten über Gorakṣanathas sonderbare Geburt:

> Der große Matsyendranātha besaß die Fähigkeit zu fliegen und auf dem Wasser zu gehen, hatte aber keine Schüler. Er pflegte jeden Tag eine kleine Menge für seinen Lebensunterhalt an den Türen der Dörfer zu erbetteln und kam so eines Tages zu dem Haus einer reichen Familie. Er wußte nicht, ob die Besitzer des Hauses reich oder arm waren, aber er erhielt erlesene Speisen aus der Hand der Hausherrin, die ihm jedoch sehr bedrückt erschien. Darum fragte Matsyendranātha sie nach dem Grund ihrer Traurigkeit.
>
> Sie antwortete ihm: »Nicht nur heute bin ich traurig, sondern schon seit langer Zeit.«
>
> Abermals nach dem Grund ihres bedauerlichen Zustandes gefragt, erzählte ihm die Frau von ihrer Not. Sie hätte noch kein Kind bekommen und so gerne zumindest eines gehabt.
>
> Zu ihrer Verwunderung versicherte ihr darauf Matsyendranātha: »Ach, das ist ganz einfach. Ich gebe dir ein wenig Asche. Du brauchst sie nur zu essen, und nach einiger Zeit wirst du ein Kind gebären.«
>
> Tief beeindruckt gab sie dem Yogin seine Speise und ging mit den erstaunlichen Neuigkeiten zu ihren Nachbarn. Die Freunde aber lachten sie aus und behaupteten, daß alle Yogins nur Schurken wären und

man ihnen nicht trauen solle. So zweifelte sie nun an den Anweisungen des Yogin und warf die Asche, anstatt sie zu sich zu nehmen, auf einen großen Haufen Heu.

Zwölf Jahre später aber kam Matsyendranātha wieder an dem Haus der reichen Familie vorüber und bat abermals um Almosen. Als die Hausherrin die Tür geöffnet hatte, fragte er sie: »Mutter, wie geht es deinem Kind?«

»Meinem Kind?« fragte sie erstaunt. »Ich habe niemals ein Kind geboren.«

»Aber du wolltest so sehnsüchtig ein Kind haben, und ich gab dir ein wenig Asche, die du verzehren solltest.«

Die Dame mußte zugeben, daß ihre Freunde ihr Zweifel an der Versicherung des Yogin in die Ohren gesetzt hatten und sie daher die Asche weggeworfen hatte. Sie zeigte Matsyendranātha den Heuhaufen, auf den sie die heilige Asche geworfen hatte. Ohne ein Wort zu sprechen zerteilte der Yogin das Heu. Darunter saß ein wunderschöner zwölfjähriger Junge. Er meditierte und atmete völlig normal und ruhig.

Die unglückliche Frau wollte nun, auf eindrucksvolle Weise ihrer Dummheit belehrt, den kleinen Yogin als ihren Jungen zu sich nehmen, aber Matsyendranātha sagte einfach: »Nein.« Der Junge, dessen Name Gorakṣanātha war, folgte fortan Matsyendranātha und lebte zusammen mit dem großen Yogin, der nun einen Schüler hatte. Er lehrte den Gorakṣanātha das spirituelle Leben und die Meditation und gab seinem Schüler bald große okkulte und spirituelle Kräfte.[19]

Auch das weitere Leben nach dieser seltsamen Geburt Gorakṣanāthas ist in legendenhaftes Halbdunkel gehüllt. Nur zahllose Geschichten ohne jegliche Gewißheit, ob sie

Wahrheit in sich tragen oder nicht, sind uns von seinem Leben überliefert. Eine buddhistische Legende aus den tibetischen Chroniken der 84 Mahāsiddhas läßt Gorakṣanātha als Sohn eines Dufthändlers in Ostindien geboren werden:

> Der Junge Gorakṣa verdingte sich als Kuhhirte. Da kam es eines Tages, als er zusammen mit anderen Jungen die Kühe hütend im Grase lag, daß der große Siddha Mīnapā (= Matsyendranātha) auf sie zukam. Er fragte die Jungen, wer von ihnen sich denn um einen jungen Prinzen kümmern und ihn somit retten wolle, welcher mit abgeschlagenen Armen und Beinen nicht unweit von ihrer Weide an einen Baum gelehnt seinen Tod erwartete. Ohne zu überlegen erklärte sich Gorakṣa für diesen Dienst bereit und lief sogleich zu dem armen Prinzen. Mīnapā übernahm indessen die Hirtenarbeit Gorakṣas. Gorakṣa gab dem Verstümmelten jeden Tag die Hälfte seiner Mahlzeiten und hielt den Prinzen am Leben. Er baute ihm eine Hütte, wusch ihn und entfernte zwölf Jahre lang seine Exkremente. Doch eines Tages, als Gorakṣa wieder die Hütte des Prinzen aufsuchte, erfaßte ihn großes Staunen: Der Prinz stand aufrecht auf seinen beiden Beinen! Da vernahm er aus dem Mund des Genesenen, daß dieser sich zwölf Jahre lang in einer Yogatechnik geübt hatte, in der Mīnapā ihn unterwiesen hatte. Mit Hilfe dieser Technik hatte er seine Glieder zurückerlangt. Der Prinz erhob sich sodann in die Lüfte und bot Gorakṣa an, ihn die Meditation zu lehren. Doch dieser erwiderte: »Ich brauche deine Unterweisung nicht. Ich habe schon einen Meister. Er war es, der mir sagte, daß ich dir dienen solle; ich bin nur seinen Anweisungen gefolgt.« Nach diesen Worten kehrte Gorakṣanātha zu seiner Kuhherde zurück und wartete auf Mīnapā. Als dieser

endlich kam, unterwies er Gorakṣanātha in der Meditation und erteilte ihm Einweihung in die heiligen Lehren.[20]

Die bekannteste Legende um Gorakṣanātha und seinen Meister Matsyendranātha ist aber folgende:

Śiva stellte seine Jünger, unter ihnen auch Gorakṣanātha und Matsyendranātha, einem schwierigen Test. Er beauftragte seine Śakti Gaurī, diese Yogins in der Gestalt einer schönen jungen Frau zu verführen. Ihre Aufgabe war bei allen außer Gorakṣanātha ein leichtes. Die Yogins entpuppten sich als unrein im Geist und voller Begehren. Nur Gorakṣanātha, der aufrichtige, asketische und lautere Yogin wurde in den Armen der erstaunten Schönen durch seine okkulten Kräfte zu einem Säugling, begierig, seinen Durst an ihrer Brust zu stillen. Für ihn war jede Frau bloß Mutter, nichts weiter. Auch Matsyendranātha erlag den Verführungskünsten Gaurīs und mußte auf ihr Drängen hin in das Land Kadalī gehen, um dort in die weiblichen Fallen der 1600 Frauen dieses männerlosen Landes zu geraten! Er vergaß dort schnell seinen spirituellen Status und seine Würde und Reinheit als Yogin. Tag und Nacht erging er sich in den nur allzu weltlichen Vergnügungen des Frauenpalastes, der widerhallte von Musik und bebte vom Tanz der Mädchen. Er lebte in dunkelster Selbstvergessenheit ganz und gar seine fleischlichen Gelüste aus.

Gorakṣanātha erfuhr von einem anderen Yogin von dem erbärmlichen Zustand, in dem sich sein Meister befand und eilte nach Kadalī, um Matsyendranātha zu retten. Aber um in den Palast eingelassen zu werden, mußte er sich in eine Tänzerin verwandeln, als welche er versuchte, den gefallenen Meister an seine wahre Identität zu erinnern. Dies

> gelingt ihm, da er sich Matsyendranātha selber nicht nähern konnte, nur in einem langen Lied, das Matsyendra aus seinem spirituellen Schlaf reißt und ihn seine wahre Würde wiedererlangen läßt. Er durchschaute plötzlich die Vorgänge in »Māyāpuri«, der »Stadt der Illusion«, die Kadalī ist.[22]

Die Selbstvergessenheit Matsyendranāthas wird hier zur Parabel für die Unwissenheit des Menschen um seine wahre göttliche Natur, seine »Śiva-Natur«. In den Vergnügungen und Ablenkungen der materiellen Welt, symbolisiert durch die Frauen von Kadalī, verliert der Mensch seine wahre Identität aus dem Gewahrsein seines Geistes und wird zum Gefangenen von Begierden, von Wünschen und letztlich von Verfall und Tod. An letzteres – einen ganz gewöhnlichen Tod zu sterben, in Unwissenheit und ohne die Vergöttlichung des Körpers erreicht zu haben – erinnert Gorakṣanātha seinen gefallenen Meister besonders eindringlich im Lied der Tänzerin.

Die Macht des Siddha und Yogin wird anschaulich dargestellt in der ersten Maßnahme, die Gorakṣanātha ergriffen hatte, als er von der Gefangenschaft seines Guru unter den Frauen von Kadalī erfahren hatte.

> Gorakṣanātha hatte von Kānu-pā, einem Schüler Jālandhari-pās, gehört, daß sein Meister sich in der Gefangenschaft der Frauen von Kadalī befände. Er hatte seine mystische Tasche genommen, ein loses Gewand umgelegt, war in hölzerne Sandalen geschlüpft und hatte, den Stock des Asketen in der Hand, die Stadt von Yama, dem Gott des Todes, betreten. Yama saß vor voller Versammlung im Thronsaal und erhob sich nun beim Anblick des großen Yogin. Demütig fragte er ihn nach dem Grund seines unerwarteten Besuchs in der Stadt des Todes.
>
> Ohne Umschweife stellte Gorakṣanātha Yama zur Rede, weil dieser beabsichtigte, Matsyendranātha zu

sich zu rufen. Er würde ihn, Yama, vor den Schöpfergott Brahma zerren, damit er von diesem über die genauen Beschränkungen seiner Herrschaft belehrt würde. Denn Siddhas, zur Unsterblichkeit Bestimmte, habe er nicht anzurühren. Er drohte dem Todesgott sogar mit der Zerstörung seiner Stadt. Und tatsächlich, als Gorakṣanātha sich zornig erhob, mit seiner Hängetasche und seinem losen Flickengewand und das Mantra Hūm sang, begann das Königreich Yamas zu erbeben. In Panik holte der hilflose Yama eilig seine Listen und Aufzeichnungen und breitete sie vor Gorakṣanātha aus. Dieser prüfte ruhig und aufmerksam alle Bücher und löschte den Namen seines Meisters von der Liste der zum Tode Bestimmten. Danach kehrte der mächtige Gorakṣanātha der Unterwelt den Rücken, aber nicht ohne eine strenge Warnung an ihren Herrn zu hinterlassen.[22]

Soweit die bekannteste Legende um Goraksanātha und Matsyendranātha aus dem bengalischen Werk *Goraksavijaya*. Zahlreiche andere Legenden sind vor allem im Nepal, auch im Punjab, in Maharashtra, in Uttara Pradesh und in Gujarat zu finden, um nur die wichtigsten Legendenkreise zu nennen.

Alle Legenden, wo immer sie auch im Volk erzählt oder niedergeschrieben wurden, berichten von einem Yogin Gorakṣanātha oder Gorakhnāth, der sehr früh in das Asketenleben eintrat, sein Leben lang völlig enthaltsam lebte und von großer Strenge gegen jeden Bruch lauterer spiritueller Lebensweise bei seinen Anhängern war. Des öfteren soll er eine stark ablehnende Haltung gegenüber Frauen an den Tag gelegt haben. Gorakṣanātha war immer schön und jugendlich anzusehen, wie man es von einem großen Siddha erwartete, der zwar ungeheuer machtvoll in seiner okkulten Kraft war und diese auch häufig gebrauchte, aber doch eine demütige Haltung seinem Lehrer Matsyendranātha gegenüber einnahm, dem er in tiefer Liebe und Hingabe zugetan war. Er soll voll Mitleid mit den Menschen gewesen sein. Seine Offenheit gegen alle Menschen – aus welcher Glaubensrichtung oder welcher sozialen Gruppe sie kommen mochten – wurde gerühmt; er betrachtete alle als gleich und beurteilte die Menschen allein nach ihrer Aufrichtigkeit und spirituellen Haltung. Gorakṣanātha reiste viel durch den indischen Subkontinent, davon scheinen zumindest die Legenden, deren weite Verbreitung und die Tatsache zu zeugen, daß sich Altäre und Tempel zu seinen Ehren von Assam im Osten bis Beluchistan im äußersten Westen Indiens, von Afghanistan bis Maharashtra in Mittelindien finden. Nichtsdestoweniger wird sehr oft berichtet, daß Gorakṣanātha ob seiner großen okkulten Kräfte gefürchtet war und ihm auf seinen ausgedehnten Reisen deshalb oft angstvolle Verehrung zuteil wurde. Aber später schien er sich zurückgezogen und ausschließlich der Meditation gewidmet zu haben. Viele Höhlen in den Himalajas, in denen er gewohnt haben soll, deuten darauf hin. Sie sind heute zu Kultstätten geworden. Eine berühmte Höhle des »ewigen Yogin« befindet sich nahe des heutigen Kathmandu in Nepal. Über seinen Tod und die Bestattung seines Leichnams schweigen selbst die zahllosen Legenden, da er als großer Siddha ja vielleicht noch lebt, wie sein Meister und andere auch, die fern im Himalaja über das Wohl der Menschen wachen sollen.

Neben seiner hohen und einzigartigen Stellung in den Traditionen des späten Yoga – des Haṭhayoga, Kuṇḍalinīyoga und bei den Nāthayogins – wird Gorakṣanātha auch von vielen anderen, bisweilen nur sehr entfernt verwandten oder gänzlich anderen Richtungen als große Gestalt ihrer eigenen Tradition betrachtet. Zumindest hat er als ein verehrungswürdiger Vollkommener Eingang in ihre Schriften und Lehren gefunden. Er gilt als ein Gott der Pāśupatas (eine frühe shivaitische Sekte) und wird zuweilen in den Tempeln der Jainas verehrt; im Śabaratantra wird er als einer der 24 bedeutenden Kāpālikas (eine ausgestorbene shivaitische Sekte) genannt, und fast alle späteren bedeutenden Lehrer und Heiligen berufen sich auf ihn, sollen ihn gar getroffen haben, ihn im okkulten Kampf besiegt oder Unterweisung von ihm erhalten haben. Von solchen unmöglichen Begegnungen und Gesprächen mit Gorakṣanātha wird bei Kabīr, Allāma (dem bedeutendsten Heiligen der südindischen Lingāyāts), und bei Nānak, dem Gründer der Religion der Sikhs, berichtet. Jñānadeva, der große Heilige von Maharashtra, führt seine Herkunft aus der Reihe spiritueller Meister über seinen Großvater auf Gorakṣanātha zurück. Auch verschiedene späte buddhistische Richtungen (Vajrayāna, Sahajayāna und Kālacakrayāna) wollen Gorakṣanātha als einen der ihren sehen, als einen der 84 Siddhas. Diese vielfältige Anerkennung und Beanspruchung durch verschiedene Richtungen hat ihren Grund auch darin, daß die Jahrtausendwende und die Jahrhunderte danach eine Zeit großer Synthesen und der Verinnerlichung im Sinne einer Abkehr von bloßer Gelehrtheit gewesen war: Viele neue mystische Strömungen entstanden unter dem einen oder anderen Dach einer größeren traditionellen Richtung oder Religion, die im Geist einander oft näher standen als ihrer eigenen orthodoxen Linie. Gemeinsame Merkmale mit den Nāthayogī-Lehren gibt es im Vajrayāna, Sahajayāna, in den Tripuratantras, bei den Vīrācāras, den Dāttātreyas, vielen shivaitischen Gruppen, den Sahajiyās, den Neo-Vaiṣṇavas und den Alchimisten.[23] Auch Śāktas, Kāpālīs, Asaṅgas, Atītas und Nirañjanas sollen unter dem starken Einfluß Gorakṣanāthas gestanden haben.[24]

Matsyendranātha und Gorakṣanātha sind Verkünder von zum Teil neuen tantrischen und yogischen Lehren und zum Teil alten Yoga-Praktiken. Sie sind ebenso Reformatoren der Spiritualität ihrer Zeit und stehen am Beginn einer neuen Ära der Spiritualität in Indien. Auffällig aber ist der Unterschied zwischen Matsyendranātha und Gorakṣanātha: Ist Matsyendranātha ein Tāntrika der Kaula-Linie, ein Weltentsager zwar, der aber nicht so streng und puritanisch lebte wie Gorakṣanātha, welcher jedem zu Mißbrauch verleitenden tantrischen Ritus abhold war. Es scheint nach den Legenden und den verschiedenen Traditionen, in der ihre Werke stehen, beinahe, als habe Gorakṣanātha die Nāthasiddha-Tradition – und mit ihr das ganze yogisch-tantrische Umfeld stark beeinflussend – mehr im Shivaismus gegründet, als hätte er sich abgekehrt von der tantrischen Śakti-Verehrung seines Guru. Tatsache aber ist, daß beide Lehren sich dennoch sehr ähneln. Allerdings hat Gorakṣanātha wahrscheinlich eine Erneuerungsbewegung gegen verderbte tantrische Praktiken des Pfades der linken Hand (Vāmācāra) eingeleitet und angeführt.[25] Auch heute noch herrscht unter vielen Nāthayogins ein ausgeprägter Puritanismus.

Gorakṣanātha (und ebenso Matsyendranātha in seinen Kaula-Lehren) trat, wie viele echte Reformer, vehement gegen alle Äußerlichkeiten in Religion und Spiritualität auf, die durch das Ritual eine große Rolle im Tantrismus spielen.

Gorakṣanātha steht somit am Anfang der Tradition von Mystikern des indischen Mittelalters, die alle diese Abneigung gegen die den wahren Geist der Spiritualität abtötenden Äußerlichkeiten wie Schriftgelehrsamkeit, Ritual und soziale Kennzeichnung, die intensive Hinwendung zur Essenz von Spiritualität und Religion und die Ablehnung zweifelhafter Praktiken des Vāmācāra gemeinsam haben.

Der Einfluß der Kraft und der Lehre Gorakṣanāthas ist das ganze Mittelalter hindurch stark spürbar, besonders in den diese Zeit so prägenden und für Indien so bedeutenden »Sants« (Nānak, Kabīr, Jñānadeva, Allāma, Tulsīdās u. v. a.). Gorakṣanātha stand am Beginn dieser Reform-

und Erneuerungsbewegungen der indischen Spiritualität, die sich gegen die Erniedrigung, ein falsches Verständnis tantrischer Lehren, gegen soziale Versteinerung und intellektuelle, dogmatische Arroganz wandten. Diese Reformbewegungen führten die Menschen wieder zur Essenz der Religion und des Yoga hin und verschufen den yogischen Lehren eine breite Basis im Volk. Somit war die drohende Schwächung der mit den Tantras wieder sichtbar gewordenen weltbejahenden Spiritualität Indiens angesichts kommender Herausforderungen – durch den Islam und durch Europa – abgewendet worden, eine Tatsache, der man nicht genug Bedeutung beimessen kann, und zwar sowohl im Hinblick auf das heutige geistige Indien als auch auf das immer stärker unter den Einfluß von aus Indien stammenden Lehren stehende Abendland.

Die Nāthayogins, deren Bedeutung ohne Gorakṣanātha vielleicht gering geblieben wäre, waren zwischen 1200 und 1400 die stärkste Kulturkraft im Volk Nord- und Mittelindiens.[26] Sie stehen vor allem für die Ausbreitung spiritueller Lehren und Praktiken, die bis dahin esoterischen Zirkeln vorbehalten geblieben waren, in das Volk hinein, ein Ziel, das auch die anderen Bewegungen dieser Zeit anstrebten. Der Vorgang der Durchdringung aller Bereiche des Lebens und aller sozialen Schichten und Gruppen mit Spiritualität ist sicherlich ein Hauptmerkmal dieser Jahrhunderte und eine Entwicklung, die nach Meinung eines großen Denkers und Yogin unserer Zeit, Sri Aurobindo, noch lange nicht abgeschlossen ist, sondern die große Aufgabe von Religion und Spiritualität auch in unserer modernen Zeit darstellt.

Am Beginn aller solcher großen Entwicklungen stehen immer einzelne und ihre Vision, ihre innere Kraft und ihre Ausstrahlung, letztlich ihre Hingabe an das Göttliche. Als erste und maßgebende Gestalt unter jenen, die diese Entwicklung vorantrieben, ist der Siddha und Mahāyogin Gorakṣanātha zu nennen.

Die Werke Gorakṣanāthas

Gorakṣanātha soll, wie es sich für einen Meister seiner Größe und Autorität geziemte, zahllose Werke verfaßt haben, von denen heute aber nur noch wenige erhalten sind. Und von den noch vorhandenen, die von ihm verfaßt sein sollen, stammt mit großer Sicherheit ein Gutteil nicht wirklich aus seiner Feder oder aus seinem Mund. So gibt es beispielsweise einen umfangreichen alchemistischen Text, eine sogenannte Gorakṣasaṃhitā, von der es höchstwahrscheinlich ungerechtfertigterweise heißt, sie sei vom großen Meister der Yogins verfaßt worden. Ebenso sind zahlreiche Werke in neuindischen Sprachen bekannt, die sicherlich späteren Jahrhunderten entstammen.

In Hindī ist dagegen eine *Gorakhupaniṣad* bekannt, die durchaus auf die Lehren Gorakṣanāthas gegründet zu sein scheint, wenn nicht gar von ihm verfaßt ist. Viele Siddhas zählen zu den ersten Dichtern in den Volkssprachen Bengalī und Hindī. Andere Werke wieder sind vielleicht Kompilationen aus älteren, authentischen Büchern Gorakṣanāthas und geben somit zumindest mehr oder weniger getreu seine Lehren oder einen Teil derselben wieder. Bekannte Schriften wie *Amaraughaśāsana, Yogabīja, Gorakṣaśatakam* und *Yogamārtaṇḍa*, die alle von Haṭhayoga, Rājayoga und Kuṇḍalinīyoga in ihren praktischen Aspekten handeln, könnten vielleicht auf den Meister selbst zurückgehen. Aus der Masse der dem großen Siddha zugeschriebenen und meist durchaus sehr interesssanten Werke ragt eine Schrift weithin sichtbar heraus: die *Siddhasiddhāntapaddhati* (SSP), der »Leitfaden zur Lehre der Siddhas«. Dieses Werk ist erst seit dem Jahr 1956 dank der engagierten Herausgebertätigkeit von Kalyanī Mallik der Öffentlichkeit zugänglich. Es war zuvor von den Nāthayogins wie ein kostbarer esoterischer Schatz gehütet worden, der nur »Eingeweihten« zugänglich gemacht wurde. Obwohl gegenwärtig nicht mit Sicherheit gesagt werden kann, ob dieses Werk in seiner heutigen Form tatsächlich unmittelbar von Gorakṣanātha stammt, ist es aber doch mit größter Wahrscheinlichkeit ein recht getreues Abbild seiner Lehre, wenn es auch von einem Schüler verfaßt worden oder eine Kompilation seiner Aussagen sein mag.

Aber fast alle späteren Autoren sind sich darin einig, daß die SSP als ein Werk von Gorakṣanātha gelten kann, und noch dazu als eine seiner wichtigsten Schriften. Inhaltlich bietet die SSP im Unterschied zu den anderen erhaltenen Werken, die dem Meister zugeschrieben werden, eine komplexe und umfassende Darstellung seiner Philosophie, seiner esoterischen Lehren, seines Yoga und seiner Ansichten zur Spiritualität im allgemeinen, auch was andere Schulen und Yogatraditionen betrifft.[27]

Für ein besseres Verständnis der Lehren der Nāthayogins und Gorakṣanāthas erweist es sich als nützlich, den Nāthasampradāya und ihre großen Yogins neben Gorakṣanātha, die 84 Mahāsiddhas Bengalens und die spirituelle Entwicklung im Mittelalter nach Gorakṣanātha näher zu betrachten.

4. Die Nāthayogins

Wahrscheinlich waren Matsyendranātha und Gorakṣanātha nicht die ersten Gurus der Nātha-Tradition der Siddhas. Obwohl einige Legenden glauben machen wollen, Nāthayogins habe es schon vor der Zeitenwende gegeben, liegt nichts historisch Gesichertes dazu vor. Ādinātha (= Śiva?) wird zwar meist als der erste Nāthaguru angeführt und Matsyendranātha und Jālandhari-pā als seine Schüler, aber auf manchen Guru-Schülerlisten finden sich vor Matsyendranātha noch andere Nāthagurus, namentlich Ude und Rudragan.

Die heutigen Nāthayogins verehren die neun Nāthas, welche den Status nicht nur von Gurus, sondern von Göttern innehaben. Zu ihnen zählen stets Matsyendranātha und Gorakṣanātha, andere Namen wiederum wechseln von Gegend zu Gegend. Diese neun Nāthas sollen noch im Himalaja leben, man betrachtet sie als die Wächter der großen Gipfel des Gebirges. Viele Nāthas fanden auch Aufnahme in die tibetischen Listen der 84 Mahāsiddhas. Oft wird auch der Nāthayogī- oder Nāthasiddha-Sampradāya als die Siddha-Tradition schlechthin angesehen.

Viele Untergruppen und Sekten leiten sich vom breiten Strom des Nāthasampradāya ab, der bald nach Gorakṣanatha zu der größten jemals existierenden Yoga-Strömung angewachsen war. Heute bilden die noch zahlreichen Nāthayogins zum Teil eine eigene Yogī-Kaste. Sie heißen meist »Kānphaṭas«, weil sie, einer alten Tradition folgend, bei der Initiation ihre Ohrläppchen durchbohren. Sie sind vor allem in Nord-, Ost- und Mittelindien zu finden, ebenso in Nepal. Aber auch im Süden soll es noch Matsyendranātha- und Gorakṣanātha-Verehrer verwandter Gesinnungen geben.[28]

Die Nāthayogins praktizieren Haṭhayoga und Kuṇḍalinīyoga, wie er von Matsyendra, Gorakṣanātha und anderen gelehrt wurde. Es ist denkbar, daß Gorakṣanātha und Matsyendranātha selbst schon manche Zentren der Nāthas gegründet haben und ihrer Tradition somit Struktur und Ordnung gaben, die bei der Vielzahl ihrer Anhänger auch notwendig gewesen sein mochte. Heute noch bedeutende Zentren und Klöster sind etwa in Devī Pātan und in Gorakhpur, beide nahe des Himalajas, zu finden.

Der Nāthasampradāya stand vor allem für die Popularisierung von Yoga und praktizierter disziplinierter Spiritualität ohne den herabwürdigenden Mißbrauch der esoterischen Lehren in vielen ebenfalls populären tantrischen Zirkeln. Diese Massenbewegung des Yoga und der Ideale der Siddhas muß wohl stärksten Einfluß auf das Gemüt des indischen Volkes und indirekt auf die Entwicklung des Landes genommen haben. Wenn man bedenkt, welche

Popularität heute noch die typischen Yoga-Formen der Nāthas, nämlich Haṭhayoga und Kuṇḍalinīyoga, auch in anderen Ländern erlangen können und tatsächlich oft als Yoga schlechthin gelten, wird nachvollziehbar, wie mächtig sich dieser Strom der Sehnsucht nach Vollkommenheit und nach der Erkenntnis Gottes durch Indien gewälzt haben muß. Man darf aber annehmen, daß besonders die Mehrheit der niedrigkastigen Menschen sich von den Nāthas inspirieren ließ. Die brahmanische Orthodoxie war sicherlich nur schwer für diese reformatorische Bewegung zu gewinnen, der die Philosophie der brahmanischen Oberschicht nicht viel bedeutete.

Viele der großen Nāthas waren verschiedenen spirituell-philosophischen Richtung verbunden. Bei den 84 Mahāsiddhas sind sie innerhalb der buddhistisch-tantrischen Tradition anzutreffen, und Matsyendranātha selber gilt als ein Begründer der mehr shaktistischen Kaula-Schule des Tantrismus, obwohl Gorakṣanātha und die meisten anderen Nāthas reine Shivaiten waren. Das ist keineswegs seltsam, denn der Yoga der Nāthasiddhas war primär Lebenspraxis und spirituelle Methode, erst in zweiter Linie Philosophie und Denkgebäude. Daher konnten die Nāthas, weil sie frei waren von Dogma und sektiererischem, alleinigem Wahrheitsanspruch, auch leicht von verschiedenen Richtungen vereinnahmt werden, oder sie näherten sich ihrerseits der einen oder anderen Richtung an. Die Nāthas standen in ihrem Denken natürlicherweise den Tantras der Śaivas wie der Śāktas sehr nahe, ohne aber deren Rituale zu übernehmen – ja, sie scheinen sich streng von den sittlich fragwürdigen und oft unyogischen Praktiken mancher Tāntrikas distanziert zu haben. Noch heute gelten die Nāthayogins bzw. Kānphaṭas oft als strenge Puritaner.

Die klingenden Namen unter den Nāthayogins sind neben Matsyendranātha und Gorakṣanātha besonders die Siddhas Jālandhari-pā (Hāḍi-pā) und Caurāṅgīnātha, dessen Geschichte als dem Prinzen der bengalischen Pāla-Dynastie mit den abgeschlagenen Gliedern bereits erwähnt wurde, die Königin Maynāmatī, ihr Sohn Gopīcānd (Govindacandra), Dharmanātha, Kānha-pā (Kānu-pā), ein Schüler Jālandhari-pās, Bhartṛharī, der König von Ujjain, und der berühmte Siddhācārya Carpaṭi.

Von den vielen Legenden, die sich um diese berühmten Nāthayogins ranken, die zu gleicher Zeit oder nach Matsyendra-Gorakṣa gelebt haben, empfiehlt sich besonders eine erzählt zu werden, da sie Geschichten über gleich drei Persönlichkeiten der Nāthas enthält, Gopīcānd, Jālandhari-pā und Maynāmatī. Bedeutende Versionen dieser berühmten Legende über den bengalischen König Gopīcānd finden sich sogar in Mittel- und Westindien. Man hat versucht, in dem Gopīcānd der Legende den König Govindacandra der ostbengalischen Candra-Dynastie im 11. Jahrhundert zu sehen, was aber nicht als gesichert gilt.[29]

> Die Königin Maynāmatī versuchte nach dem Tod ihres Königs Maṇikcandra, der durch magische Praktiken umgebracht worden war, diesen durch ihre von Gorakṣanātha erworbenen mystischen Kräfte aus der Stadt des Todes zu retten. Aber es gelang ihr trotz aller angewandten Gewalt nicht, und ihr Guru Gorakṣanātha kam zu Hilfe geeilt, um einen Kompromiß herbeizuführen: Maynāmatī wurde die Gunst gewährt, einen Sohn zu empfangen (obwohl der König tot war), der jene achtzehn Jahre leben sollte, die Maṇikcandra noch zustanden. Damit gab die Königin sich jedoch nicht zufrieden und schließlich wurde ihr versprochen, daß ihr Sohn unsterblich sein würde, wenn er Hāḍi-Siddha (Jālandhari-pā) als seinen Meister annehme und ihm diene. Nachdem Maynāmatī nun ihren Sohn Gopīcānd geboren und mit den Töchtern des Königs Hariścandra

im zwölften Jahr verheiratet hatte, bestieg dieser den Thron. Er genoß das Leben im Palast an der Seite seiner jungen Frauen in vollen Zügen, und Maynāmatī war besorgt, da sie wußte, daß er dem weltlichen Leben vor seinem 18. Lebensjahr noch entsagen mußte, wenn er weiterleben und unsterblich werden wollte. Sie drängte den König zur Entsagung von Schönheit und Reichtum und bat ihn, Schüler des Straßenfegers Hāḍi-pā zu werden, der ein großer Siddha war. Gopīcānd weigerte sich jedoch beharrlich und glaubte gar an unerlaubte Beziehungen zwischen diesem Siddha und seiner Mutter, worauf ihn Gorakṣanātha dazu verfluchte, während seiner Zeit der Yoga-Übungen großes Leid zu erfahren.

Hāḍi-pā (Hāḍi = Straßenfeger) aber war in Wahrheit der große Siddha Jālandhari, der, ebenso wie Matsyendranātha, den Verführungskünsten von Śivas verkleideter Gattin Gaurī erlegen war und darum als Straßenfeger in Gopīcānds Hauptstadt leben mußte. Maynāmatī aber gab nicht auf. Sie fuhr fort in ihren Versuchen, ihren Sohn von der Nichtigkeit der Welt der Unwissenheit und den großen Idealen des Yoga zu überzeugen, und hatte am Ende Erfolg. Gopīcānd war gewonnen, aber seine Frauen wollten ihn nicht verlieren. Auf deren Drängen mußte erst die Königsmutter selber ihre mystischen Kräfte unter Beweis stellen, und auch Hāḍi-pā mußte seine Fähigkeiten dem König vorführen. Maynāmatī wurde ins Feuer geworfen, ins Wasser getaucht, ihr wurde Gift verabreicht, aber sie ging unbeschadet aus diesen Prüfungen hervor. Und Hāḍi-pā wurde gar jahrelang in einer Grube eingeschlossen, wo er in Trance versunken überlebte, bis ihn sein Schüler Kānha-pā, der von dem Schicksal seines Guru von Gorakṣanātha erfahren hatte, befreite. Er bewies dem König noch weitere seiner Wunderkräfte, worauf dieser ihn schließlich als seinen Guru akzeptierte und mit 18 Jahren der Welt entsagte. Er ließ sich den Kopf scheren, die Ohren durchbohren, trug des Asketen ›Jhuli‹ (Tasche), das Flickengewand und legte den Eid eines Yogin ab. Der Guru aber prüfte den Schüler hart. Einmal verkaufte er ihn an eine Prostituierte, der Gopīcānd die niedrigsten Dienste verrichten mußte, weil er ihren Liebesavancen nicht nachgab. Der König ertrug diese Prüfungen mit unendlicher Geduld und blindem Gehorsam gegenüber seinem Meister. Nach zwölf Jahren kam dann Hāḍipā auf Bitten Maynāmatīs zurück, verfluchte die Hure und ihre Dienerinnen und befreite Gopīcānd, der darauf ein glückliches Leben als nun weiser König seines Reiches führte.

Die Lieder der Legenden der großen Nāthasiddhas werden noch heute gesungen, allen voran von den Kānphaṭa-Yogins in vielen Teilen Indiens. So wie die Yoga-Lehren und okkulten Übungen der Nāthas stellen sie einen wesentlichen Bestandteil der mystischen Tradition des indischen Volkes dar und haben die brahmanische Elite des Landes in den Jahrhunderten nach den großen Nāthagurus durch die Traditionen der Sants sowie die Dichter der indischen Volkssprachen stark beeinflußt. Nāthayoga war in Indien lange Zeit ein Synonym für Yoga, und ein Siddha wurde ebenso als ein Nāthayogin betrachtet, wie ein Nāthayogin als ein Vertreter aller Yoga-Spiritualität überhaupt angesehen wurde.

5. Die 84 Mahāsiddhas und der tantrische Buddhismus

Schon lange vor der Zeitenwende machte sich im Buddhismus, der seinen Anfang im 5. Jahrhundert v. Chr. nahm, eine im Vergleich zur ursprünglichen Lehre liberalere und offenere Haltung breit, die schon bald ein Schisma herbeiführte. Nach dieser Spaltung der buddhistischen Kirche im ersten Jahrhundert v. Chr. wurden die Lehren der »Alten« und Orthodoxen etwas abfällig als *Hīnayāna*, »Kleines Fahrzeug«, bezeichnet. Die nun entstandene neue Richtung nannte sich *Mahāyāna*, das »Große Fahrzeug«.

Die Hauptunterschiede zwischen Hīnayāna und Mahāyāna liegen in der Auffassung des höchsten Ziels des Menschen und in der Dreikörperlehre, d. h. der Konzeption des Buddha selber. Glaubte der Hīnayāna an das Streben des einzelnen zum Nirvāṇa hin, an die Auflösung seiner Unwissenheit und der aus dieser geborenen Person für alle Zeiten im Unsagbaren, Selbst-Losen, und betrachtete er den Buddha bloß als eine historische Person, die jenes Ziel erreicht hatte, so dachte man im Mahāyāna gänzlich anders über diese beiden Säulen frühen buddhistischen Glaubens. Das hohe Ideal war in ihm nicht das individuelle Heil und die Erlösung des Arhat (des Heiligen) – weshalb die alte Lehre »Kleines Fahrzeug« genannt wurde –, sondern der Zustand des Bodhisattva, der in höheren Welten oder auch in dieser Welt lebt und für das Wohl und die Erlösung der Wesen auf der Erde wirkt. Er tut dies völlig selbstvergessen und geht voll Mitleid in seinem Dienst auf. Er erreicht, nachdem er noch einige Entwicklungsstufen erklommen hat, die er selbst als Bodhisattva noch durchlaufen muß, die Buddhaschaft. Diese wohnt nach der Lehre des Mahāyāna essentiell jedem Wesen inne. Der Buddha ist zudem im Mahāyāna nicht nur eine historische

Person, sondern ein letztes Prinzip alles Seienden. Als solches besitzt er drei Körper, den transzendenten Körper, Dharmakāya, den Bodhisattva-Körper in Form von Wonne, Sambhogakāya, und den historischen, physischen Körper, Nirmāṇakāya. Mit diesen Lehren und der Betonung des Mitleids für alle Wesen (Karuṇā, die auch im Hīnayāna hervorgehoben wird), existierte der Mahāyāna lange Zeit friedlich neben dem Hīnayāna in Indien, bis der letztere in seinem Geburtsland an Einfluß einbüßte.

Der Buddhismus trat aber ab dem 4. Jahrhundert und besonders ab etwa 800 in eine dritte Phase seiner Entwicklung, deren Früchte man heute besonders im tibetischen Buddhismus vor Augen hat. Es entwickelten sich tantrische Schulen des Buddhismus, die man unter dem Namen *Vajrayāna,* »Diamantfahrzeug«, zusammenfassen kann. Die anderen, kleineren Schulen (oder Unterschulen des Vajrayāna) waren unter den Namen *Sahajayāna* und *Kālacakrayāna* bekannt. Der Überlieferung zufolge soll der große Mahāyāna-Lehrer Asaṅga selber nicht nur die buddhistische Nur-Bewußtseins-Lehre (Yogācāra) entwickelt, sondern auch den tantrischen Buddhismus begründet haben. Anderen Quellen zufolge soll dies Nāgārjuna, der Begründer der zweiten philosophischen Hauptschule des Mahāyāna, der Lehre von der Leere (Śūnyatāvāda), gewesen sein. Beides erscheint vom wissenschaftlichen Standpunkt aus zumindest möglich, aber gesicherte Erkenntnisse über den Ursprung des Vajrayāna und seine frühesten Lehren gibt es nicht.

Die tantrischen Bücher der Buddhisten werden in vier Kategorien eingeteilt, sehr ähnlich der Untergliederung der hinduistischen Tantras in vier Padas: Kriyātantra, Caryātantra, Yogatantra und Anuttaratantra. In ihnen sammelten sich alle jene Elemente an, die für den Tantrismus so charakteristisch sind – denn waren einmal die verriegelten Tore dieser einst so gestrengen Religion durch den Mahāyāna-Buddhismus geöffnet, konnten alle esoterischen und volksmystisch-magischen Lehren, alle Götter, Halbgötter und Geister Einlaß in die ehrwürdigen Hallen seiner Lehre finden. Somit kann der buddhistische Tantrismus als eine vom hinduistischen wenig verschiedene religiöse Strömung bezeichnet werden, für die selbst der Glaube an eine Art von höchstem Prinzip, einen Gott oder Brahman, *Vajrasattva* genannt, eine feste Lehre geworden ist. Schon allein deshalb kann diese Strömung im philosophischen Sinne kaum mehr dem Buddhismus zugerechnet werden, welcher ansonsten jedweden Glauben an ein positives, gottähnliches Absolutes verwirft.

Einer der erwähnten Untergruppen des tantrischen Buddhismus gehören die meisten der berühmten und heute noch in Tibet hochgeschätzen 84 Siddhas (oder Mahāsiddhas) an, wie sie in verschiedenen tibetischen Listen und Legendenzyklen, die die Zeiten überdauert haben, auftauchen.[30]

Eine dieser Untergruppen war der Sahajayāna, auch Sahajiyā-Buddhismus genannt. Dessen Lehre ist uns allerdings nicht aus den Legenden der 84 großen Siddhas bekannt, sondern aus den frühesten Zeugnissen bengalischer Sprache und Literatur, den *Caryāpādas.* Die in den ersten Jahrzehnten unseres Jahrhunderts publizierten 50 Lieder der Caryāpādas wurden von verschiedenen Siddhas gesungen, die hier als Siddhācāryas aufgeführt werden. Zusammen mit anderen Liedern von Siddhas, den Dohās, stellen die Caryāpādas die ersten und zu ihrer Zeit allem Anschein nach weitverbreiteten schriftlichen Überlieferungen neuindischer Sprache überhaupt dar; verfaßt wurden sie in der Zeit von 800 bis 1200 n. Chr.[31]

Unter den 84 Siddhas finden sich viele große Namen wie Carpaṭi, Sāraha, Tilopā, Naro-pā, Lui-pā, Kānha-pā, Jālandhari-pā. Matsyendranātha führt als Lui-pā die Legendenkreise immer an, und Gorakṣanātha wird ebenfalls überall erwähnt, obwohl beide keine Buddhisten waren. Aber oft ist die shivaitische, shaktistische oder buddhistische Philosophie und Terminologie nur das Haus, das um den Altar der spirituellen Praxis herum gebaut wurde, und daher nicht wesentlich.

Ähnlich wie Matsyendranātha und Gorakṣanātha charakterisiert diese Siddhas, was auch die vielen Legenden bezeugen, die Abkehr von Buchgelehrtheit und Philosophie, von religiösem Dogmatismus und Ritual. Sie konzentrieren sich auf das Wesentliche, auf die Erlangung ihres spirituellen Lebensziels – von Nirvāṇa, von Śiva oder der Ḍākinī. Letztere ist eine Sahajiyā-Entsprechung der göttlichen Śakti. Viele der Siddhācāryas sind mehr als Matsyendranātha und Gorakṣanātha Rebellen und Ekstatiker, die sich gegen fast alle sozialen Konventionen und oft auch gegen die gute Sitte wenden – glaubt man den Legenden. Wie bei aller tantrisch-yogischen Literatur muß man hier aber Vorsicht walten lassen: nur allzuoft verbirgt sich hinter rätselhafter Sprache und der Schilderung ausschweifenden Verhaltens die Beschreibung spiritueller Techniken und Zustände, geschickt und für Außenstehende schwer verständlich in oftmals sexuelle und rätselhafte Symbolsprache gekleidet, der tantrischen »Absichtssprache« (Sandhābhāṣā). So kann der Siddha Kukkurīpāda sagen:

> Wenn die zwei (Brüste) gemelkt werden, kann man (die Milch) nicht im Topf behalten; die Tamarindenfrucht des Baumes wird vom Krokodil gefressen. Die Stirnseite ist nahe dem Haus, höre, o Frau, die du von der Natur des Bewußtseins bist; der Ohrring wird um Mitternacht gestohlen. Der Schwiegervater schläft ein, die Schwiegertochter erwacht – der Dieb hat den Ohrring gestohlen, wo kann man nach ihm suchen? Sogar während des Tages kreischt die Schwiegertochter aus Angst vor der Krähe – wohin geht sie des Nachts? Solch eine Caryā wird von Kukkurīpāda gesungen, und sie ist in das Herz von nur einem unter Tausenden gedrungen.

Nach Dasgupta[32] bedeutet hier »zwei«, die beiden subtilen Nerven rechts und links der Wirbelsäule; die Milch ist der Bodhicitta (semen virile oder Erkenntnis), der Topf ist das Maṇipuracakra. Der Baum stellt den Körper dar, und die Frucht ist wiederum Bodhicitta; das Krokodil (Kumbha) sei das Anhalten des Atems und mit ihm der vitalen Kräfte (Kumbhaka). Das Haus ist der Sitz der Seligkeit, der Ohrring bedeutet das Prinzip der Beschmutzung, und der Dieb ist die höchste Wonne. Der Schwiegervater steht für den Prāṇa-Wind; Tag ist der aktive Zustand des Verstandes und Nacht jener der Ruhe usw. Diese Sprache mag zu einem mehr intuitiven Verstehen mental nicht wirklich faßbarer, »paradoxer« Zustände und Wirklichkeiten führen, zugleich birgt sie aber ganz offensichtlich die Möglichkeit des Mißverstehens in sich. Dennoch zeugen die Caryāpādas und Dohās weithin sichtbar von großer Weisheit und spiritueller Tiefe, die jene großen Siddhas und singenden Rebellen zu großen verehrten Yogī-Heiligen Bengalens und Tibets werden ließen. Wie Gorakṣanātha waren sie gefürchtet ob ihrer okkulten und magischen Kräfte, doch gleichwohl bewundert für ihre spirituelle Kraft, Hingabe und ihre Fähigkeit der Führung von Menschen hin zu dem lichtvollen Ziel der großen Stille und Unendlichkeit, dem sie nahe zu sein behaupteten oder in welchem manche von ihnen schon lebten.

Die Caryāpādas betrachten die Welt als eine Illusion, wie die beiden großen Schulen des Mahāyāna und der hinduistische Vedānta des Philosophen Śaṅkara dies tun. Unsere innere Unruhe, die rastlose Aktivität unseres Denkens und die Wünsche und Begierden seien verantwortlich für die Knechtung durch vielfältiges Leid und unfruchtbare Bindungen. Alles sei in seinem Wesen rein, aber die äußere Welt bedeckt die Dinge und Wesen mit ihren schrecklichen Illusionen. Sie sei nur eine Schöpfung unseres Denkens und trägt nichts Wirkliches in sich. Der Yogin müsse mit Hilfe des Guru still werden in seinem Inneren, denn in dieser Stille werden Bindung und Leid zerstört, und Freiheit wird erlangt. Kānha-pā singt: »Fälle den Baum (den Verstand, seine fünf Äste sind die Sinne) mit der Axt der Unterweisung des Guru... Der Baum wächst im Wasser von Gut und Böse, und die Weisen fällen ihn mit der Lehre des Guru. Jene Narren, die nicht wissen, wie man den Baum fällt und spaltet, gehen in die Irre und sind dem irdischen Dasein unterworfen...«[33] Die höchste Wahrheit aber, die jenseits aller Bindung erreicht wird, kann nicht in Worten beschrieben oder in philosophischen Sätzen bewiesen werden. Lui-pā singt: »Sein ist da nicht, noch gibt es dort Nichtsein. Wer versteht schon die Wahrheit auf diese Weise? Wahrhaftig, unfaßbar ist die Beschaffenheit des reinen Bewußtseins.« Wie kann es daher irgendeine Schrift erklären? Selbst die Vedas und die Tantras versagen hier.

Die Siddhas und alle Schulen des tantrischen Buddhismus bauten ihre Lehre auf den Lehren des Mahāyāna auf, wandelten diese aber ab. Sie verbanden sie mit den Traditionen der Volksmystik, mit dem Yoga und der Magie – was nicht ohne Folgen für das eigentliche Weltbild und die Welterklärung des tantrischen Buddhismus bleiben konnte. Beispielhaft erscheint hier die Umwandlung der Lehren des Mahāyāna in jene des Vajrayāna bzw. Sahajayāna, wie sie sich im Übergang von der indischen bengalischen zu der neuen tibetischen Heimat des tantrischen Buddhismus, den die Siddhācāryas oder Mahāsiddhas markieren, vollzog.[34]

Die wichtigste Wandlung ist wahrscheinlich jene des Begriffes *Śūnyatā,* die transzendente »Leere«, zum Begriff des *Vajra,* des »Donnerkeils« oder des »Diamanten«. Im Sahajayāna wird das Absolute, dem die Schule ihren Namen verdankt, *Sahaja* genannt. So wie Śūnyatā unzerstörbar und unveränderbar ist, so ist es der Vajra. Daher auch der Name des tantrischen Buddhismus, Vajrayāna. Die höchste Gottheit des Vajrayāna wird daher *Vajrasattva* genannt, das »Unveränderliche Sein«, die »unveränderliche Essenz«, und wird häufig wie das Absolute der Upanishaden, das Brahman, beschrieben. Vajrasattva ist die letzte Substanz und Grundlage hinter allen Erscheinungen der Welt: das »Selbst« des Menschen.

Die Ideen von Śūnyatā und Karuṇā (»Mitleid«) werden als eine Zweiheit ebenfalls stark im tantrischen Sinne verändert. Die alten Appositionen zu Śūnyatā und Karuṇā, *Prajñā*, vollkommene Erkenntnis, und *Upāya*, die Mittel zur Erlangung von Vollkommenheit, werden jetzt mit der tantrischen Grundidee von männlich und weiblich verbunden. Mit Prajñā und Upāya wird die Konzeption der Einheit und gleichzeitigen Zweiheit von Śakti und Śiva in den Buddhismus eingeführt. Doch ungleich dem tantrischen Hinduismus, ist der passive, stille Aspekt der Weisheit, Prajñā, hier weiblich, und der aktive, schöpferische Aspekt, Upāya, männlich. Prajñā und Upāya entsprechen unter anderem den beiden subtilen Nervenkanälen an beiden Seiten der Wirbelsäule, den hinduistischen Iḍā und Piṅgalā. Der mittlere Kanal, die Suṣumnā, wird hier Avadhūtikā genannt.

In diesem Zusammenhang kommt auch den Begriffen von Advaya, Nicht-Zweiheit (entspricht dem hinduistischen Begriff Advaita), und Yuganaddha (Einheit, Verbundenheit) Bedeutung zu als Vereinigung von Prajñā und Upāya sowie als erlangte Einheit von Objekt und Subjekt, von Ewigkeit und Zeitlichem. Der Zustand der Befreiung, die »Dasheit«, Tathāta, zu erreichen, ist Yuganaddha oder Advaya.

Ein weiterer wichtiger neuer Begriff entsteht aus der Umwandlung der Idee des Nirvāṇa. Aus der völligen Überwindung aller Regungen und allen Daseins im Nirvāṇa resultierte schon früher vollkommener Friede und letztlich unendliche Glückseligkeit. Und diese Glückseligkeit nennen die buddhistischen Tāntrikas nun *Mahāsukha*, die »große Glückseligkeit«. Somit wurde aus dem ursprünglich negativen, alles andere verneinenden Nirvāṇa der positive, bejahende Mahāsukha im tantrischen Buddhismus. Letztlich ist Mahāsukha die Einheit von Dasein und Auslöschung (Nirvāṇa), es ist die wonnevolle Einheit von Prajñā und Upāya, es ist die eine Essenz allen Seins. Mahāsukha ist Gott Vajrasattva selber. Mahāsukha war nun natürlich zum großen Ziel des Vajrayāna geworden, wie es zuvor das Nirvāṇa darstellte. Die Konzeption des Mahāsukha war nach Meinung mancher zum zentralen Punkt für die tantrischen Buddhisten sowohl im Hinblick auf ihre Lehren als auch auf ihre Praktiken geworden.

Heute sind außer den Caryāpadas und den Dohās oft nur tibetische Texte bzw. Übersetzungen in das Tibetische erhalten, die von den Schulen und Lehren des tantrischen Buddhismus in Indien zeugen. Denn die Entwicklung des Buddhismus – jene in den großen buddhistischen Universitäten Ostindiens und jene in den Dörfern und Städten, durch die die Siddhas zogen und ihre Lieder sangen, wie das heute die bengalischen Bāuls noch tun – fand mit den großen Invasionen mönchemordender muslimischer Heere ein jähes Ende.

6. Die Sants und die indische Mystik des Mittelalters

Gorakṣanātha, der spätestens um die Jahrtausendwende gelebt hatte, nahm keinen persönlichen Anteil an einer Entwicklung, die sich in ihrer Stärke und großen Volksnähe im nördlichen und mittleren Indien erst ab dem 13. Jahrhundert manifestierte. Die Herausbildung der Bhakti-Religiosität der Zuwendung zum Göttlichen in einer von Liebe durchdrungenen, emotionalen Weise war vor allem an den »Sants« (»Heiligen«) Nord- und Mittelindiens zu erkennen, die zunehmend Einfluß auf die spirituelle Entwicklung gewannen. Sicherlich hatte es früher Bhakti gegeben. Die frühe Bhakti war zwar oft kühl und verinnerlicht gewesen, im indischen Mittelalter aber tendierte sie stark zum Emotionalen und Ekstatischen. Sie gipfelte in der spirituellen Liebesdichtung einer Mīrābāī, in den Werken Jñānadevas und Eknāths, in dem Heiligen Śrī Caitanya, dessen Liebe zu Krishna zur ekstatischen Identifikation mit dem Göttlichen führte, in Rāmprasād, dem glühenden Sänger der Liebe zur göttlichen Mutter Kālī. Im 19. Jahrhundert erlebte die Bhakti bei Sri Ramakrishna, dem Ekstatiker der Gottesliebe und Lehrer der Einheit aller Religionen, eine Blüte.

Doch obwohl Gorakṣanātha nicht als ein Bhakta im engeren Sinne gesehen werden kann – wenngleich er von einer bedingungslosen Liebe zu seinem Meister (Guru-Bhakti) durchdrungen war, den er für Śiva selber hielt –, beeinflußte er diese Schulen und die Lehrer dieser Bewegungen. Das mag seinen Grund darin haben, daß viele der jetzigen Lehren und Schulen, auch jene der Bhakti, durchaus stark von spezifisch yogischem Gedankengut durchwirkt waren. Ihre Anhänger übten sich häufig in Yogapraktiken. Außerdem, und das mag der wichtigste Grund sein, hatte Gorakṣanātha eine Reform der Reinigung und der Hinwendung zum Wesentlichen der Spiritualität eingeleitet, eine Reform und spirituelle Erneuerung, für die die neuen Heiligen ebenso eintraten, sie fortführten und die Erneuerung der gesamten Spiritualität des indischen Subkontinents vorantrieben. Damit einher ging schon bei Gorakṣanātha die Gleichbehandlung aller Wahrheitssucher, ob Hindu oder Muslim, ob Brahmane oder Śūdra. Gorakṣanātha soll der erste Meister gewesen sein, der auch Muslime als Schüler annahm, obschon die Glaubwürdigkeit dieser Behauptung davon abhängt, in welchem Jahrhundert Gorakṣanātha nun wirklich gelebt hat. Denn in Indien vor dem 11. oder 12. Jahrhundert konnten Muslime fast nur Sucher aus angrenzenden Ländern gewesen sein. Jedenfalls aber verstanden sich viele der späteren Sants als Brückenbauer zwischen Hinduismus und Islam; sie bauten die Brücke sozialer Vorurteilslosigkeit und einer Spiritualität, die sich auf die Essenz besann, welche natürlich in den Veden und im Koran in ähnlicher Weise zu finden war. Damals war man durch das Wirken dieser Männer und Frauen dem Ideal religiöser Toleranz zwischen Islam und Hinduismus weit näher gekommen, als das heute in Indien der Fall ist. Als besonderer Umstand für das Fortwirken des Einflusses Gorakṣanāthas ist noch die Tatsache zu nennen, daß die großen Heiligen Maharashtras durch deren größten frühen Vertreter Jñānadeva (im 13. Jahrhundert) seinen Einfluß direkt empfangen hatten und ihn als eine Autorität anerkannten. Denn Jñānadeva führte seine spirituelle Ausrichtung über seinen Großvater direkt auf Gorakṣanātha zurück und hatte diese seine geistige Herkunft mit der damals keimenden Bhakti-Frömmigkeit seines Landes verknüpft. Andere, ihm nachfolgende große Heilige Mittelindiens trugen so klingende Namen wie Eknāth, Nāmdev und Tukārām. Aber hatte Jñānadeva noch einen gelehrten philosophischen Kommentar zur Bhagavadgītā verfaßt und einen gemäßigten Advaita (Monismus) vertreten, so erfuhr die Mahratten-Frömmigkeit in Tukārām ihre wahre Bhakti-Blüte. Tukārām stellte die Gottesliebe über alles andere und bezeichnete denjenigen als Toren, der sich, einer weitverbreiteten philosophischen Überzeugung folgend, innerlich mit Gott identifizierte: »Es gibt keinen Toren auf der Erde, sagt Tuka, der jenem vergleichbar ist, der sich selber Gott nennt.« Er vertrat also, wie viele Bhakti-Heilige, eine Lehre von der Zweiheit, nicht von der Einheit des Seins. Dieser Dualismus wurde aber oft sehr emotional und weniger metaphysisch begründet und aufgefaßt. Viel später veranschaulichte das Sri Ramakrishna mit seiner berühmten Aussage, »Ich will Zucker (= Gott) kosten, nicht zu Zucker werden«, in der davon ausgegangen wird, daß jemand, der Zucker/Gott ist, diesen nicht mehr in seiner »Süße« erfahren kann.

Der Sant Kabīr, von Geburt her Muslim, war der große Brückenschläger zwischen Hindus und Muslimen gewesen. Er nannte seinen Gott zwar Rām, aber ihm war Rāma längst nicht der göttliche König des Epos Rāmāyāna, sondern Gott selber, gültig für Hindus wie für Muslime. Er wandte sich scharf ab von Dogmatismus und Buchstabengläubigkeit, denn diese spalteten die Religionen tief. Er lehnte die Kastenordnung ab und predigte zu allen, auch Frauen und Unberührbaren, ohne Unterschied. Kabīr sprach in einfacher und kraftvoller Sprache, die große Wirkung auf seine Zuhörer hatte. Er sagt: »Warum streiten Hindus und Mohammedaner ohne Grund? Halte fern von dir Stolz und Eitelkeit, Unaufrichtigkeit und Falschheit; betrachte andere als dir selbst gleich; laß dein Herz von Liebe und Hingabe erfüllt sein... Das Leben ist vergänglich, verschwende deine Zeit nicht, sondern suche Zuflucht bei Gott. Er ist in deinem Herzen; warum suchst du Ihn dann vergeblich in heiligen Stätten, in Schriften, in Riten und Zeremonien?«[35]

Kabīr, wie fast alle anderen Heiligen dieser Jahrhunderte, drückte sich in der Sprache des einfachen Volkes aus, nicht im altehrwürdigen Sanskrit, und schrieb in ihr viele Gedichte und Lieder. Kabīr soll Gorakṣanātha getroffen haben, und Aufzeichnungen von Gesprächen mit ihm sind uns überliefert, wenngleich diese niemals stattgefunden haben können, denn Kabīr lebte im 15. Jahrhundert. Diese fiktiven, vielleicht von Anhängern erfundenen Begegnungen mancher Heiliger späterer Zeit mit Gorakṣanātha stellen den Versuch dar, die Größe dieser Sants noch zu unterstreichen, indem man sie mit dem größten aller Siddhas und Yogins zusammentreffen und sie manchmal diesen sogar an spiritueller Macht übertreffen ließ.

Ein anderer Sant, Guru Nānak, der Gründer der Sikh-Religion, war wie Kabīr Schüler des Rāmānanda und ebenfalls ein Feind des Kastenwesens und des äußerlichen Polytheismus der Hindus gewesen. Anders als bei Kabīr konnte seine Reformbewegung später nicht in den Hinduismus eingegliedert werden, sondern bildete im Laufe der Zeit die neue Religionsgemeinschaft der Sikhs.

Einer der größten Sants war Tulsīdās, der mit seiner volkstümlichen, in Hindī geschriebenen Neufassung des alten Sanskrit-Epos »Rāmāyāna« (»Das Leben des Rama«) Berühmtheit erlangte. Sein »Rāmcaritmānas« zählt zu den ganz großen dichterischen Leistungen dieser Zeit. Tulsīdās war aber kein eigentlicher Reformer, sondern eher konservativ und beinahe schon reaktionär eingestellt. Die Wirkung seiner Bhakti ist im Norden Indiens stark und nachhaltig gewesen.

Bevor nun im 18. Jahrhundert Rāmprasād Sen mit seinen glühenden, noch heute weitverbreiteten Liedern an die göttliche Mutter Bengalen rührte und im 19. Jahrhundert Sri Ramakrishna mit seiner ekstatischen Gottesliebe die ganze Welt eroberte, wiegte sich ganz Bengalen, das sich immer mehr zur spirituell führenden Provinz Indiens entwickelte, im Rhythmus der gefühlvollen, gotttrunkenen Lieder Śrī Caitanyas. Śrī Caitanya lebte um die Wende zum 16. Jahrhundert, und er war es, der den gesamten Vishnuismus Ostindiens, ja Indiens, mit neuem Leben erfüllte, ihn aus seiner spirituellen und dogmatischen Erstarrung riß und ihm die Ekstase der Bhakti einhauchte. Śrī Caitanyas Liebe zur Viṣṇu-Inkarnation Krishna war so groß, daß er vor Entzücken selbstvergessen tanzte und seine Persönlichkeit ganz mit dem göttlichen Geliebten verschmolz. Er sang Lieder für den Herrn und machte dieses gemeinsame Singen, Kīrtana, zu einem der wichtigsten, lebendigsten und aufrichtigsten Gottesdienste der Welt, der noch heute in Indien und besonders in Bengalen von zahllosen Menschen praktiziert wird. Śrī Caitanya schrieb fast nichts, aber seine Wirkung wurde dadurch keineswegs geschmälert. Seine Hingabe und Aufrichtigkeit berührte die Herzen aller Menschen, und von ihm ergoß sich ein ungeheurer Strom von Gottesliebe und Krishna-Verehrung über die Dörfer und Städte Bengalens und ganz Indiens zu jener Zeit.

Diese religiösen Erneuerungsbewegungen, die schon früh mit den Tantras ihren bald in Unaufrichtigkeit, Unreinheit und Ritualismus erstickten Anfang nahmen, ihren ersten eigentlichen großen Vertreter in Gorakṣanātha fanden und bis in das moderne Indien reichen, haben vor allem eines gemeinsam: Sie hatten ihre Basis im Volk; sie waren die Ausbreitung philosophisch-spiritueller Lehren in das Volk hinein gewesen, zu einer echten Volksmystik führend, die an Tiefe, spiritueller Echtheit und Hingabe der »offiziellen«, philosophisch wohlbegründeten Spiritualität in nichts nachstand. Im Gegenteil, sie hatte dieser noch die emotionale Tiefe voraus, die man im kühlen, auf Erkenntnis ausgerichteten Vedānta der intellektuellen Kreise häufig vermißt; oder sie war, wie bei der Nātha-Bewegung, ganz auf die praktische Übung ausgerichtet und verschmähte alle dürre Gelehrtheit, suchte nichts als unmittelbare spirituelle Erfahrung. Auch waren die Reformbewegungen der Wirklichkeit der Welt und der in ihr lebenden Wesen nicht abgeneigt oder verdammten sie gar als Illusion, wie das der Vedānta des Philosophen Śaṅkara zu tun pflegte. Sie versuchten vielmehr, in Natur und Mensch die göttliche Gegenwart und Gottes Wirken zu erblicken.

Diese Bewegungen hatten auch einen großen Vorzug, den sie sich zunutze machen konnten. Sie mußten sich um der philosophischen Anerkennung seitens der intellektuellen und kulturell maßgebenden Oberschicht willen nicht auf die alten Schriften berufen und ihre Lehren aus deren etablierten Wahrheiten ableiten, sondern konnten frei und kreativ allein aus dem eigenen Inneren schöpfen.

Sie würdigten dabei aber die alten Lehren sehr wohl. Ihre Lehren und Praktiken gewannen dadurch an Lebensnähe, Echtheit und Spontaneität, sie waren wie ein Strom direkt aus der Konkretheit wahrer spiritueller Erfahrung herausgeflossen ohne die bindenden Regulierungen dogmatischer Philosophie und erforderlicher sozialer Anerkennung. Es war zwar dadurch auch mehr Raum für den wuchernden Aberglauben des Volkes geschaffen, aber nichtsdestoweniger begann die Durchdringung allen Lebens mit der Liebe zum Göttlichen, mit dem Streben nach dem Höchsten und nach den im eigenen Inneren schlummernden Kräften in ebenjenen Erneuerungsbewegungen. Und sie erreichte dort sehr oft beachtliche Tiefe und enorme spirituelle Kraft über die Zeiten hinweg.

III. Der Yoga der Nāthasiddhas und die Kuṇḍalinī

1. Einführung

Die Nāthayogins oder Nāthasiddhas waren die eigentlichen großen Haṭhayogins, die angeblichen (Mit-)Begründer des Haṭhayoga stammen aus ihren Reihen. Daher kommt natürlich die zentrale Stellung der Praktiken der Āsanas, der Atembeherrschung, der Bandhas und Mudras im Yoga der Nāthas. Fast ebenso wichtig war für sie, und diese Yogamethode ist ja oft eng mit dem Haṭhayoga verknüpft, der heute so genannte Kuṇḍalinīyoga. Dabei haben die Nāthayogins auch einige Konzepte entwickelt, die sich zwar nicht unbedingt in der Yogatechnik, aber in Zielsetzung und Geist von den anderen Haṭhayoga- und Kuṇḍalinīyoga-Schulen unterscheiden. Im folgenden soll etwas genauer auf den Haṭhayoga, auf die Lehre vom subtilen Körper und die Praxis von Haṭhayoga und Kuṇḍalinīyoga eingegangen werden. Denn vor diesem Hintergrund stehen die hier ausgesparte Philosophie und der Yoga Gorakṣanāthas, wie sie in dem im vorliegenden Buch übersetzten *Siddha-Siddhānta-Paddhati* (»Leitfaden zur Lehre der Siddhas«) eine Rolle spielen, auch wenn der Leitfaden zur Lehre der Siddhas selbst sich explizit mehr den philosophischen und grundsätzlichen spirituellen Fragen widmet und weniger den oft vorbereitenden Yogatechniken und -methoden. Eine Ausnahme hierzu bildet die Beschreibung des subtilen Körpers und der Kuṇḍalinī-Kraft, die auch im Leitfaden Gorakṣanāthas eine wichtige Stellung einnehmen und zur Thematik dieses Abschnittes gehören.

Die wichtigsten Werke des Haṭhayoga, des Kuṇḍalinīyoga und der Nāthayogins im allgemeinen sind folgende:

Haṭhayoga allgemein:
Śivasaṃhitā
Gheraṇḍasaṃhitā
Haṭhayogapradīpikā

Yoga und Philosophie der Nāthas:
Gorakṣaśatakam
Gorakṣapaddhati
Amaraughaśāsana
Amaraughaprabodha
Yogamārtaṇḍa
Yogabīja
Siddhasiddhāntapaddhati
Gorakṣasiddhāntasaṃgraha
Śivayogadarpaṇa
Śivayogasāra
Nāthasiddhāntaḍiṇḍima
Sampradāyanirṇaya

Nātha-Legenden:
Gopicandrer Gān
Gopicandrer Sannyās
Gorakṣavijaya

Werke Matsyendranāthas:
Kaulajñānanirṇaya
Akulavīratantra
Matsyendrasaṃhitā

Einige Yoga-Upanishaden (Haṭhayoga, Kuṇḍalinīyoga, Nādayoga):
Yogakuṇḍalinyupaniṣad
Yogatattvopaniṣad
Śāṇḍilyopaniṣad
Nādabindūpaniṣad
Haṃsopaniṣad
Triśikhibrāhmaṇopaniṣad

Sonstige Werke:
Ṣaṭcakranirūpaṇa
Avadhūtagītā

2. Unsterblichkeit

Im Yoga der Nāthas kommt dem Körper eine in der gesamten Geschichte der Spiritualität wohl einzigartige, umfassende und zentrale Bedeutung zu. Ja, eigentlich wird der Körper nicht einmal von unseren materialistischen Zeitgenossen auch nur annähernd so wichtig genommen, wie er von den Haṭhayogins hochgeschätzt wird, obgleich die ersteren unser ganzes Dasein auf ihn beschränkt sehen wollen.

Der Körper und die ihm innewohnende Lebenskraft, Prāṇa, sind beim Haṭhayoga die Schlüssel, mit denen die Tore zu höherer Entwicklung geöffnet werden. Denn die Nāthayogins und in geringerem Maße auch die Tāntrikas, die mit den Nāthas sehr viele Lehren und auch Methoden teilen, sehen unseren Körper nicht nur als eine unveränderliche, physio-chemische Maschine, wie vollkommen diese auch immer sein mag, sondern streben die Vergöttlichung dieser scheinbar bloß physischen, wenig bewußten Wesenheit, die unser Körper ist, an. Der physische Körper und seine Lebenskraft sind für sie die Brücke zu einem mystischen, geistigen Zustand ebenso wie zur Erlangung eines verklärten Leibes. Der Körper wird im Läuterungsprozeß des Yoga zuerst nur vermehrt fähig, sich feineren Energien zu öffnen. Ein Ergebnis davon sind innere, okkulte Kräfte, die der Yogin entwickelt. Aber als letzten großen Schritt wollen die Nāthayogins einen transformierten, spirituellen Körper heranbilden, einen »himmlischen« Körper (Divyadeha, Praṇavatanu), der frei von den Zwängen der Erdennatur ist und so unendliche Fähigkeiten entwickeln kann. Aber das bedeutet auch, daß die Siddhas und Nāthas einen Zustand der spirituellen Vollkommenheit anstreben, der zwar mit dem bekannten, in den verschiedenen Schulen gebräuchlichen Wort »Jīvanmukta« (»ein im Leben Erlöster«) bezeichnet wird, in den sie aber eine weitere, ja eigentlich wortgemäßere Bedeutung hineinlegen.

Die Siddhas wollten einen Zustand der inneren Verwirklichung erreichen, der hier, in diesem irdischen Körper seine größte Vollkommenheit ausbreitet, und nicht erst in der Paramukti, der höchsten Befreiung des Yogin in den göttlichen Urgrund hinein, welche nur im Tod des Körpers erlangt werden kann. Als Verehrer Śivas wollten die Nāthasiddhas (erinnern wir uns daran, daß es auch nicht-shivaitische Siddhas gab) somit den Zustand der vollständigen Identifikation mit Śiva erreichen, »Śivatvam«. Dieser Einheit und Vollkommenheit soll konsequenterweise in keinem Teil der Natur des Yogin Einhalt geboten werden, will er die Unbewußtheit und Dunkelheit der Weltnatur wirklich ganz bezwingen. Andernfalls wäre seine Vollkommenheit ihren Namen nicht wert, sie bliebe Stückwerk, wenn auch überaus wertvolles. Deshalb heißt das Ziel des Nāthayogin nicht »Befreiung« oder »Gotterkenntnis«, sondern Unsterblichkeit.

Eine derartige Zielvorgabe im Yoga setzt natürlich eine entsprechende philosophische Haltung voraus. Einem Vedāntin, dem die Welt nur ein Gewebe aus Trug, Lüge und Halbwahrheit ist, ja eine gigantische Illusion, erschiene der Gedanke von nicht nur geistiger, sondern selbst physischer Unsterblichkeit schlichtweg absurd. Der Nāthayogin betrachtet daher, wie die meisten Tantras, und im großen und ganzen auch der kaschmirische Shivaismus, mit denen die Gedanken der Nāthas verwandt sind, die Welt als wirklich, als gottgegeben und sinnvoll, als eine Manifestation der göttlichen Śakti. Hierin unterscheidet sich der Yoga der Nāthasiddhas von dem anderer traditioneller Yogaschulen, vom Rājayoga Patañjalis beispielsweise, für den das letzte Ziel die Befreiung aus einer dunklen und unwissenden Welt ist, die selbst keinen besonderen Wert besitzt.

Durch die Praktiken des Haṭhayoga soll »Amṛtatvam«, Unsterblichkeit, erreicht werden. Der Yogin wird zum Besieger der Zeit, Kāla, er wird Mṛtyuñjaya, »Bezwinger des Todes«. Dem Haṭhayoga wird hier von den Nāthasiddhas ein besonderer Stellenwert zur Erreichung ihres Ziels eingeräumt, er ist die spirituelle Methode, die den Yogin direkt zu einem wesentlichen Teil seines spirituellen Ziels, der körperlichen Unsterblichkeit und Stärke in der Vereinigung und Gleichwerdung mit Śiva führen soll. Er ist ein mächtiger Baumeister physischer Vollkommenheit. Im traditionellen Rājayoga hingegen ist der Haṭhayoga nur untergeordnete Disziplin, zwar wichtige, aber nicht eigentlich spirituell wirksame Übung. Auch ist er dies nicht von sich aus, da er ein System physisch-energetischer Übungen darstellt, das Werkzeug aber seinen Wert aus der Verwendung, der man es zuführt, bezieht. Auch erschöpft sich die Haṭhayoga-Disziplin der Nāthayogins nicht im Greifen nach Unsterblichkeit in einem göttlichen Körper als Zweck an sich. Vielmehr ist Amṛtatvam ein Merkmal der Vollkommenheit Śivas, und die Vereinigung und Identifikation mit Śiva und allem, was Er ist, will der Nāthayogin. Er will zum reinen Sprachrohr des göttlichen Wortes, der ursprünglichen Schwingung werden, er will sich zum vollkommenen Ausdruck des Vollkommenen wandeln. Physische Unsterblichkeit ist nur ein zusätzlicher, aber wichtiger Teil dieser Perfektion des Gottseins. Wäre sie nicht ein Merkmal der Verwirklichung Śivas in der Welt, wäre sie entbehrlich, ja völlig unnütz.[1] Niemals darf man vergessen, daß der Yogin oder auch der Vedāntin, der sein spirituelles Ziel erlangt hat, nicht nur in oder mit Śiva respektive Brahman lebt, sondern als das Göttliche selber, er ist Śiva, er ist Brahman: *»Śivo 'ham«* – »Ich bin Śiva«, ist die Meditation der Shivaiten, *»Aham*

Brahmāsmi« – »Ich bin das Absolute, das Brahman«, ist das berühmte upanishadische Wort des Vedāntin. Dabei wird der Körper des Yogin frei von Krankheit und Alter. Der Körper streift die unreine Materie (aśuddha Māyā) von sich ab und wandelt sich zu śuddha Māyā, der reinen Materie. Diese Māyā steht aber auch für geistige Substanz, die reine, göttliche Substanz im Geist wie im Körper, die dem Yogin seine Vollkommenheit gibt. Zuweilen wird auch von einem unreifen (apakva) und einem reifen Körper (pakva) gesprochen.[2] Der unreife Körper ist der Grund des Leidens und der Krankheit, der reife ist frei von Begrenzungen, besitzt große Kräfte, ist grenzenlos wie der Himmel und lauterer als dieser. Für den so durch das Feuer des Yoga vervollkommneten Yogin gibt es keinen Tod. Der »reife«, unsterbliche Körper gilt als Voraussetzung für Paramukti, die höchste Befreiung des Yogin.

Zwar könnte man den Eindruck gewinnen, als ob die Nāthayogins eben auch nur der Welt in einer höchsten Befreiung und Vollkommenheit, mit einem lichtvollen Körper versehen, entschweben wollten. Aber, so wird betont, nur durch Unsterblichkeit, d. h. körperliche Vollkommenheit, kann Śivatvam erreicht werden. Das ist ein einfach erscheinender, aber äußerst ungewöhnlicher Gedanke in einem Zeitalter, welchem ja gerade die Abstreifung des nutzlosen oder gar illusionären Körpers (in jeder Zustandsform), den man höchstens noch als untergeordnetes Mittel zum spirituellen Zweck benutzt hat, als Vorbedingung für die Vereinigung mit dem Göttlichen galt.

Die Nāthasiddhas lassen sich nicht beirren: Der Körper müsse als Substanz das göttliche Bewußtsein haben, er müsse »cinmaya« (»aus göttlichem Bewußtsein bestehend«) werden. In dieser Vision des »cinmaya«-Körpers, welche sich auch in der späten vishnuitischen Schule des 16. Jahrhunderts in Orissa findet, haben die Nāthayogins die Lehre Sri Aurobindos von der göttlichen Substanz alles Seienden, die es durch alle dunkle Verschleierung hindurch manifest zu machen gilt, vielleicht schon vorweggenommen.

In der bengalischen Literatur der Nāthas, die zur Hauptsache aus Legenden und Liedern besteht[3], ist der Gedanke der Unsterblichkeit allgegenwärtig.

Gorakṣanātha rettet seinen Meister vor den Frauen von Kadalī auch deshalb, weil die irdischen Gelüste, denen sich Matsyendranātha hingibt, zu Krankheit, Zerfall und Tod führen, denn nur das entsagende, reine und bewußte Leben eines Yogin kann als Frucht die Unsterblichkeit tragen. Und aus diesem Grund sind die »Menschen der Welt« krank, schwach und sterblich. Der Königin Maynāmatī wurde schon als junges Mädchen von Gorakṣanātha der Yogaweg zur Unsterblichkeit gelehrt, weil dieser es nicht mit ansehen konnte, daß ein so hübsches und reines Geschöpf dem Tod verfallen sein sollte. Nach ihrer Initiation verspricht Gorakṣanātha, daß der Tod selber sich verpflichtet habe, seine Hand von Maynāmatī zu lassen. Sie würde niemals von Feuer verbrannt, in Wasser ertränkt oder von Waffen durchbohrt werden können. Stürbe sie am Tage, würde er, Gorakṣanātha, die Sonne nicht gehen lassen, sie niederbinden. Stürbe sie zu Hause, würde er den Todesgott Yama nicht mit ihr weggehen lassen, ihn niederbinden... Mayanāmatī würde sogar Sonne und Mond überleben.[4]

3. Kāyasādhanā
Die Vervollkommnung des Körpers

Die Nāthayogins nennen ihre Yogaübungen häufig auch »Kāyasādhanā«, »die auf den Körper ausgerichtete spirituelle Disziplin«, oder einfacher: »Körper-Methode«. Im alten Bengalī, in dem viele Nāthayogatexte verfaßt wurden, findet sich ein noch erhellenderer Terminus: »Ulṭa-

Sādhana«, die »rückläufige Yogadisziplin«. Gemeint ist damit, grob gesagt, das Rückwenden der Energieströme des menschlichen Bewußtseins. Fließen Energien und Bewußtsein jetzt nach unten, müssen sie nach oben zu ihrem Ursprung »zurückgewendet« werden.

Dieser so seltsam anmutende Gedanke ist aber weniger eine Neuerung als vielmehr eine Neuinterpretation einer alten und verbreiteten Lehre, die auch mit dem Wort Mystik (von griech. »myein«, die Augen schließen) angedeutet ist, was bedeutet, daß das Bewußtsein des in der Unwissenheit befangenen Menschen nach außen gerichtet ist, nach außen »fließt« und er dieses, um Gott oder sein eigenes wahres Sein zu entdecken, nach innen »zurückwenden« muß. In der Kaṭha Upaniṣad[5] wird sogar von »zurückgewendeten Augen« (āvṛtta cakṣur) gesprochen. Auch in den Vedanta-Lehren kennt man die Begriffe »Pravṛtti«, nach vorne/außen gerichtet (= Aktivität), und »Nivṛtti«, Rückkehr, Aufhören, Erlösung.

Der Nāthayoga und der Kuṇḍalinīyoga der Tantras aber betrachten, da beide stets in Begriffen von Energie denken, den Rückkehrprozeß als ein Zurückwenden von zuweilen beinahe physischen Energien, die von unten nach oben zurückfließen sollen. Es ist, wie alle mystische »Rückkehr«, ein Abwenden vom Werden und ein Hinwenden zum Sein. Dabei wird zwar der »unwissende« Gang der Energien nach unten geringgeachtet, weil er den Menschen in die Welt verstrickt, aber nicht die Welt als Tatsache selber. Der nach unten gerichtete Prozeß des Werdens ist der eigentliche Bereich der göttlichen Śakti, das reine Sein ist Śiva. Das Ziel des Yogin ist es, den abwärtsgerichteten Fluß anzuhalten und ihm durch geeignete Yogamethoden eine nach oben gewandte Richtung zu geben. Dieselbe Idee und Erkenntnis ist mit der Höherführung der Kuṇḍalinī-Kraft ja bekanntlich die Grundlage des Layayoga oder Kuṇḍalinīyoga.

Ein weiteres Wort zur Bezeichnung dieses Prozesses,

das ein Licht auf die mit ihm verbundenen Schwierigkeiten wirft, ist »Ujāna-Sādhana«, was soviel wie »Bewegen gegen den Strom« bedeutet.[6] Der natürliche Fluß der Energien ist jener nach unten, der Yogin muß gegen den Fluß der äußeren Natur ankämpfen, er ist ein Schwimmer gegen den reißenden Strom der Unwissenheit. Darin liegt die Mühe des Yoga, darin liegt aber auch die Größe des Yogin, der sich diese Aufgabe auferlegt, auf diese Weise sein Leben selbst bestimmt und es nicht von den unbewußten Kräften der Natur bestimmen läßt. Er richtet sich gegen den unbewußten Strom der Weltnatur (aparā Śakti) und folgt damit dem göttlichen Strom der höheren Natur (parā Śakti). Daher ist seine Bemühung um Selbst-Entdeckung und Wahrheit auch eine natürlichere und gottgemäßere Lebensweise als jene, welche der niederen, des Schöpfers nicht bewußten Natur folgt. Und aus demselben Grund konnte man den Yogin auch als den wahren Revolutionär beschreiben und jeden Yoga als eine Auflehnung und Revolution. Eine göttliche Revolution, denn bei ihr wird nichts Erhaltenswertes zerstört, nur die Dunkelheit und die Unbewußtheit im Bewußtsein des Yogin selber wird durch das Licht und die Erkenntnis »vernichtet«, ganz so als wenn in einem dunklen Raum eine Lichtquelle entzündet würde, welche die Dunkelheit »vernichtet«.

Auch die Kāyasādhanā als der rückwärtsgewandte Strom geht, das darf man bei keiner Yogamethode außer Augen lassen, stets mit dem Fortschreiten in der Meditation einher, mit der Beherrschung des Geistes und seiner wachsenden Fähigkeit, sich dem höheren Sein und Bewußtsein zu öffnen und es, als ein Gefäß gleichsam, aufzunehmen. Diesem Aspekt der Meditation und Konzentration wird in den Schriften der Nāthas meist auch großer Raum eingeräumt, häufig gemäß den Gliedern des klassischen Rājayoga (Pratyāhāra, Dhāraṇā, Dhyāna, Samādhi). Manches Mal aber treten diese wichtigeren Aspekte gegenüber dem Haṭhayoga in den Hintergrund, was dann besonders in den reinen, nicht direkt den Nāthasiddhas zugeschriebenen Haṭhayoga-Texten wie der Haṭhayogapradīpikā oder der Gheraṇḍasaṃhitā zu beobachten ist.

4. Die Vereinigung von Sonne und Mond

Um die Prozesse und Geheimnisse der Kāyasādhanā und eigentlich jedes yogischen und tantrisch-yogischen Systems verstehen zu können, ist es notwendig, eine in einer bestimmten Symbolik formulierte Zielsetzung des Yogin zu kennen. So wird das Ziel des Yoga bisweilen als die Vereinigung von Sonne und Mond beschrieben.[7]

Der vollkommene Yogin beherrscht durch seine große Kraft nicht nur die Abläufe des Weltalls, also auch Sonne und Mond, sondern, was viel wichtiger ist, er hat die Sonne und den Mond in sich gemeistert und sie miteinander vereinigt. Daher trägt er die Sonne und den Mond gleichsam als seine Ohrringe, wie das von großen Siddhas behauptet wird. Viele der Anhänger Gorakṣanāthas tragen deshalb heute noch große Ohrringe, wie sie Gorakṣanātha auch getragen haben soll. Schon das Wort Haṭhayoga weist auf die zentrale Bedeutung dieser Vereinigung hin: Die Silbe *Ha* steht für die Sonne, *Ṭha* für den Mond, *Haṭha* für deren Vereinigung.

Im allgemeinen beziehen sich Sonne und Mond auf die beiden subtilen Nerven links und rechts der Wirbelsäule, *Piṅgalā* und *Iḍā*. Aber beiden kommt noch eine tiefere Bedeutung zu. Der Körper selber ist aus Sonne und Mond entstanden, er ist eigentlich Sonne und Mond. Der Same des Vaters ist der Mond und das Ovum (in den Yogatexten wird stets von »weiblicher« Flüssigkeit gesprochen) der Mutter die Sonne. Sie sind die beiden Essenzen, aus denen das gesamte Leben (und das unbelebte Universum) aufgebaut ist.

Sonne und Mond sind die beiden aller Existenz zugrundeliegenden Prinzipien: das des Bewahrens und Erschaffens (Mond) und das des Zerstörens (Sonne). Der Mond als das Prinzip der Unsterblichkeit steht ebenso für Śiva, für die Stille; die Sonne wiederum verkörpert die Śakti, das Feuer der Zerstörung und die ungeheure Kraft des Wandels. Der Mond ist die Ambrosia, die Unsterblichkeit gewährt (Amṛta), die Sonne das Feuer der Zeit und der Zerstörung (Kālāgni). Damit wird klar, daß mit der Sonne nur Zerstörung in einem yogischen Sinn gemeint ist, nämlich das für die Erschaffung der Welt notwendige, aber für unsere spirituellen Bestrebungen dann hinderliche Hinabfließen der Energien in die Welt, wo sie vom Feuer der Zeit, von der Schöpfung der Welt, aufgezehrt werden. Der Mond aber symbolisiert die stille und ekstatische Unsterblichkeit des höheren Bewußtseins. Von »unserem« Standpunkt aus also ist die Sonne das eigentlich schöpferische, den Weltfluß hervorbringende Prinzip, der Mond aber dessen Basis und Quelle.

Durch dieses Verständnis bedingt, wird die Sonne auch öfter dem Feuer gleichgesetzt. In anderen Schulen wiederum wird dem Feuer die zerstörerische »Zeit-Wirkung« zugeschrieben, die Sonne nimmt hier eine Mittelstellung zwischen Mond und Feuer ein und ist das eigentlich göttliche Prinzip im All, sie ist dann Śiva selber.[8]

Der Mond befindet sich im Körper unmittelbar unter dem Sahasrāracakra (unter dem Scheitel) oder am hinteren Gaumen und ist nach unten gerichtet. Die Sonne hingegen strahlt in der Nabelgegend oder im untersten Cakra, dem Mūlādhāra. Der Bindu oder Same, welcher Śiva gleichkommt, ist im Mond verborgen, das Rajas (weibliche Flüssigkeit) oder die Śakti in der Sonne.

Das wesentliche Ziel des Yogin liegt darin, den Fluß der Energien zurück nach oben zu wenden und so die niedere

Śakti mit dem höheren Prinzip Śiva (eigentlich die höchste Einheit von Śiva-Śakti) zu vereinigen. Prāṇāyāma (Atembeherrschung), der in seinen Hauptübungen im wesentlichen die Beherrschung der sonnen- und mondhaften Energieflüsse beinhaltet und letztlich die Vereinigung des aufwärtsgerichteten Prāṇa mit dem abwärtsgerichteten Apāna bewirken soll, zielt auf die Vereinigung bzw. Harmonisierung der beiden Energieprinzipien ab. Auch andere Haṭhayoga-Techniken haben das zum Ziel. Am bekanntesten, schwierigsten und effektivsten ist dabei die *Khecarīmudrā*.

Natürlich kommt es bei den Nāthas nicht nur darauf an, einen höheren Bewußtseinszustand zu erreichen. Durch die Vereinigung von Sonne und Mond – welche ebenso einen höheren Bewußtseinszustand bewirkt – soll auch der Körper transformiert werden. Dazu muß die zerstörende, den körperlichen Verfall fördernde und das Bewußtsein buchstäblich nach unten in die Welt ziehende Kraft der Sonne beherrscht werden und der kühlende, verjüngende und höhere Bewußtseinszustände bewirkende Unsterblichkeitsnektar, der vom Mond auf die Sonne hinabtropft, gewonnen werden, bevor er in die Sonne fließen kann und von ihr verbrannt wird. Das eigentlich Angestrebte aber ist die Vereinigung der beiden so gegensätzlichen Prinzipien. Im Inneren des Kopfes gibt es nun einen gebogenen, subtilen Nerv, die Śaṃkhinī, entlang derer der Nektar des Mondes läuft. Die Śaṃkhinī verläuft vom »Zehnten Tor« des Körpers (die Öffnung am Scheitel, »Öffnung des Brahman« genannt) bis in den leeren Raum hinter dem Gaumen, und von dort tropft der Nektar hinab auf die Sonne, wodurch der Mensch der Zeit und dem Tod verfallen ist.[9] Dieser gewöhnliche Gang des Nektars muß gestoppt werden, das ist der einzige Weg, Zeit und Tod zu besiegen, sie zu umgehen, zu »täuschen«. Das Zehnte Tor muß verschlossen werden, in den Bengalī-Texten spricht man daher vom »Verschließen des Zehnten Tors« oder dem »Aufstellen von Wachen« vor ihm. Wenn das Zehnte Tor offenstehen bliebe, würde der Nektar, welcher der größte Schatz der Menschen ist, von der Sonne oder dem Tod gestohlen. Andererseits aber würde der Yogin unsterblich, wenn er selbst den Nektar trinken könnte, bevor dieser auf die Sonne hinabfällt.[10] Dazu übt der Yogin die *Khecarīmudrā*, die esoterischste Übung des Haṭhayoga.

Für diese schwierige Übung wird in einem monatelangen Prozeß durch jeweils nur leichtes Einschneiden des Zungenbändchens, mit einem scharfen Grashalm beispielsweise, der Zunge die Fähigkeit verliehen, sich nach hinten zur Gaumenhöhle zu wenden. Außerdem wird die Zunge durch gezieltes Dehnen gelängt, damit sie die Höhle auch wirklich erreichen kann, eine normale Zunge wäre zu kurz. Wendet der Yogin die Zunge so nach innen und die Augen konzentriert auf die Nasenwurzel, fängt er den vom Mond oder der Śaṃkhinī herabträufelnden Nektar an der Śaṃkhinī oder in der Gaumenhöhle auf, »trinkt« ihn und überwindet so Krankheit, Gefahr durch Vergiftung und Alter. Innerhalb von zwei Wochen, so heißt es, besiege er den Tod. Manche Texte behaupten, die Kuṇḍalinī müsse zuerst in das Sahasrāracakra geführt werden, damit das Trinken des Nektars möglich werde.[11]

Bisweilen werden sogar zumindest zwei der tantrischen Pañcamakāras (fünf M-s) in der Symbolik der Khecarīmudrā erklärt. Die Zunge sei das Fleisch (hier sogar: Rindfleisch), das der Yogin gleichsam ißt, und der Wein (hier: »Wein der Unsterblichen«), den er trinkt, ist der Nektar des Mondes.

Die Auffassung von Sonne und Mond, verbunden mit der Khecarīmudrā, mag dazu beigetragen haben, daß in den Texten der Nāthayogins die Frau als Repräsentantin des sonnenhaften weiblichen Prinzips manchmal als eine Tigerin bezeichnet wird, gefährlich und voll vernichtender, verführerischer Kraft für den Yogin. Auch Gorakṣanātha sagen die Texte eine frauenfeindliche Haltung nach.

Man darf hier jedoch anmerken, daß diese Geisteshaltung sicherlich nicht als Wahrheit und letzter Stand der Dinge angesehen wurde. Denn nicht nur bei den Nāthayogins – bei ihnen vielleicht etwas nachdrücklicher – wird die Frau geringgeschätzt. Aber das wird sie nur, weil sie für den Yogin eben bedeutet, was er nicht möchte: Bindung an die Welt, Familie, Sorgen um den Lebensunterhalt und Vergeudung einer für den Yoga sehr wichtigen Energie im sexuellen Akt. Denn alle Yogaschulen sind sich darin einig, daß die sexuelle Energie (Retas beim Mann, Rajas bei der Frau) in eine höhere Form der Energie (Tejas und Ojas) umgewandelt werden muß, damit der Yogin überhaupt höhere Bewußtseinserfahrungen machen und diese in sein Leben dauerhaft integrieren kann. Ansonsten mag es, wie das heute so oft der Fall ist, günstigstenfalls zu einem Aufhören des Fortschreitens im Yoga, aber leider auch zu irreführenden inneren Erlebnissen, falschen Imaginationen und ganz einfach einer Überlastung des Organismus durch die starken im Yoga wirkenden Energien kommen. Dies kann vor allem dann der Fall sein, wenn der Aspirant schon ein wenig fortgeschritten ist und keinen wirklich erfahrenen und, vom inneren Standpunkt aus gesehen, mächtigen Guru hat.

Aber auch für die Yoginī und ihre Haltung gegenüber Männern gilt umgekehrt dasselbe. Eine gewisse reservierte Haltung gegenüber dem anderen Geschlecht – und nicht dessen Romantisierung – kann dem Yogin oder der Yoginī also helfen, seinen/ihren Yoga fortzusetzen und nicht in die Dinge der Welt verstrickt zu werden. Bei einem modernen Yogin im Westen muß es wohl heißen: nicht in der Bindung an die Dinge der Welt festgehalten zu werden, damit er dazu fähig wird, den Dingen *innerlich* zu entsagen, auch wenn er äußerlich vielleicht ein zumindest scheinbar weltliches Leben führt.

Im Leitfaden zur Lehre der Siddhas finden sich des öfteren kritische Äußerungen gegenüber jeglicher Yogatechnik, denn für den Verfasser des Leitfadens zählt allein die innere Haltung, nicht äußere Gewandung, spektakuläre Übung, es zählt mehr die Beherrschung des Geistes als jene des Körpers. Daher muß man auch darauf bedacht sein, die Lehren der Nāthas als Ganzheit zu betrachten – die sich von in yogatechnische Details und die Beschreibung okkulter Kräfte verliebten Texten bis zu einem geringschätzigen Ton gegenüber diesen und der Verkündung des Ideals der vollkommenen Geisteshaltung, der hohen Meditation und der Hingabe an die innere Führung durch den Guru erstrecken.

Er wird zwar in den Texten nicht erwähnt, aber man kann bei den Nāthayogins, die ja einer viele Tausende Anhänger zählenden Bewegung angehörten, von einem Adhikārabheda ausgehen, wie es ihn bei den Tantras und auch in anderen Schulen gab. Daher waren die leichteren und mehr energetisch-technisch als psychologisch und spirituell anspruchsvollen Praktiken dem Anfänger (oder dem weniger Talentierten) zugedacht, hatten aber ebenso ihre Berechtigung wie schwierige Meditation oder vollkommene Lebensführung.

5. Siddhis – Die Kräfte des Siddha

Der Kuṇḍalinīyoga ist eng mit den Haṭhayoga-Praktiken verknüpft und im Hinblick auf die Texte ebenso wesentlicher Teil des Yoga der Nāthasiddhas. Der Leitfaden zur Lehre der Siddhas legt besonderen Wert auf das Konzept der Kuṇḍalinī und den mit ihr verbundenen Yoga. Das Erwecken der potentiellen Kuṇḍalinī-Energie und deren Höherführung vom niedersten zum höchsten Cakra wurde schon in der Einleitung kurz skizziert und wird weiter unten noch näher behandelt werden.

Will man das Verhältnis von Kuṇḍalinīyoga zum Haṭhayoga richtig verstehen, muß man wissen, daß die Vorstellung von der Kuṇḍalinī-Energie und die Notwendigkeit ihrer »Erweckung« vielen Haṭhayoga-Techniken zugrunde liegt. Außerdem scheint die Erweckung der Kuṇḍalinī als Voraussetzung dafür gegolten zu haben, daß der Siddha okkulte Kräfte erlangen konnte, deren wundersame Anwendung bei den Nāthas vor allem in den Legenden einen sehr großen Raum einnimmt.[12] Diese Geschichten und Legenden, die in Indien sehr populär und besonders in Bengalen, der Heimat der meisten Siddhas und auch vieler bekannter Nāthasiddhas, weitverbreitet sind, haben zuweilen nichts anderes zum Inhalt als die Demonstration von übernatürlicher, okkulter Kraft und Magie der Yogins. Dabei treten die in der Einleitung des Buches erwähnten acht klassischen Siddhis des Yoga ganz zurück, und phantastische Kräfte und Möglichkeiten bestimmen den Gang der Ereignisse.

Okkulte Kräfte sind in Indien wie in anderen Teilen der Welt seit ältester Zeit, spätestens seit dem Atharvaveda, bekannt und Quelle von Wunder und Schrecken zugleich. Nicht einmal der strenge frühe Buddhismus hatte sie geleugnet, sie heißen dort Iddhis (von Sanskrit Ṛddhi) oder Abhijñās. In allen Yogaschulen spielen okkulte Kräfte eine meist wichtige Rolle, aber im Haṭhayoga, in den Kuṇḍalinīyoga-Traditionen und den Schriften der Nāthasiddhas nehmen sie eine besonders bevorzugte Stellung ein, auch wenn sie, und das ist sicherlich ein grundsätzlicher Unterschied zwischen der Geisteshaltung des Westens und jener Indiens, niemals so sehr im Zentrum des Interesses der Praktizierenden standen wie im abendländischen Okkultismus. In Indien wird niemals das eigentliche Ziel aus den Augen verloren, die Kräfte des Yogin sind nur Unterstützung und Hilfe. Nach Ansicht jener, die ihnen abgeneigter sind, etwa den Vedāntins, stellen sie sogar ein Hindernis dar, weil sie die Gefahr in sich bergen, daß man sich in ihnen und ihren Möglichkeiten verliert oder sich egohaft in ihnen verstrickt.

Aber von allen großen spirituellen Gestalten Indiens, seien es nun Yogins oder Vedāntins oder Vishnuiten, sind Legenden von übernatürlichem Wirken überliefert. Über die Siddhas und Nāthayogins wird sogar erzählt, sie hätten sich nicht mehr auf der Erde fortbewegt, sondern seien nur mehr durch die Lüfte geflogen. Das ist sicherlich reine Legende, obschon Fliegen als okkulter Prozeß und Möglichkeit, vielleicht als eine Art astrale Reise oder reine innere Schau ferner Orte, auch auf schamanischer Kulturstufe überliefert ist[13] – ganz abgesehen von der oft beobachteten Kraft von Yogins oder auch von Heiligen im Westen (z. B. Teresa von Avila), sich in der Meditation in die Lüfte zu erheben, zu levitieren, d. h. zu fliegen.

Betrachtet man nun die Legenden der Nāthayogins, möchte man zunächst meinen, Okkultismus und Magie hätten ihnen fast alles bedeutet. Doch ihre Yogawerke belehren eines Besseren. Sri Aurobindo weist darauf hin, daß die indischen Yogasysteme nicht nur ein rein eskapistisches Heilssystem waren und sind, sondern ebenso eine psychologische Wissenschaft, für die alle höheren Entwicklungsmöglichkeiten des Menschen von Bedeutung sind. Für den Yogin zählen eben nicht nur jene Fähigkeiten des Menschen, die direkt und gefahrlos zum Ziel der Befreiung führen, sondern auch jene, mit denen er in der Welt ein höheres, machtvolleres Wirken entfalten kann.[14] Für den Nāthayogin bedeuten diese Fähigkeiten, wie unwesentlich sie angesichts seines großen Ziels auch erscheinen mögen, dennoch einen weiteren Schritt zur Identifikation mit Śiva, dem Allmächtigen: Der ans Ziel gelangte Yogin streift durch die Welt wie Bhairava (eine Form Śivas) selbst und ist fähig, alles zu vollbringen und allen zu helfen.[15]

Der populäre Glaube, aus dem die Legenden und Erzählungen entsprungen sind, hält sich stets mehr an das

Phantastische und Sensationelle oder auch Ehrfurchterregende, schmückt aus und billigt der Phantasie einen großen Raum zu. Diese scheint dann in manchen Legenden beinahe Amok zu laufen, so sehr fließen sie über mit okkulten Taten, Wundern und phantastischen Begebenheiten, so daß das, was die Yogins in ihrem Herzen wirklich hochschätzen, manchmal stark in den Hintergrund gedrängt wird.

Neben den Legenden mit dem wunder-vollen Wirken der Yogins, die sich in andere Wesen verwandeln, Göttern und Dämonen gebieten und allen Waffen und Kräften der Welt widerstehen, lassen sich noch einige weitere Beispiele für die Machtentfaltung der Siddhas anführen:

> »Als Gorakṣanātha einer verärgerten Prinzessin Liebe und Heirat verwehrt, gibt er ihr kurzerhand sein zerschlissenes Gewand und weist sie an, dieses zu waschen und das schmutzige Wasser zu trinken. Nachdem sie so getan hat, wird sie schwanger und gebiert den heißbegehrten Sohn Gorakṣanāthas...
>
> Der Baumeister der Götter, Viśvakarman, versorgt Gorakṣanātha mit dem notwendigen Schmuck, als dieser sich zur Rettung Matsyendranāthas in eine Tänzerin verwandelt. So gebietet Gorakṣanātha den Göttern... Und als er seinen Meister von dessen Yogīschaft überzeugen möchte, demonstriert Gorakṣanātha eindrucksvoll seine Kräfte. Er spaltet den in der Stadt geborenen Sohn Matsyendranāthas in zwei Teile, wäscht diese und läßt sie zum Trocknen in der Sonne hängen. Mit einem Fingerschnippen fügt er sie wieder zusammen und reiht ihn wieder unter den Lebendigen ein.
>
> Als Gorakṣanātha Maynāmatī Initiation in den Yoga gewährt, versorgt er die 120 Millionen Yogins und deren 130 Millionen Schüler, die zur Einwei-

hung gekommen waren, mit Reis, gekocht aus einem einzigen Reiskorn. Als alle satt waren, war im irdenen Topf noch immer Reis für einen Yogin übrig.«[16]

Viele solcher Geschichten werden in Bengalen auch vom Hāḍi-Siddha (Jālandharī-pā) und der Königin Maynāmatī erzählt.

Der Schlüssel des Yogin zu derartiger Beherrschung der Natur ist für ihn die praktisch umgesetzte Erkenntnis, daß sein subtiler (und letztlich ebenso sein grobphysischer) Körper nicht nur analog, sondern *gleich* dem Universum, dem kosmischen Körper ist. Beherrscht er daher Energien, »Winde« und Abläufe in seinem Körper, dem Mikrokosmos (vyaṣṭi), kann er diese Herrschaft auch auf die Welt um ihn herum ausdehnen, auf den Makrokosmos (samaṣṭi). Die Energien, welche durch seine subtilen Nerven und durch seine Cakras fließen, stammen aus dem Kosmos, und durch sie kann er die Kräfte des energetischen Universums und seiner Welten für sich nutzbar machen, sie durch sich freier strömen und wirken lassen und sie dann alle nach seinem Willen handhaben, innen wie außen.

6. Der Haṭhayoga und die subtile Physiologie

Der Haṭhayoga ist eng an den Namen Gorakṣanātha und die Nāthayogins geknüpft. Gorakṣanātha soll die verlorengegangene Schrift »Haṭhayoga« verfaßt haben. Ein wichtiger erhaltener Haṭhayogatext Gorakṣanāthas, der oft sogar als Gründer des Haṭhayoga gesehen wird, ist das »Gorakṣaśatakam«. Der Haṭhayoga scheint für eine gewisse Zeit, vielleicht auch aufgrund einer Wiederbelebung dieses Yoga durch Gorakṣanātha und andere, *der* Yogaweg der Nāthayogins gewesen zu sein, wenn auch andere Richtungen, die Tantras bzw. der Kuṇḍalinīyoga, Gebrauch von seinen Techniken machten. In späteren Jahrhunderten erlangte der Haṭhayoga dann eine noch weitere Verbreitung oder wurde auch nicht mehr als der Yoga der Nāthas schlechthin angesehen, auch weil ihr Sampradāya an Bedeutung verlor.

Deshalb sind neben den Nāthatexten noch eine Anzahl anderer Werke von großer und heute eigentlich viel größerer Wichtigkeit für den Haṭhayoga. Diese sind jedoch nicht mehr klar sichtbar mit den Nāthayogins verknüpft. Als heute autoritative Texte für den Haṭhayoga sind vor allem die »Haṭhayogapradīpikā«, die »Gheraṇḍasaṃhitā« und die »Śivasaṃhita« zu nennen. Auch viele Yoga-Upanishaden sind für diesen Yoga von großer Bedeutung. Der Haṭhayogapradīpikā, dem vielleicht wichtigsten dieser Texte, wird allerdings nachgesagt, sie gründe auf Gorakṣanāthas verlorengegangener Schrift »Haṭhayoga«.[17]

All diese Texte, sowie die Haṭhayogins selbst, widmen sich fast ausschließlich der Physiologie und Praxis der Haṭhayoga-Techniken, für Philosophie und eigentliche Meditation bleibt sehr wenig Raum. Letzteres bleibt ganz bewußt anderen Yogalehren, wie sie in Abhandlungen des Rājayoga über Konzentration und Meditation oder mehr philosophischen Texten wie der Siddha-Siddhānta-Paddhati zu finden sind, vorbehalten. Der Haṭhayoga versteht sich als Fundament, als eine wenn auch oft weitreichende Vorbereitung auf die eigentliche Meditation und Kontemplation, obwohl es hier natürlich fließende Übergänge und Überschneidungen gibt. Zu solchen mehr meditative und psychologisch-spirituelle Ergebnisse hervorbringenden Übungen des Haṭhayoga zählen die Khecarīmudrā oder der weiter unten besprochene Nādānusandhāna (das Hören auf die inneren Klänge). Andererseits erhebt der Haṭhayoga zuweilen auch den Anspruch, zum Ziel einer

Trance (Mahābodha)[18] führen zu können oder, durch die meditativen Stufen des Rājayoga ergänzt, einen Yoga für sich darzustellen und nicht nur Vorbereitung oder Teil eines anderen Yoga.[19]

Freilich bestehen enge Verbindungen zwischen Konzepten und Praktiken des Haṭhayoga und dem für die tantrischen Schulen so bedeutenden Kuṇḍalinīyoga sowie mit dem Rājayoga, den meditativen Techniken. So muß der Haṭhayoga im Zusammenhang mit dem Kuṇḍalinīyoga gesehen werden, denn viele seiner Techniken haben die Erweckung der Kuṇḍalinī-Kraft zum Ziel, wenngleich sie dabei wohl nur eine wichtige unterstützende Funktion innehaben können.[20]

Für den Yogin gibt es nicht bloß den physischen Körper, den Geist und das Selbst. Für ihn existiert, wahrgenommen vom übenden Yogin und geschaut in seiner Meditation, real und experimentell erfahrbar in seinen Funktionen, ebenso ein subtiler Körper, der dem physischen Körper näher ist als dem Geist. Die Energien, welche durch ihn fließen, strömen auch durch das All, es finden sich in ihm Sonne und Mond, in ihm schlummern verschiedene Welten, die Stufen der Entwicklung des Bewußtseins darstellen, bewohnt und voller Gefahren wie Möglichkeiten. Das ist die kosmische Tiefe des individuellen Körpers. Man braucht nur die Tür aufzustoßen, um in einem bestimmten Teil des subtilen Körpers ganze Welten betreten zu können.

So wie in der vedāntischen Philosophie das individuelle Selbst eins ist mit dem universellen (und ebenso mit dem transzendenten) Selbst, so ist in gleicher Weise der individuelle Körper eins mit dem physischen und subtilphysischen, energetischen Kosmos; aber dies eben nicht als Teilhabender an Stoff und Energie, sondern als ein Gleiches oder gar als dasselbe, als ein Universum in mikrokosmischer Form, in dem erfahren und vollbracht werden kann, was im makrokosmischen Universum erfahren und vollbracht werden kann.

Die Yogins müssen den subtilen ebenso wie den physischen Körper kennen, denn:

> »Wie können jene Yogins ihr Ziel erreichen, in ihrem Körper die sechs Cakras, 16 Ādhāras, die 300 000 subtilen Nerven und die fünf Räume nicht kennen, welche den eigenen Körper nicht als ein Haus mit einer Säule, neun Toren und beherrscht von fünf Gottheiten wissen?«[21]

Für Haṭhayoga und Kuṇḍalinīyoga ist die Kenntnis dieses Aspektes des Menschen unumgänglich. Und nicht nur die Kenntnis reicht, der Yogin muß auch die Cakras öffnen, die subtilen Nervenbahnen reinigen, die »Winde« beherrschen, um sein Ziel erlangen zu können.

Man hat vielfach versucht, die Cakras (Energiezentren) mit verschiedenen Nervenzentren im physischen Körper oder die subtilen Energiebahnen (Nāḍīs) mit Adern oder Nervenbahnen gleichzusetzen. Die Nāḍīs oder Cakras mögen Entsprechungen im groben Körper haben, die Yogins sprechen aber den subtilen Körper an, üben mit ihm auch ihre spirituellen Techniken und nehmen ihn nach eigenen Aussagen konkret wahr.

Es handelt sich um die Erfahrung nicht-physischer Energien und ebenso yogischer Zustände, die mit Hilfe von subtilen Energiezentren zugänglich werden. Außerdem sind solche Zustände und inneren Erfahrungen letztlich nur durch Meditation oder energetische Übung zu erlangen, nicht durch irgendwelches Einwirken auf den grobphysischen Körper. Der Haṭhayoga wird zwar ebenso mit dem »groben« Körper geübt, aber die geistig-energetischen Übungen und die weiterführenden meditativen Methoden sind es, die den Yogin an sein Ziel bringen. Die physische Methode ist nur das Vorbereiten des Opferplatzes, die subtilphysisch-energetische das Darbringen des

Opfers, aber Meditation und Kontemplation (Samādhi) sind die gegen den Himmel strebende Opferflamme, die die Reichtümer Gottes herabruft.

Die wichtigsten Merkmale des subtilen Körpers (sūkṣma Śarīra) sind die zehn Winde (Vāyus), die subtilen Nervenbahnen (Nāḍīs) und die Energiezentren (Cakras). Einige Texte kennen noch andere wichtige Aspekte, so werden im Leitfaden zur Lehre der Siddhas noch 16 »Gefäße« (Ādhāras) erwähnt, die eine Art Energiepunkt darstellen, und fünf innere Räume (Vyomāni). Ebenso ist in vielen Texten von einem »Knollen« (Kanda, Mūlakanda) oder Yoniṣṭhāna im Bereich der Sexualorgane die Rede, der verschieden lokalisiert wird und oft als der Ursprung der Nāḍīs betrachtet wird.

In anderen Texten finden sich noch Besonderheiten und besondere Beschreibungen von verschiedenen Zentren und Gegebenheiten im subtilen Körper, die von der gängigen Betrachtungsweise bisweilen erheblich abweichen. Die Triśikhibrāhmaṇa Upaniṣhad zum Beispiel spricht über das Körperzentrum der Wesen in sehr ungewöhnlicher Weise:[22]

> »In der Mitte des Körpers befindet sich der Sitz des Feuers, leuchtend wie geschmolzenes Gold, dreieckig in Zweifüßern, viereckig in Vierfüßern, rund in Vögeln, sechseckig in Schlangen, achteckig in Insekten und hell wie eine Lampe.«

Schon in den älteren Upanishaden ist von fünf Atemwinden die Rede, aber im Haṭhayoga wird diese Liste der fünf Atemwinde um weitere fünf Winde verlängert, die allerdings nicht mehr als Atemwinde im engeren Sinne zu verstehen sind.[23] Die fünf Atemwinde heißen *Prāṇa*, der »Aushauch«, *Apāna*, der »Weghauch«, *Samāna*, der »Zusammenhauch«, *Udāna*, der »Aufhauch« und *Vyāna*, der »Durchhauch«.

Von diesen ist Prāṇa, was auch Lebensenergie und, in

den alten Upanishaden, das kosmische Lebensprinzip bedeutet, der wichtigste. Er hat seinen Sitz im Herzen und ist der Atem und das Leben schlechthin. Apāna befindet sich im unteren Bereich des Bauches und im Anus. Er ist in der Hauptsache das Prinzip der Ausscheidung von Abfall und Giften aus dem Körper. Samāna liegt im Nabel, ist die feurige Kraft der Verdauung und trocknet den Körper aus. Udāna ist in der Kehle und beherrscht die Sprechfunktion sowie Hände und Füße. Vyāna durchweht den gesamten Körper und hat vielerlei Funktionen, unter anderem das Verteilen der Nahrung. Weitere fünf Winde sind zu nennen: Nāga bewirkt Aufstoßen und befreit und belebt; Kūrma steuert das Öffnen und Schließen der Augen; Kṛkala oder Kṛkara bewirkt Niesen und Hunger; Devadatta ruft Gähnen hervor; Dhanañjaya läßt Töne im Körper erklingen und den toten Körper anschwellen. Von diesen allen sind für den Yoga vor allem Prāṇa und Apāna, die vereinigt werden müssen, von Bedeutung.

Die subtilen Nerven- oder Energiebahnen sind den meisten Texten zufolge 72000 an der Zahl, von diesen spielen 72 eine wichtige Rolle, erwähnt werden aber meist nur zehn. Die drei wichtigsten sind zweifellos *Iḍā*, *Piṅgalā* und *Suṣumnā*, die sich links, rechts und in der Mitte der Wirbelsäule befinden. Iḍā und Piṅgalā führen zu den Nasenöffnungen und können daher durch Atemübungen beeinflußt werden, was im Haṭhayoga enorme Bedeutung erlangt, denn die Harmonisierung und Steuerung der Energien von Iḍā und Piṅgalā sind ein Schlüssel zum Erfolg im Yoga. Suṣumnā wiederum führt zur Öffnung des Brahman am Scheitel. Die erwachte Kuṇḍalinī-Kraft steigt in ihrem Innern vom Steißbein, dem untersten Energiezentrum, bis zum Scheitel auf und bewirkt die Vereinigung mit dem Göttlichen. Deswegen heißen sie auch Śaktimārga, Pfad der Śakti, Madhyamārga, der Mittlere Pfad, und Mahāpathā, die Große Straße.[24] Alle drei Nāḍīs an bzw. in der Wirbelsäule werden auch mit Indiens drei großen heiligen Flüssen in Verbindung gebracht, Iḍā mit Gaṅgā, Piṅgalā mit Yāmunā (heutige Jumna) und die Suṣumnā mit dem heute ausgetrockneten Sarasvatī. Iḍā und Piṅgalā entspringen wie alle Nāḍīs im Kanda zwischen Geschlechtsorgan und Anus und bilden an den sechs Cakras mit der Suṣumnā Kreuzungspunkte. Drei von ihnen ballen sich zu regelrechten Knoten (Granthis), welche besonders intensive Punkte der Weltunwissenheit im Bewußtsein und im sūkṣma Śarīra darstellen. Diese Granthis liegen im untersten Cakra, im Nabel und an der Stirn.

Die restlichen sieben Nāḍīs sind *Gāndhāri*, die im linken Auge endet (in der Siddha-Siddhānta-Paddhati = SSP heißt es: im linken Ohr), *Hastijīhvikā* im rechten Auge (SSP: rechtes Ohr), *Puṣā* im linken Ohr (SSP: in einem Auge), *Yaśasvinī* im rechten Ohr, *Alambuṣā* im Mund (SSP: in einem Auge), *Kuhū* am männlichen Geschlechtsorgan (SSP: am Anus) und die *Śaṃkhinī* am Anus (SSP: an der Geschlechtsöffnung). Die Siddha-Siddhānta-Paddhati fügt hier hinzu, daß die Śaṃkhinī von hier über die Wirbelsäule zum Brahmarāndhra (Öffnung des Brahman) verläuft. In Gorakṣanāthas Amaraughaśāsana wird die Śaṃkhinī in der schon bekannten Weise als ein gebogener Kanal im Kopf beschrieben, der von der Mundhöhle zum Scheitel zu führen scheint.

Erst durch die Reinigung der Nāḍīs mittels geeigneter Techniken wie Āsanas (Körperhaltungen), Prāṇāyāma, Bandhas und Mudrās[25] sowie durch Konzentrations- und Meditationstechniken wird der Suṣumnā-Kanal geöffnet, und die Kuṇḍalinī kann ihren Weg nach oben gehen. Die Kuṇḍalinī darf aber keinesfalls den »rechten oder linken Weg« (Iḍā oder Piṅgalā) nehmen, denn diese seien »Fallen«[26] und bewirken oft sehr unangenehme Erscheinungen, von körperlichen bis zu psychischen Beschwerden, von Krankheit bis zu Wahnsinn. Sie muß also in der Suṣumnā hochgeführt werden, und damit verschwinden

Begrenzung, Verdienst und Schuld, Tod und Zeit für den Yogin. Man erlangt sein Ziel nur, wenn man sich an den »Mittelweg« hält.

Die meisten hinduistischen Yogatexte kennen sechs oder sieben Cakras. Andere Schriften, wie die Siddha-Siddhānta-Paddhati, beschreiben neun Cakras,[27] ein zusätzliches Cakra am Gaumen und noch zwei kleinere innerhalb des Tausendspeichigen Rades (= »Cakra«) am Kopf.

In traditionellen Beschreibungen bzw. in der inneren Schau der Yogins wird jedes Cakra nach außen als »Rad« von Energiestrahlen sichtbar und ist im Innern eigentlich ein Lotus (Padma), der eine bestimmte Anzahl von Blütenblättern besitzt. Diese Lotusse lassen ihren Blütenstand nach unten hängen, bevor sie durch yogische Methoden »geöffnet« werden. Im geöffneten Zustand drehen sie dann ihre Blüte nach oben, dem Göttlichen zu, ganz so wie ein Lotus seine Blüte zur Sonne hin öffnet und sie in der Finsternis schließt.

Am besten lassen sich die Cakras in Anlehnung an das bekannteste und heute autoritativste Werk über die Cakras, dem Ṣaṭcakraṇirūpaṇa (»Beschreibung der sechs Energiezentren«), einem tantrischen Text aus dem 16. Jahrhundert, darlegen. Dieser Text kann als Grundlage für eine gewissermaßen »standardisierte« Beschreibung der Cakras dienen.

Mūlādhāra liegt an der Basis der Wirbelsäule. Es erscheint als roter Lotus mit vier Blütenblättern, in dessen Mitte sich ein gelbes Quadrat, das Symbol für das Element Erde, befindet. In seinem Zentrum liegt ein Dreieck, das seine Spitze nach unten gerichtet hat und Kāmarūpa heißt. Im Innern des Dreiecks ist Svayambhū Liṅga (ein Symbol für Śiva) eingepaßt. Achtmal (in anderen Texte heißt es: dreieinhalbmal) um ihn gewunden, schläft die Kuṇḍalinī, hellleuchtend wie ein Blitz, und verschließt mit ihrem Kopf die Öffnung des Liṅgam. Damit versperrt sie die Tür des Brahman (nicht die Öffnung des Brahman im Kopf!), die der Zugang zur Suṣumnā ist. Dem Mūlādhāracakra sind das Element Erde und Apānavāyu zugeordnet. Seine Gottheit ist Brahmā, sein Samenklang (Bījamantra) ist LAM auf einem himmlischen (Airavata) Elefanten, und seine Farbe ist gelb.

Svādhiṣṭhāna liegt an der Wurzel des männlichen Geschlechtsorgans. Es erscheint als orangefarbener Lotus mit sechs Blütenblättern, in dessen Mitte sich ein weißer Halbmond abzeichnet. In der Mitte des Mondes befindet sich das Bījamantra des Cakras: VAM. Es reitet auf einem Seeungeheuer (Makara). Ihm sind das Element Wasser und der Prāṇavāyu zugeordnet. Seine Gottheit ist Viṣṇu, und seine Farbe ist weiß.

Maṇipura liegt am Nabel. Es erscheint als blauer Lotus mit zehn Blütenblättern. In der Mitte des Lotus befindet sich ein rotes Dreieck. Ihm sind das Element Feuer und der Samānavāyu zugeordnet. Seine Gottheit heißt Rudra, sein Bījamantra ist RAM, auf einem Widder reitend, und seine Farbe ist rot.

Anāhata ist in der Herzgegend angesiedelt. Es gilt als Sitz des Prāṇa und umfaßt die Seele. Es erscheint als rotgoldener Lotus mit zwölf Blütenblättern. In der Mitte des Lotus befindet sich ein Sechseck, d. h. zwei übereinanderliegende Dreiecke, in dessen Zentrum sich ein goldenes Dreieck abhebt, das den Bāṇa Liṅga einschließt. Diesem Cakra ist das Element Luft und Vyānavāyu zugeordnet. Seine Gottheit ist Īśa, sein Bījamantra ist YAM auf einer Antilope, und seine Farbe ist wie der Rauch.

Viśuddha liegt am Kehlkopf. Es erscheint als rauchroter Lotus mit 16 Blütenblättern. In dessen Mitte schwebt ein weißer Kreis im blauen Raum. Ihm werden das Element Äther (Ākāśa) und Udānavāyu zugeordnet. Seine Gottheit ist Sadāśiva als Ardhanarīśvara (Śiva halb männlich, halb weiblich), sein Bījamantra ist HAM auf einem weißen Elefanten, und seine Farbe ist weiß.

Ājñā liegt zwischen den Augenbrauen. Es erscheint als weißer Lotus mit zwei Blütenblättern. In der Mitte des Lotus befindet sich ein nach unten gerichtetes Dreieck, in dessen Zentrum Itara Liṅga. Es sind ihm die Geisteskräfte (Manas) und die Gottheit Śambhu (eine Form von Śiva) zugeordnet. Sein Bījamantra ist OM.

Das **Sahasrāracakra**, das strenggenommen kein Cakra mehr ist, befindet sich auf dem Kopf. Es hat 1000 Blütenblätter, welche nach unten hängen. Sie tragen zwanzigmal die 50 Buchstaben des Sanskrit-Alphabets. Es ist der Ort der Vereinigung von Śiva und Śakti. In ihm befindet sich ein strahlender Vollmond, in dessen Innerem ein blitzartig leuchtendes Dreieck aufscheint. Über diesem »strahlt die Große Leere«. Von den Śaivas wird er die Wohnung Śivas genannt, von den Vaiṣṇavas die Wohnung des Parama Puruṣa (Höchstes Wesen), und die Śāktas nennen ihn den Aufenthaltsort der Göttin.

7. Die Kuṇḍalinī-Kraft

Die Kuṇḍalinī-Kraft[28] ist das göttliche Bewußtsein in seinem schöpferischen Aspekt als Kraft. Durch das Wirken der göttlichen Śakti entstand diese Welt, wird sie aufrechterhalten und stets gewandelt. In ihrem höchsten Aspekt ist sie transzendent und untrennbar eins mit Śiva, aber auch hier wird sie schon zur Kuṇḍalinī-Śakti. Aber sie besitzt noch andere Seinsformen ihrer selbst. Sie existiert auch als die Walterin im Universum, und durch ihre Kraft eben lebt und bewegt sich das All. Im Menschen »schläft« die Śakti als die »untere«, im Individuum wohnende Kuṇḍalinī-Śakti, als die Basis seines Lebens und seiner

Energien. Und weil sie nach außen blickt (bahirmukhī) in ihrem Schlaf, der potentielle Energieform bedeutet, wie das Wort Kuṇḍalinī selber (»eingerollte Schlange«), sind wir im Getriebe dieser Welt befangen. Der Mensch wird, solange die Kuṇḍalinī schläft, ganz von der Māyā der Welt in Anspruch genommen, er hält den Körper und sein äußeres Ego für das wahre Selbst und verwickelt sich dadurch in das Rad des Lebens mit seinen Zyklen von Geburt und Tod.

Wenn die Einzelseele die Welt als verschieden von sich und dem Brahman erkennt, so geschieht das unter dem Einfluß der Kuṇḍalinī. Ihr Schlaf im Mūlādhāra bedeutet damit die Knechtung des Unwissenden. Das heißt, wenn sie schläft, dann befindet sich der Mensch im Wachzustand. Darum sagt man: »Die Śakti des Eingeweihten wacht, die des normalen Menschen schläft.« Und darum erweckt man sie aus dem Schlaf, und wach kehrt sie zurück zu ihrem höheren Teil, zu ihrem eigenen Selbst als höchste Śakti, die völlig eins ist mit Śiva. Darum wird in ihrem Höhersteigen die Welt mit ihren Erscheinungen wieder zurückgenommen, sie wird wieder von der höchsten Śakti, die sie hervorgebracht hatte, in sich aufgenommen.

Die Kuṇḍalinī ist also die individuelle, greifbare Repräsentantin der kosmischen Śakti. Sobald diese als Einzelbewußtsein auftretende Śakti in das Bewußtsein des höchsten Śiva aufgegangen ist, hat eine solche Seele die Welt für sich überwunden und die endgültige Befreiung erlangt. Unter dem Einfluß der Śakti ist jedoch für jene, die noch nicht befreit sind, das Universum noch im Gange. Das Erwecken und Aufrütteln der Kuṇḍalinī im Kuṇḍalinīyoga ist also eine Methode zur Auflösung des Individualbewußtseins im universellen Bewußtsein, ist die Vereinigung der beiden und das Endziel des Kuṇḍalinīyoga.

Wie Ananta, der oberste Herr der Schlangen, das ganze Weltgebäude auf seinem Haupt trägt, so trägt und erhält die Kuṇḍalinī den Körper am Leben. Der Yogin soll die Tür zur Befreiung mittels der Kuṇḍalinī aufstoßen, die die Repräsentantin der höchsten Śakti im menschlichen Körper ist. Als Schlangenkraft zusammengerollt, schlummert sie im Mūlādhāra und verschließt mit ihrem Maul den Zugang zur Suṣumnā, sie versperrt die Tür des Brahman und schläft auf dem Kanda, der vier Finger lang und breit ist und mit einem zarten weißen Gewebe überzogen ist. Seine Lage wird allgemein zwei Finger oberhalb des Anus und zwei unterhalb des männlichen Geschlechtsorgans angegeben.

Die Kuṇḍalinī ist Śabdabrahman, alle Mantras und Klänge dienen ihrer Manifestation. Sie entspricht Śiva als Schwingung, als Urschwingung des Universums. Alle Manifestationen des Alls, vom Geist bis zur Materie, setzen sich aus dieser Urschwingung zusammen, sind nur komplexe Schwingungsmuster dieser ersten Regung Gottes. Die Śakti bewirkt die Schöpfung, die den Menschen betört, und ebenso ist sie die Befreierin von allen Banden.

> »Sie, als die Weltbetörerin, leuchtet wie ein Blitz; ihr süßes Murmeln ist wie das undefinierbare Gesumm liebestrunkener Bienenschwärme. Sie ist der Urquell aller Sprache. Sie erhält am Leben alle irdischen Wesen durch den Ein- und Aushauch und leuchtet in der Höhle des Mūlalotus wie eine strahlende Lichterkette.«[29]

Die Kuṇḍalinī ist alle Mantras, und deshalb verwendet man Mantras zu ihrer Erweckung, denn die eigentliche Essenz der Mantras ist der ewige Urlaut, das ewige Bewußtsein, wenn man deren Erscheinungsweise auch in Laute und Worte kleidet. Die sechs Cakras und alles aus ihnen sich Entfaltende manifestieren die Kuṇḍalinī. Śiva ist im obersten Cakra, sie schläft im untersten, trotzdem sind sie beide eins. Die Kuṇḍalinī ist die Prāṇadevatā, die

Gebieterin der Lebenskraft, und wenn man Prāṇa durch den Mittelpfad, die Suṣumnā, in Richtung Brahmarāndhra hochführen will, muß man ihn zwangsläufig die Lotusse, welche den Weg versperren, durchdringen lassen. Daher »öffnet« die erwachte Kuṇḍalinī beim Höhersteigen der Lebenskraft die Lotusse, einen nach dem anderen.

Aber die Kuṇḍalinī läßt sich nicht einfach als Energie fassen, welche benutzt wird für die Zwecke des Yogin. Sie ist die göttliche Mutter in einer ganz besonderen Form ihrer selbst. Deshalb verehrt der aufrichtige Yogin sie und betrachtet seinen Yoga als das große Opfer und die Manifestation seiner Hingabe und seiner Liebe zur Śakti.

Gorakṣanātha räumt in der Siddha-Siddhānta-Paddhati im vierten Kapitel – auch der Beschreibung der Kuṇḍalinī einen großen Raum ein. Für ihn ist die Kuṇḍalinī die göttliche Śakti selbst, sie existiert nur in verschiedenen Aspekten ihrer Selbstform. Letztlich ist sie »der Ursprung, die Substanz und die Erfüllung von allem«.[30] Ebenso hat sie sowohl eine kosmische Form als auch eine individuelle, wird daher ganz ähnlich begriffen wie in den Tantras, deren Haltung Arthur Avalon in seinem Buch »Die Schlangenkraft« (»The Serpent Power«) wiedergibt, das auch für die obigen Ausführungen maßgeblich war.

Die göttliche Śakti ist nach Gorakṣanātha nicht nur die transzendente Grundlage des Kosmos (Ādhāraśakti), sondern sie wohnt selber allen Wesen und Dingen inne, sie bedingt sie und belebt sie mit ihrer Energie und mit ihrem Bewußtsein. Sie ist die sogenannte obere Kuṇḍalinī (Ūrdhvakuṇḍalinī) und lebt in höchster transzendenter Einheit mit Śiva. Aber sie ist ebenso die untere Kuṇḍalinī (Adhaḥkuṇḍalinī) und befindet sich in jedem Individuum. Sie bewirkt, da sie die zwei Erscheinungsformen »erwacht« und »nicht-erwacht« besitzt, im nicht-erwachten Zustand die Beschäftigung mit den äußeren Sinnen, ist Anstrengung und vielfältige Sorge. Ist sie erwacht, bewegt sie sich aufwärts, wobei der Yogin vielfältige Veränderungen in seinem Bewußtsein erfährt. Die mittlere Kuṇḍalinī (Madhyakuṇḍalinī) fungiert als Lenkerin der Wesen, als der Antaryāmin (der »Innere Lenker« der Upanishaden) im Herzen aller Wesen. Als wahre Form der Wesen vermag sie alle in ihrem inneren Bewußtseinslicht zu halten. Auch wenn sie sich in der äußeren Welt verlieren, hält die göttliche Mutter ihre Kinder fest in ihrer Umarmung.

Die obere Kuṇḍalinī aber, welche in eins fällt mit dem Namenlosen Absoluten, weilt nicht nur in den dem Yogin lange nicht zugänglichen Höhen des Geistes, sondern sie senkt sich in ihrer Gnade auf ihn herab und bewirkt langsam die Erkenntnis des Göttlichen. Erst dieser Śaktipāta, das Herabkommen der Śakti, läßt den Siddhayogin das Höchste erlangen. So steht die Kuṇḍalinī auch in einer engen Verbindung mit dem Guru, denn der Guru gewährt dem Schüler Śaktipāta und bringt die Kraft des höheren Bewußtseins auf ihn herab.

8. Haṭhayoga, Kuṇḍalinīyoga und Rājayoga

In den tantrischen und shivaitischen Werken spricht man häufig von vier Yogas: Mantrayoga, Haṭhayoga, Layayoga und Rājayoga. Es sind die vier großen Disziplinen des Yoga in den Tantras, den diversen Yogaschriften und den Yoga-Upanishaden. Man könnte noch den Nādayoga oder Nādānusandhāna (Yoga der inneren Klänge) als eigene Disziplin anführen, obwohl dieser als Teil der anderen Yogas gesehen wird. Manche Yogins verstehen diese vier Yogas als vier Stufen eines einzigen Yoga.[31] Der Mantrayoga als eine ganz spezifische tantrische Disziplin wird hier außer acht gelassen; dafür treten mehr der Haṭhayoga, der Laya- oder Kuṇḍalinīyoga (bezüglich dieser Identifikation gibt es verschiedene Ansichten) und die Meditations- und Konzentrationstechniken des Rājayoga, soweit diese in den Texten der Nāthayogins beschrieben werden, in den Vordergrund.

Der Haṭhayoga dient oft dazu, die Kuṇḍalinī zu erwecken und den Yogin vorzubereiten. Der Layayoga wiederum bewirkt das Höherführen der Kuṇḍalinī durch die Cakras bis zum Sahasrāra, wo die Vereinigung des individuellen Selbst mit Śiva erfahren wird. Ein wichtiger Aspekt scheint dabei das Lauschen auf den inneren Ton zu sein, eine Disziplin, welche auch bei den Nāthas eine große Rolle gespielt haben dürfte; eine so bedeutende sogar, daß man Gorakṣanāthas Yoga als Nādānusandhāna bezeichnet hat.[32] Die vorhandenen Schriften geben darüber jedoch wenig Auskunft.

Haṭhayoga

Der Haṭhayoga deckt im traditionellen achtgliedrigen Rājayoga nur das dritte und vierte Glied, nämlich Āsana und Prāṇāyāma, ab. Dabei besteht der Haṭhayoga aus viel mehr als nur Körperstellungen (Āsanas) und Atemübungen (Prāṇāyāma). Zu ihm gehören noch Bandhas (»Kontraktionen«) und Mudrās (»Haltungen«, »Siegel«) sowie die Ṣaṭkarmāṇi (»sechs Reinigungen«).[33]

Die Ziele und Methoden des Haṭhayoga als Grundlage für Kuṇḍalinīyoga und Rājayoga bzw. für andere höhere Stufen spiritueller Entwicklung, könnte man folgendermaßen zusammenfassen:

Ziele:
- Stärke und Gesundheit
- Unbeweglichkeit und Stille von Körper und Geist
- Erlangung psychischer Kräfte
- Die Erweckung der Kuṇḍalinī-Kraft (unterstützende Funktion)
- Das Offenbarwerden des inneren Klanges

Dazu muß erreicht werden:

- Reinigung und Stärkung des Körpers
- Das Zurückhalten des männlichen Samens bzw. der Sexualkraft
- Das Anhalten/Beherrschen des Atems
- Die Beherrschung/Harmonisierung von Sonne und Mond

Mittel zu diesen Zwecken:

- Ṣaṭkarmāṇi
- Āsanas
- Prāṇāyāma
- Bandhas
- Mudrās
- Konzentration auf die inneren Klänge
- Ernährungsdisziplin
- Enthaltsamkeit und reine Lebensführung

Ṣaṭkarmāṇi

Mit den eigentlichen Übungen gehen oft recht strikte Ernährungsvorschriften und die sechs Reinigungsübungen einher, die den Körper äußerlich wie innerlich entschlacken und für den Yoga geeignet machen sollen.[34]

Die sechs Reinigungsübungen sind:

Das Schütteln des Bauches (Naulī, Naulikī), bei dem versucht wird, den Bauch durch bloße Willensausübung hin und her zu bewegen, was den Beginn einer bewußten Beherrschung der glatten Muskulatur bedeutet und die Verdauung stärken und Krankheit »auftrocknen« soll.

Das Waschen des Darmes (Vasti, Basti), das entweder durch Einsaugen von Luft oder von Wasser in den Dickdarm und dessen Wiederausstoßen besteht. Das wird vom Yogin aber allein durch Kontraktion der Darmmuskulatur (z. B. im Wasser sitzend) bewerkstelligt.

Das Reinigen des Magens (Dhauti), bei dem ein etwa fünf Meter langer Stoffstreifen verschluckt wird, der anschließend wieder herausgezogen wird. Das reinige Magen und Speiseröhre.

Das Reinigen der Nase (Neti; im Westen auch »Nasendusche« genannt), mit dem Erkältungen und Verschleimungen vorgebeugt werden kann. Es besteht im Einziehen von Salzwasser in je ein Nasenloch, welches dann durch den Mund ausgespült wird. Yogins reinigen die Nase oft zusätzlich mit einer Schnur. Neti soll auch reinigende Wirkung auf den Kopf haben und viele Krankheiten heilen.

Das Fixieren des Blicks (Trāṭaka) wird auf ein kleines Objekt, ohne zu blinzeln, geübt, bis Tränen in die Augen treten.

Der Elefantenakt (Gajakaraṇī), bei dem man große Mengen Wasser trinkt und es danach erbricht, so wie ein Elefant Wasser einsaugt und es wieder ausstößt.

Āsanas

Unter den bekanntesten Haṭhayogaübungen kommt den Āsanas eine besondere Bedeutung zu. Āsanas werden in einfacher Form auch im Westen sehr häufig praktiziert.

Als Āsanas bezeichnet man sitzende, stehende und liegende Haltungen des Körpers mit oder ohne bestimmte, ruhige Bewegungen. Die meisten von ihnen sind sehr schwierig und müssen manchmal über längere Zeit hinweg erlernt werden. Es gibt eine nicht geringe Zahl von Āsanas. Die Haṭhayogapradīpikā beschreibt 15, die Gheraṇḍasaṃhitā 32 und die Śivasaṃhitā erwähnt 84 Āsanas. B. K. S. Iyengar beschreibt in seinem Haṭhayoga-Klassiker »Light on Yoga« sogar 200 Āsanas und Āsana-Variationen. Nach der Śivasaṃhitā sollen nur einige von ihnen allgemein praktiziert worden sein, nämlich der

Siddhāsana, der berühmte Lotussitz (Padmāsana) und zwei weitere Sitzhaltungen, die sich auch zur Meditation eignen.

Viele Āsanas beeinflussen die Körperfunktionen in einer intensiven Art und Weise (z. B. die Drüsenfunktionen), sie wirken auch kräftigend und heilend auf Gelenke, Knochen und Muskeln. Durch sie wird dem Körper vor allem eine Fähigkeit zu Ruhe und Entspannung vermittelt, ohne daß er in Schlaf verfällt. Sie energetisieren vielmehr auf eine stille und harmonische Weise, lassen Energien (wieder) fließen und bringen diese in Gleichklang. Damit bewirken sie gleichzeitig eine Reinigung der subtilen Energiekanäle, der Nāḍīs, und die Harmonisierung der Cakras. Einige von ihnen helfen auch bei der Erweckung der Kuṇḍalinī im Mūlādhāracakra. Ein Haṭhayogin verbringt täglich mehrere Stunden mit Āsanaübungen und erreicht dabei eine Körperbeherrschung, Geschmeidigkeit und ein jugendliches Aussehen, die schon viele Beobachter in Erstaunen versetzt haben.

Oft wird von Yogiṇs, vor allem Haṭhayogins, behauptet, daß sie ein sehr langes Leben hatten. Die Legenden, aber auch kritische westliche Wissenschaftler berichten wiederholt von Yogins, die mehrere Jahrhunderte gelebt haben sollen. Manche Yogins üben den Haṭhayoga auch weniger aus, um seine spezifischen Ziele zu erreichen, sondern einfach um ihr Leben zu verlängern, denn ein langes Leben bedeutet für sie mehr Gelegenheit, ihr spirituelles Ziel zu erreichen. Außerdem wird ein starker und gesunder Körper als unumgänglich für die erfolgreiche Ausübung jedes Yoga betrachtet, und Haṭhayoga, insbesondere seine Āsanas, leistet hier wertvolle Dienste.

Prāṇāyāma

Prāṇāyāma, die »Beherrschung des Atems«, umfaßt ein System von Atemübungen und stellt die zentrale Disziplin des Haṭhayoga dar. Prāṇāyāma reinige die Nāḍīs, helfe, die Kuṇḍalinī zu erwecken und verleihe außergewöhnliche psychische Kräfte. Er soll alle Sünden vernichten, d. h., er soll die Wirkung vergangener Missetat im eigenen Bewußtsein und Schicksal zunichte machen. Deshalb ist Prāṇāyāma in Indien heute der wohl beliebteste Weg, um nach gefühlter Reue gegen seine Sünden vorzugehen, und wird häufig in einfacher Form zu diesem Zweck geübt.

Für den Yogin am wichtigsten ist aber die Erlangung der Herrschaft über den Atem, die Beeinflussung von Atem- und Herzrhythmus und, gemeinsam mit den anderen Haṭhayogaübungen, des gesamten neuro-vegetativen Systems. Diese Herrschaft über den Atem bringt vor allem die ersehnte Frucht eines ausgedehnten Kumbhaka, eines langen Atemanhaltens bzw. Aussetzens des Atems, was für fortgeschrittene Yogaübungen, für das Stillmachen des Denkens und das Stabilisieren des Bindu (des Semen virile) von großer Hilfe ist. Den Bindu zu »stabilisieren« bedeutet, ihm seine ständige Bewegung zu nehmen, ihn vor dem Ausstoßen zu bewahren und für den Yoga als mächtige Energie zu nutzen. Neben der damit erfolgenden Beherrschung des nach der Außen- statt nach der Innenwelt drängenden Sexualtriebs des Menschen steht die Nutzung sexueller Energie für den Haṭhayogin wie für jeden anderen Yogin im Vordergrund.

Der Vedāntin oder der Verehrer Viṣṇus versucht seine Sexualkraft durch seine Willenskraft oder durch Liebe zu Viṣṇu in eine Energie umzuwandeln, die ihn bei der Erlangung von wahrer Erkenntnis und Einheit mit dem Göttlichen unterstützt. Der Haṭhayogin oder Kuṇḍalinīyogin benutzt dafür technische, klar beschriebene Übungen, die aber von anderen Yogins ebenfalls als Hilfe herangezogen werden. Zu diesen Übungen zählen in der Hauptsache Prāṇāyāma sowie die mit dem Prāṇāyāma häufig verbundenen Bandhas und Mudrās.

Prāṇāyāma besteht aus mehreren Teilen: dem Einatmen

(Pūraka), dem Ausatmen (Recaka) und dem Anhalten des Atems (Kumbhaka). Zuweilen wird hier noch das Einreiben mit dem beim Üben entstandenen Schweiß, der besondere Energie trage, als vierter Teil angefügt.

Im ersten Stadium des Prāṇāyāma beginnt der Yogin zu schwitzen, dann zu zittern, und schließlich springe er wie ein Frosch umher und erhebe sich in die Lüfte.[35] Atemübungen gibt es nicht allzu viele. Alain Daniélou[36] erwähnt neun verschiedene Formen, mit je verschiedenen Wirkungen, Bei der bekanntesten und wichtigsten Übung, dem Anulomaviloma-Prāṇāyāma, wird die Atemluft abwechselnd durch die beiden Nasenlöcher ein- und ausgeatmet, mit einem längeren Anhalten des Atems im eingeatmeten Zustand und manchmal einem sehr kurzen Anhalten im ausgeatmeten. Der Grundrhythmus dabei ist meist 1–4–2, das heißt, eine Zeiteinheit (ca. eine Sekunde) einatmen, vier Sekunden Atem anhalten und zwei Sekunden ausatmen. Der Yogin jedoch beginnt bei dem Rhythmus 4–16–8 und geht weiter zu 16–64–32 oder gar darüber hinaus. Dies wird von der gedanklichen Wiederholung des Mantras OM, das auch zum Zählen dient und den Geist des Yogin auf das Göttliche lenkt, unterstützt. Der fortgeschrittene Yogin übt dies mehrere Stunden pro Tag und erlangt, neben großer Stärke und einer Läuterung seiner Energien und seiner Nāḍīs, die Fähigkeit zu längerem Kumbhaka. So könne er sogar *Kevalakumbhaka* erreichen, das völlige Anhalten des Atems, was manche Yogins während ihrer viele Stunden dauernden Meditation praktizieren sollen, um dadurch ihre Meditation zu vertiefen.

Übt der Yogin Prāṇāyāma, muß er strenge Ernährungsvorschriften befolgen, sexuell enthaltsam leben und sich milde verhalten. Vor allem aber braucht er einen kompetenten Lehrer für seine Atemübungen. Denn sonst läuft er Gefahr, seine Lungen durch falsches Vorgehen zu überanstrengen und ihnen großen Schaden zuzufügen.

Mudrās und Bandhas

Die am wenigsten bekannten und esoterischsten Teile des Haṭhayoga sind sicherlich Mudrās und Bandhas. Daniélou kennt 25 Mudrās und Bandhas, von denen bei der Beschreibung der Khecarīmudrā die schwierigste und wichtigste Übung schon vorgestellt wurde. Eine wichtige Rolle spielen Mahāmudrā, Yonimudrā und die kuriose Vajrolīmudrā, ebenso Mūlabandha und Jālandharabandha, die zusammen mit Prāṇāyāma geübt werden, sowie der Uḍḍiyāṇabandha.[37]

Die Mudrās und Bandhas haben meist den Zweck, den Bindu (oder den Apānavāyu) nach oben steigen zu lassen und ebenso den Nektar des Mondes im Kopf nicht »hinabfallen« zu lassen.

Prāṇāyāma, Mudrās und Bandhas haben aber auch deswegen eine besondere Bedeutung für den nach einem höheren Bewußtsein Strebenden, weil eine Verbindung von Atembeherrschung, Stabilisierung von Bindu und Beruhigung des Denkens besteht. Denn diese drei, Bindu, Prāṇa und Manas oder Citta (Denken, Gemüt) sind eng miteinander verbunden, und die Beherrschung und Ruhigstellung von einem beruhigt, »stabilisiert« die anderen. Das wird für den Yogin zur unumgänglichen Notwendigkeit für seine höhere Meditation, die ja letztlich einen gedankenstillen Verstand erfordert.

Die höchsten Stufen des Haṭhayoga

Als Ergebnis der intensiven Übung der Āsanas, aber vor allem von Prāṇāyāma mitsamt Mudrās und Bandhas, manifestieren sich im Bewußtsein des Yogin Phänomene, oder gehen Veränderungen vor sich, die schon über den eigentlichen Haṭhayoga hinausweisen. Das Denken löst sich in Stille auf, der Yogin erfährt durch die Khecarīmudrā oder die Yonimudrā eine innere Wonne, er erlangt außerordentliche geistige Kräfte, er wandelt seine Sexualkraft in geistige Energie (Ojas) um, bringt dadurch den

Bindu zum Stillstand und zwingt so den durch Iḍā und Piṅgalā fließenden Prāṇa in die Suṣumnā. Dazu muß er unter Zuhilfenahme von Meditationstechniken aber noch die Kuṇḍalinī im Mūlādhāra erwecken.

Für den Yogin beginnt erst hier sein eigentlicher »Yoga«, die »Vereinigung« mit dem Göttlichen. Und für den Nāthayogin, wie sicherlich für jeden nach Höherem und nicht bloß nach physischer und »prāṇischer« Perfektion strebenden Haṭhayogin, war das Bisherige nur Vorbereitung und Fundament für den zu errichtenden Tempel spiritueller Vervollkommnung. Er verläßt damit den Bereich des Haṭhayoga und beginnt, sich vermehrt der Meditation (und der Höherführung der Kuṇḍalinī) zu widmen, was jetzt leicht vonstatten gehen kann, mit einem weitgehend stillen Kopf, gewandelten Energien und schon manifest gewordenen ersten inneren Erfahrungen.

Die Haṭhayogapradīpikā beschreibt Stufen oder Ergebnisse des Haṭhayoga, die mit dem Haṭhayoga im engeren Sinne allein wohl kaum erreichbar sind, da hierfür eben Techniken des Layayoga, Nādayoga und Rājayoga vonnöten sind. Mit Hilfe des eigentlichen Haṭhayoga kann die Stufe von Pratyāhāra, das vollständige Zurückziehen der Sinne von den Objekten der Welt, die für die Meditation notwendige Ruhe des Denkens und die Stabilisierung von Bindu und Prāṇā erreicht werden. Dies ist, so weiß jeder Yogaübende, nicht gerade wenig.

Es folgt ein ausführliches Zitat aus dem vierten Kapitel der Haṭhayogapradīpikā, das die erwähnten Ergebnisse des Haṭhayoga und weiterführende Errungenschaften dieses Yoga beschreibt. Eine besondere Rolle hierbei spielt Nādānusandhāna oder Nādayoga, eine Yogamethode, die bei den Nāthayogins ebenfalls eine besondere Stellung einnahm. Der wichtigste Nāda (Klang) ist der »Anāhata Nāda«, der unangeschlagene, aus sich selbst existierende, göttliche Ton, der das Universum durchdringt. Anāhata Nāda stellt das Göttliche in Form eines inneren Klanges dar, er ist Praṇava (das Mantra OM), den der Yogin in seinem Herzen vernimmt.

Der Text der Haṭhayogapradīpikā kann hier exemplarisch für höhere Stufen des Haṭhayoga stehen, zumal andere sehr ähnliche Nāthatexte und verschiedene Yoga-Upanishaden meist sehr knapp ausfallen. In diesen Textstücken ist in der Hauptsache von Nādayoga die Rede, in anderen, hier nicht zitierten Stellen des vierten Kapitels der Haṭhayogapradīpikā, wird noch mehr auf Rāja- und Kuṇḍalinīyoga eingegangen.

> »Nur wenn der Prāṇa sich in die Suṣumnā bewegt, wird der Zustand der Transzendierung des Verstandes (Manonmanī) vervollkommnet, keine andere Bemühung nützt hier. Wer seinen Atem (Prāṇa) zum Stillstand gebracht hat, hat zugleich sein Denken zur Ruhe gebracht, wer sein Denken zur Ruhe gebracht hat, hat zugleich seinen Atem still gemacht. Wenn das Denken aufgelöst wird, wird Prāṇa ruhig. Wenn Prāṇa zum Stillstand kommt, wird das Denken aufgelöst. So wie Milch und Wasser eins werden, so werden es auch Prāṇa und Manas (Verstand). Wie Prāṇa sich benimmt, so benimmt sich Manas. Wie Manas sich benimmt, so verhält sich Prāṇa. Wenn beide wirken, sind die Sinne aktiv, wenn sie sich auflösen, wird Befreiung erreicht. Wenn der Verstand still ist und der Atem aufhört, dann wird Bindu stabilisiert, aus der Stille des Bindu entsteht die Stille des Körpers. Manas ist der Herr der Sinne, Prāṇa ist der Herr von Manas, Laya (Auflösung, Trance) ist der Herr von Prāṇa; und Laya hängt von Nāda ab. Dieser Laya wird Befreiung (Mokṣa) genannt…
>
> Wenn Verstand und Prāṇa in Laya eingegangen sind, wird eine innere Glückseligkeit (Ānanda) erfahren.
>
> Der Yogin möge die Śāmbhavīmudrā formen und

in Muktāsana sitzen, seinen Verstand konzentrieren, und er wird so in seinem rechten Ohr einen inneren Klang hören. Ohren, Augen, Nasenlöcher und Mund sollten geschlossen sein.[38] Meiner Meinung nach ist die Konzentration auf den Ort zwischen den Augenbrauen die beste Methode zur Transzendierung des Denkens. Für Menschen nicht allzu großer Fähigkeiten ist es eine leichte Methode zur Erlangung von Rājayoga [hier: tiefe Meditation bzw. Samādhi]. Die Trance, welche von Nāda hervorgerufen wird, erreicht sogleich die innere Klarheit. Wenn der Yogin seine Ohren mit seinen Fingern verschließt, hört er den inneren Klang. Auf diesen soll er sich fest konzentrieren, bis er den Zustand der Stille erreicht. Durch die Übung dieses Nāda werden äußere Töne ausgeschaltet. Innerhalb eines halben Monats sollte der vollends siegreiche Yogin Frieden erlangen.

Zu Beginn hört man viele verschiedene laute Töne. Später hört man dann immer feinere Klänge. Auf der ersten Stufe sind die Klänge wie der Donner von Trommeln; im zweiten Stadium sind sie wie Klänge, die beim Läuten kleiner Glöckchen entstehen, oder wie von einem Muschelhorn oder der Mṛdaṅga-Trommel; aber schließlich klingen sie wie eine Hummel, eine Flöte oder andere kleine Glocken.[39] Diese verschiedenen Klänge werden als im Körper entstanden vernommen. Obwohl er auf laute Klänge wie den Donnerklang der Trommeln hört, soll der Yogin auch auf die feineren Klänge seine Aufmerksamkeit richten... Wo auch immer der Verstand zuerst auf die Klänge stößt, dort wird er still und geht in ihnen auf. Wie die Hummel, wenn sie den Honig trinkt, nicht den Duft der Blume wahrnimmt, ebenso hat der Verstand kein Verlangen nach den Sinnesobjekten, wenn er dem Nāda lauscht... Nāda wird ein

Haken, mit dem der Verstand gleich einem wilden Elefanten, der im Garten herumläuft, geschlagen wird. Er ist fähig, ihn [den Verstand] zu bändigen, wie ein scharfer Haken [den Elefanten].

Durch stetige Übung von Nāda wird die gesamte Anhäufung von Sünde ausgelöscht und Atem und Verstand werden gewiß im Unbefleckten (Nirañjana) aufgelöst. Der Yogin hört die Muschel oder die Trommel gar nicht mehr. Er ist im Zustand des Manonmanī, und sein Körper wird wie ein Stück Holz. Frei von allen (anderen, niederen) Zuständen des Bewußtseins und von allen Gedanken und Sorgen ist der Yogin wie ein Toter, aber eigentlich ist er nur befreit. Er wird weder von der Zeit angegriffen noch von seinen Taten gebunden. Der im Samādhi aufgegangene Yogin wird von nichts bezwungen...

Er ist fürwahr frei, es scheint, als ob er schliefe, aber er ist wahrlich wach, er atmet weder ein noch aus. Der Yogin in Samādhi kann nicht durch (okkulte Praktiken wie) Yantras oder Mantras beherrscht werden, er ist jenseits aller körperlichen Wesen und kann durch Waffen nicht verletzt werden.

Solange der sich bewegende Prāṇa nicht in die Suṣumnā eintritt, solange ist der Bindu nicht still, weil Prāṇa nicht zur Ruhe gekommen ist. Solange in der tiefen Meditation (Dhyāna) die Realität (des Brahman) nicht spontan erscheint, solange ist der, der von Erkenntnis spricht, einer, der diese Erkenntnis daherstammelt, was unnütz und voller Täuschung ist.«[40]

Die Ajapā Gāyatrī

Ein ganz besonderes Mantra und zugleich eine ganz besondere Meditationsmethode des Nādayoga ist die Ajapā Gāyatrī, ein Liebkind der Nāthayogins.[41] Die Bezeichnung Ajapā Gāyatrī bedeutet soviel wie eine leise, verborgene, nicht-gesungene Gāyatrī. Mit Gāyatrī ist ein äußerst wichtiges Mantra im allgemeinen und die Gāyatrī des Ṛgveda im besonderen gemeint, die orthodoxe Brahmanen jeden Morgen wiederholen. Diese Gāyatrī besteht in einer Anrufung an die Sonne der Erleuchtung. Sie ist neben OM das wichtigste Mantra in Indien.

Die Yogins lehren, daß immer, wenn wir ausatmen, der Jīva (die individuelle Seele im Herzen) das Mantra »Ham« singt, und wenn wir einatmen, singt er das Mantra »Saḥ«. Ham und Saḥ ergeben *Haṃsaḥ* (Sanskrit: »Schwan«), den Namen des Jīva.[42] Auf diese Weise wiederholt jeder Mensch unbewußt mit jedem Atemzug das große Mantra *Haṃsaḥ* 21 600 Mal pro Tag. Und umgedreht ergibt dieses *Mantra* Saḥ + Ham = »So 'ham«. So 'ham ist eines der wichtigsten Mantras, eines der wichtigsten Meditationsinstrumente in Indien und bedeutet »Ich bin Er«, »Ich bin eins mit Gott, ich, der Jīva, bin eins mit Śiva«. Der Jīva singt also beim Ausatmen »ham« (von aham = Ich) und befreit sich dabei von seinen Ego-Begrenzungen. Darauf aber atmet er ein und singt »So« oder »Saḥ« (»Er« = Śiva) und läßt so das Göttliche in sich hinein.

Der Yogin muß dieses Mantra nicht (laut) wiederholen, sondern kann sich mit dem Atem im Herzzentrum auf die Einheit mit Śiva konzentrieren. Die Konzentration auf den Atem in dieser Weise heißt denn zuweilen auch »Ajapa-Yoga«, bei dem sich der Yogin in fortschreitender innerer Stille auf das Mantra Haṃsaḥ konzentriert, bis sich dieses Mantra in den gleichförmigen Klang des Praṇava (OM) auflöst. OM liegt der Ajapā Gāyatrī zugrunde, so wie es als uranfängliche Schwingung, mit der das Göttliche aus seiner unendlichen Stille und Bewegungslosigkeit heraustrat und heraustritt, allen Lauten und allem Existierenden zugrunde liegt. Das Wissen um die Ajapā Gāyatrī nennt Gorakṣanātha Prāṇavidya, das Wissen um den Atem, und Mahāvidyā, das hohe Wissen.[43]

»Zwischen dem Anus und dem Geschlechtsorgan befindet sich ein Dreieck, umgeben von drei Kreisen. Und dort in diesem Dreieck sind drei Knoten dieser Basis (Mulādhāra). In der Mitte der drei Konten liegt ein Lotus mit vier nach unten hängenden Blütenblättern. Dort in der Samenkapsel liegt die Kuṇḍalinī Śakti. Gebogen wie eine Muschel und fein wie eine Faser des Lotusstammes, gleicht sie einem frischen Sproß. In Form von zwei oder drei Nāḍīs liegt sie dort schlafend, auf das Aufkeimen des Bewußtseins hin gerichtet.

Dort wohnt sie, in der Mitte des Dreifachen Pfads, so fein wie das Netz einer Spinne. Sie hat sich bereits aufwärtsbewegt zum Nabelzentrum hin, vier Finger weit, und sich achtmal gewunden, danach läßt sie vom Nabelzentrum viele Äste hervorleuchten...

Aufsteigend von der Wurzelknolle (Mūlakanda), geht der Atem (Vāyu) entlang des Pfades von Sonne und Mond hinauf. Mit der Śakti als Grundlage und Stütze, findet er seinen Zugang zur Suṣumnā (Brahmadaṇḍa) und dringt in sie ein. Dieser sich aufwärtswindende Atem wird von den Weisen Prāṇa genannt. Durch das Wirken des Knotenstocks (Kandadaṇḍena) wirbelt die ohnmächtige Schlange herum, angetrieben von den Atemkräften, die ihre Stöcke erhoben halten. Und sie erkennt Śiva, von den Atemkräften eben so etabliert.«[44]

Soweit Gorakṣanāthas (hier unvollständig zitierte) Beschreibung von Kuṇḍalinī und ihrer Bewegung vom untersten Cakra bis hinauf zu ihrem höchsten Ort über dem Kopf, wo sie, und mit ihr der Yogin, Śiva erkennt und sich mit ihm vereint.

Wie schon mehrfach erwähnt, ist es nötig, die Kuṇḍalinī

zu erwecken. Dieses Erwachen der göttlichen, potentiellen Energie in ihm wird vom Yogin durch geeignete Haṭhayogatechniken zusammen mit starker Konzentration und mit Hilfe von Meditationstechniken angestrebt. Oft werden auch geeignete Mantras zur Erweckung der Kuṇḍalinī verwendet. Die Kuṇḍalinī bewegt sich, nachdem der Zugang zur Suṣumnā im untersten Cakra geöffnet wurde und Prāṇa dort eingedrungen ist, durch das Wirken des Prāṇa aufwärts, geht durch alle Cakras hindurch, welche sie »durchstößt«, und erreicht, nachdem sie die Cakras »geöffnet« hat, das Sahasrāracakra, wo sie mit Śiva in unendlicher Wonne zusammentrifft. Deshalb heißt dieser Yoga in späterer Zeit auch Ṣaṭcakrabheda, »das Durchstoßen der sechs Cakras«.

Bei diesem Yoga wird dem Körper der Prāṇa entzogen, um allen Prāṇa in der Suṣumnā konzentrieren zu können und ihn die Cakras durchstoßen zu lassen. Der Körper wird zu beiden Seiten der Wirbelsäule devitalisiert, und alle Energie befindet sich in der *Citriṇī Nāḍī*, dem leuchtenden Inneren der Suṣumnā. Ebenso wird das Bewußtsein von den äußeren Objekten vollständig zurückgezogen, und es wird damit die »Zeit zerstört«. Das heißt in der Sprache der Yogins, daß dem körperlichen Verfall und dem Tod Einhalt geboten und die endliche Welt überwunden wird. Aber damit der Prāṇa in die Suṣumnā gelangen kann, muß die Kuṇḍalinī »aufgescheucht« werden, denn mit ihrem Maul oder Kopf versperrt sie den Zugang zu diesem geheimen Kanal.

Beim Höhersteigen von Prāṇa und Kuṇḍalinī blühen die einzelnen Lotusse auf, und die »Realitäten« (Tattvas) der jeweiligen Cakras werden aufgelöst. Das bedeutet, daß die Kuṇḍalinī beim Verlassen des Mūlādhāra das Erdelement auflöst und durch ihre eigene Kraft ersetzt. Beim fünften Cakra, dem das fünfte Element, der Raum oder Äther (Ākāśa), zugeordnet ist, hat sie alle Elementetattvas aufgelöst. Daher verschmelzen auch die Sinnesfunktionen, die sich auf die Elemente gründen, mit der Kuṇḍalinī, sie werden ebenfalls aufgelöst. Und darum heißt dieser Yoga auch Layayoga (Laya = »Auflösung«), nicht nur weil die Funktionen des normalen Bewußtseins in der Meditation in einem höheren Bewußtsein aufgehen (ähnlich wie bei anderen Yogas), sondern weil vor allem auch die Tattvas und die Elemente aufgehoben werden und der Yogin für den Zeitraum der Yoga-Meditation dann ohne irdische Funktionen ist.

Die Kuṇḍalinī löst also im Svādhiṣṭhānacakra das Wasserelement, im Maṇipura das Feuerelement und im Anāhata das Luftelement in das jeweils höhere Element auf. Im Ājñācakra geht sie über die Elementetattvas hinaus und trifft auf die Tattvas Manas (Denken) und Mahat (geistige Grundlage des Universums). Darauf verschmilzt sie diese im Sahasrāracakra mit dem Höchsten (Parabindu). Ebenso gehen die in den Cakras oder vielleicht besser: in den zugehörigen Welten existierenden Gottheiten in die Kuṇḍalinī über. Die Cakras oder Lotusse werden also zuerst von der Kuṇḍalinī und dem aufsteigenden Prāṇa geöffnet oder aktiviert, verläßt die Kuṇḍalinī aber das Cakra, wird dieses leblos und vollständig in sie absorbiert. Im höchsten Zentrum, dem Sahasrāra, wird daher die gesamte Natur des Yogin in Śiva aufgelöst, und es verbleibt der reine, transzendente, göttliche Geist.

Es handelt sich beim Layayoga also um eine drastische Verdeutlichung eines Grundprinzips aller alten Yogaarten, nämlich die Umkehr des Schöpfungsvorgangs, das völlige Wieder-Auflösen im höheren Ursprung, was identisch ist mit der Ulṭa-Sādhana der bengalischen Nāthayogins.

Dieses Verschmelzen der Kuṇḍalinī Śakti mit Śiva ist auch die zugrundeliegende höhere Bedeutung des Maithuna (Koitus) der tantrischen Pañcamakāras. In typisch tantrischer Sprache, und die Sprache der Siddhas ist dieser manchmal sehr ähnlich, sagt der Cintāmaṇistava:

»Diese Hausgenossin, diese Familienmutter [die Kuṇḍalinī] betritt die königliche Straße [die Suṣumnā], ruht sich hier und da an geheiligten Orten [den Cakras] aus, umarmt den höchsten Gemahl [Śiva] und läßt den Nektar fließen [vom Sahasrāracakra].«[45]

Nachdem die Kuṇḍalinī die Cakras und die Granthis durchdrungen hat und sich der Yogin an der Einheit der Kuṇḍalinī mit Śiva ergötzt hat, kehrt diese über den Pfad, den sie gekommen war, wieder zurück. Dabei gießt sie alles wieder in die Cakras oder Seinsebenen zurück, was sie zuvor aus ihnen aufgenommen hatte. Daher nennt man ihren Gang noch oben »Layakrama« (Gang der Auflösung) und jenen nach unten »Sṛṣṭikrama« (Gang der Schöpfung), da sie bei letzterem die Welt, die Natur des Yogin, von neuem erschafft.

Der Yogin wird wieder fähig, die Welt zu erfahren. Er ist aber gereinigt und geläutert, nie mehr wieder wird er derselbe sein wie vor der Erfahrung der höchsten Einheit. Sein Körper, der zuvor kühl und beinahe leblos geworden war – nur der Ort, an dem sich die Kuṇḍalinī befunden hatte, war sehr heiß –, bekommt wieder Kraft, Wärme und Leben.[46] Es ist nun vieljährige, mühevolle Praxis vonnöten, um die Śakti bis zum Sahasrāracakra zu führen, und ebenso braucht der Yogin lange Zeit, sie an dem sofortigen »Wiederhinabfallen« zu hindern. Die Śakti im Sahasrāra verweilen zu lassen wird vom Yogin jedoch nur angestrebt, wenn er hier und jetzt Befreiung von der Erdennatur erreichen möchte und die Welt nicht mehr erfahren oder ihr in den anderen Menschen nicht mehr dienen möchte.

Ansonsten mag er zwar die Fähigkeit zu der höchsten Stufe des Kuṇḍalinīyoga besitzen, wird aber in einem völlig gewandelten und gereinigten Wesen weiterhin in der Welt tätig sein. Seine Worte und Handlungen werden etwas von jenem Licht tragen, und seine bloße Gegenwart wird anderen einen starken inneren Impuls geben, nach dem Wahren zu suchen.

Der Yogin mag vielleicht die Kuṇḍalinī im Ājñācakra halten und ist so fähig, eine gewandelte Welt um sich herum zu erfahren. Die Welt ist für ihn dann von der höchsten Mutterkraft durchdrungen, voll von Licht und Glückseligkeit. Er trinkt den Nektar des *Jagadānanda*, der Wonne der Welt.

In jedem Cakra, in dem sich die Kuṇḍalinī aufhält, erlangt der Yogin gewisse Kräfte und Fähigkeiten, die ein fortgeschrittener Meister durch ein spontanes Öffnen des jeweiligen Lotus auch frei zur Verfügung hat.

Das geöffnete Mūlādhāraçakra soll ihm zum Beispiel die Fähigkeit verleihen, alle Krankheiten zu heilen, ebenso erlangt er Aṇimā, die Kraft, unsichtbar zu werden. Durch das Svādhiṣṭhānacakra gewinnt er nicht nur die Fähigkeit zu lieben, sondern auch die Fähigkeit, die Liebe anderer anzuziehen. Genau das aber kann für den Yogin die Falle der sexuellen Anziehung bedeuten, wenn er nicht schon durch lange Vorbereitung genug Reinheit erlangt hat. Im Maṇipura besiegt der Yogin alles Leiden, auch jenes in anderen, und erlangt große Macht. Durch das Anāhata kann der Yogin alle Welten betreten, sich in den Körper anderer hineinversetzen und sich mit allem eins fühlen. Im Viśuddha wird der Yogin zum Dichter, Sänger, Künstler; er vermag Dinge auf faszinierende und inspirierte Weise auszudrücken. Im Ājñā kann der Yogin sein Karma und seine Sünden ebenso wie das Karma anderer zunichte machen; er kann alles sehen und erkennen, was er möchte, und kommt in den Besitz von Trikāladṛṣṭi, die Fähigkeit, mit einem Blick ferne Vergangenheit, Gegenwart und Zukunft eines Wesens oder Dinges zu erfassen. Hier fällt dem Yogin immense Macht zu. Die großen Meister führen ihre Schüler mit dem Licht und der Kraft des Ājñācakra, weshalb es auch »Gurutattva«, die Realität oder Seinsebene des Gurus, heißt.

Die Befreiung von den Zwängen der Weltnatur, um die es dem Yogin zu tun ist, wird jedoch nur erreicht, wenn er die Kuṇḍalinī im Sahasrāra halten kann, solange er will, und hinabsteigen kann, wann immer er möchte. Verharrt die Kuṇḍalinī in einem der niederen Zentren, ist es keine Befreiung, sondern nur ein intensiver, machtvoller oder auch wonnevoller außergewöhnlicher Bewußtseinszustand, den der Yogin erfährt. Besondere Vorsicht ist geboten, wenn die Kuṇḍalinī die ersten drei Cakras (Mūlādhāra, Svādhiṣṭhāna, Maṇipura) aktiviert oder in ihnen verweilt. Verweilt sie dort, gehört der Übende nach Ansicht vieler Yogins nicht mehr der höheren Gruppe der Yogins an, sondern gilt sogar als vom Weg des Yoga abgekommen.[47] Denn durch die Aktivierung dieser drei untersten Cakras setzt der Yogin Kräfte in Gang und betritt Seinsebenen, denen er nicht unbedingt gewachsen sein muß. Verweilt er ausschließlich auf diesen Ebenen, ist er diesen Kräften meist verfallen.

Das Mūlādhāra ist dem Erdelement zugeordnet, und die Versuchung des Besitzens ist dort mächtig; ebenso ist das Svādhiṣṭhāna der Ort der sexuellen Begierde und Anziehungskraft, und die Versuchung – die Versuchung, die jetzt gesteigerte Anziehungskraft für die Befriedigung des sexuellen Begehrens zu nutzen – ist für jene groß, die keine vollständige Läuterung erzielt haben, bevor sie den Weg des Layayoga betreten haben. Im Maṇipura bedeutet es eine gesteigerte Machtfülle und Willenskraft, ein Machtgefühl, »als ob man die Sonne in der Hand zerdrücken könnte«. Dort findet die große Prüfung der Selbstlosigkeit und der bereits erzielten Läuterung des Charakters statt, die man unter allen Umständen bestehen muß.

Aus diesen Gründen gilt der Kuṇḍalinīyoga als ein waghalsiges Unternehmen, zumal die ersten drei Cakras im traditionellen Kuṇḍalinīyoga geöffnet werden, bevor noch die spirituelle Kraft der höheren Cakras zur Verfügung steht. So stellt der Kuṇḍalinīyoga zwar eine ungemein schnelle und wirkungsvolle Methode der Gott- und Selbsterfahrung dar, aber ebenso einen steilen Pfad, der an tiefen Abgründen, lockenden Hainen und verführerischen Palästen der Macht vorbeiführt. Der Layayogin muß sich deshalb unbedingt der Führung eines erfahrenen Meisters des Yoga anvertrauen und muß über große Reinheit und selbstlose Charakterstärke verfügen, um die seiner harrenden Prüfungen bestehen zu können. Er muß mutig, rein und stark sein, um ruhigen Geistes, allem Sirenengesang trotzend, den Aufstieg wagen zu können, der ihm große Macht, die Schau Gottes und die langersehnte Verschmelzung mit ihm im unaussprechlichen Ānanda schenkt. Diese Macht aber muß der Yogin im völligen Einklang mit dem göttlichen Willen zum Wohle anderer einsetzen.

Deshalb ist es auch eine Gnade, daß sich die Cakras nicht gar so leicht öffnen lassen. Heute oft angebotene Kurse, bei denen Cakras »geöffnet« und danach wieder »verschlossen« würden, führen Gott sei Dank nicht wirklich zu einem Öffnen der Cakras bei Menschen, die in fast allen Fällen keine rigorose, oft vieljährige Yogadisziplin als notwendige Vorbereitung hinter sich haben. Obendrein betrachten die meisten jener, welche die Öffnung der Cakras anstreben, die Kuṇḍalinī Śakti fälschlicherweise als ein nützliches Instrument, nicht als die verehrungswürdige Form der göttlichen Mutter in der Tiefe ihres Wesens.

Nur in wenigen außergewöhnlichen Fällen wird wirklich eine Erweckung der Kuṇḍalinī erzielt, sehr oft aber wird nur von imaginierten »Erfahrungen« berichtet, welche sich im Bewußtsein des Übenden als echte innere Erfahrungen darstellen. Das geschieht vor allem dann, wenn sich der Übende nicht wirklich diszipliniert und geduldig der Yogadisziplin unterwerfen will, sondern schnell und einfach zu der Erfahrung innerer Welten gelangen möchte. Solche Menschen schaffen sich sehr häufig ihre Erfahrungen unbewußt selber, welche dann keinen Bezug zu irgendeiner höheren Wirklichkeit haben.

Andere innere Phänomene sind wiederum eher das Produkt falscher und irregeleiteter Erfahrung, die oft in psychischer Labilität enden und das Ergebnis von ungenügender Vorbereitung, unkompetenter Führung und meditativer Überanstrengung sind. Die Kuṇḍalinī in der richtigen Weise zu erwecken, den Schwierigkeiten dieses Pfades die Stirn bieten zu können und sie wirklich höherführen zu können ist eine eher ungewöhnliche Errungenschaft, für welche die Yogins ihr ganzes Leben geben, ohne sicher sein zu können, daß sie in diesem Leben ihr Ziel auch erreichen.[48]

Es ist immer besser, sich zuerst um die Entwicklung von Charakterstärke, innerer Ruhe, Meditationskraft und Leidenschaftslosigkeit zu bemühen, was am besten durch die Konzentration auf das spirituelle Herzzentrum (welches sich im Inneren, hinter dem Herzcakra befindet) oder auf das Sahasrāra erreicht wird. Ist dann nach etlichen Jahren diziplinierten Yogas noch immer der Wunsch nach der Erweckung der Kuṇḍalinī wach, dann mag man sich um einen geeigneten Meister bemühen, ohne dessen Hilfe man sich aber niemals an das Unternehmen Kuṇḍalinīyoga heranwagen sollte. Keinesfalls aber darf die Erweckung der Kuṇḍalinī als Voraussetzung für höhere Erfahrung betrachtet werden. Kuṇḍalinīyoga ist nur *ein* Weg unter zahlreichen anderen Wegen und von den Weisen dazu geschaffen worden, ebenjenen ein Licht in die Hand zu geben, die aufrichtig, rein und gerade für diesen Yoga geeignet sind und die sich zu ihm von ihrem innersten Wesen her hingezogen fühlen.

Rājayoga

Von den vier Yogaarten wird meist der Rājayoga als der höchste und subtilste angesehen. Das Verhältnis der Übungen des Rājayoga zum Kuṇḍalinīyoga in den tantrischen und shivaitischen Traditionen erweist sich als ein kompliziertes. Der klassische Rājayoga der Yogasūtras des Patañjali stellt zweifellos ein System für sich dar und versucht, Befreiung durch Konzentration und Meditation, die auf immer höhere Stufen von Samādhi (Kontemplation, Trance) führen, zu erreichen, ohne sich ausdrücklich um die Erweckung der Kuṇḍalinī zu kümmern.

Bei der Lektüre von Texten der Nāthasiddhas kann man sich des Eindrucks nicht erwehren, der Rājayoga sei als die höchste Stufe, ja fast schon als ein Zustand des Yoga, aufzufassen, und manchmal wird dann dem Rājayoga und der Meditation mehr Augenmerk geschenkt als dem Kuṇḍalinīyoga. Der Yoga wird dann auch *Śivayoga*, *Amanaska* oder *Tārakayoga* genannt. Andere Yogins scheinen den Rājayoga als eine Ergänzung und als Grundlage für die Erweckung der Kuṇḍalinī und die Ausbildung der Cakras zu verstehen. In jedem Fall aber gibt es zwischen Kuṇḍalinīyoga und Rājayoga und ebenso zwischen diesen beiden und dem Haṭhayoga fließende Übergänge, Überlappungen und Gemeinsamkeiten in der Technik.

Allem Anschein nach war und ist es prinzipiell möglich, jeden Weg des Yoga für sich zu beschreiten und dabei ein gewisses höheres Bewußtsein zu erreichen. Dies gilt zumindest dann, wenn man die höheren Stufen des Haṭhayoga praktiziert, welche ja eigentlich mehr einen Nādayoga, eine Konzentration auf innere Klänge, meinen.

Der Rājayoga besteht traditionell aus acht Stufen, die Anzahl mag je nach Sampradāya oder Autor variieren. Diese Stufen sind Zucht (Yama), Selbstbeherrschung (Niyama), Āsana, Prāṇāyāma, Zurückziehen der Sinne von den äußeren Objekten (Pratyāhāra), Konzentration (Dhāraṇā), Meditation (Dhyāna) und Kontemplation (Samādhi). Die acht Stufen werden in den Siddhasampradāyas aber oft auch weniger technisch als vielmehr nach ihrem spirituellen, yogischen Gehalt interpretiert. Der Śivayogasāra beispielsweise stellt hohe Anforderungen an Yama und Niyama (die ansonsten in Regeln für das

Leben des Yogin bestehen), und erklärt Āsana (»Sitzhaltung«) als ein Verweilen, »Sitzen« im Selbst, über allen Dingen. Prāṇāyāma sei die völlige Stille des Atems, in der die Falschheit der Welt erkannt würde. Ebenso verfährt der Text mit den anderen Gliedern, wobei in der gelungenen Konzentration die höchste Wirklichkeit bereits erscheint. Die Siddha-Siddhānta-Paddhati gibt eine Beschreibung der Yogaglieder in ganz ähnlicher Weise.[49]

Der Śivayogadarpana sagt, der Haṭhayoga könne nicht ohne den Rājayoga existieren und ebensowenig der Rājayoga ohne den Haṭhayoga.[50] Sie gehören beide eng zusammen und bilden eine einzige Yogadisziplin. Das ist eine Aussage, die wohl für alle Nāthayogins gelten mag. Der Haṭhayoga ist die Vorbereitung und Reinigung, er trägt zur Erweckung der Kuṇḍalinī bei und verleiht dem Yogin einen gesunden und starken Körper. Der Rājayoga aber führt ihn zum höchsten Ziel durch die Meditation.

Ein wichtiger Teil des Rājayoga ist der Yoga der Erkenntnis (Jñānayoga), in welchem sich der Yogin immer in Erinnerung ruft, daß sein individuelles Selbst, das universelle Selbst und das höchste, transzendente Selbst (Paramātmā) eines sind.[51] Durch die Übungen des Yoga und die immer reifere Meditation erlangt der Yogin Erkenntnis und die Verwirklichung des höchsten göttlichen Bewußtseins. Er sucht Befreiung von den Banden der äußeren und inneren Welt in der Einheit mit dem Göttlichen:

> »Wenn die Yogins dieses Licht, das OM ist und Brahmā, Viṣṇu und Śiva zu seinem Wesen hat, sehen, werden sie voll Frieden. Dieses Licht ist der höchste Ort Śambhus und leuchtet wie der Vollmond, wie die Mittagssonne und der Schein des Blitzes... Ruhig, ohne Befleckung, über allen Formen und frei von den Sinnen und Eigenschaften der Welt, ist der Yogin weit entfernt von Sein und Nichtsein und befindet sich im natürlichen Zustand. Seinen eigenen höch-

sten Ort und die ganze Welt erblickt er, schön wie der Herbstmond; er ist in einem Zustand, der wie ein Traum erscheint, der große Yogin.«[52]

Auf der vierten Stufe des Rājayoga, dem »Zurückziehen« (Pratyāhāra), soll der Yogin seine Sinne von der Welt zurückziehen, wie eine Schildkröte ihre Glieder einzieht. Er soll gleichmütig werden gegenüber den Dingen und Bedingungen der Welt. Nach dem Yogamārtaṇḍa ist Pratyāhāra das Zurückziehen des Nektarstromes des Mondes im Kopf ebenso wie der Sonne. Das ist eine sehr siddhagemäße Interpretation von Pratyāhāra, das normalerweise in verschiedenen konzentrativen Übungen besteht! Der Yogin soll gewissermaßen die Orte von Sonne und Mond umdrehen und berührt dabei auch alle Cakras:

> »Im Herzcakra brüllt der dreifach gebundene große Stier, und in diesem Cakra des ewigen, unangeschlagenen (anāhata) inneren Tones OM (der wie ein Brüllen das Universum durchdringt) wird alles Leiden des Yogin zerschlagen.«[53]

Im selben Text wird weiter über die fünf Arten von Konzentration gesprochen, und es werden Meditationsübungen geschildert, die aus verschiedenen visualisierten Meditationen in den einzelnen Cakras bestehen:

> »Er richte seinen Geist nach innen und seine Augen nach außen und sitze bequem... Das Mūlādhāra stelle er sich wie geschmolzenes Gold vor und richte seine Augen auf die Nasenspitze. Er wird von Sünde befreit.
>
> Im Svādhiṣṭhāna meditiere er auf einen wunderschönen Rubin, und die Welt beginnt für ihn in Schönheit zu glänzen.
>
> Auf das im Herzensraum befindliche Cakra meditiere er als von der gleißenden Sonne entflammt, und er wird so dem Brahman gleich.

Auf das Viśuddha meditiere er als in einem Lotus befindlich und er wird so von allem Leid befreit.

Im Gaumencakra meditiere er auf die Scheibe des Mondes, wie sie, voll von Nektar, diesen verströmt, und er wird vom Tod befreit.

Zwischen den Augenbrauen meditiere er auf die dort befindliche, einer lieblichen Perle gleichenden Gottheit und er wird so voll Glückseligkeit. Er meditiere zwischen den Augenbrauen auf Śiva ohne Eigenschaften, den ruhigen, im Himmel Alldurchdringenden und er wird so gleich dem Brahman.«[54]

Der Leitfaden zur Lehre der Siddhas[55] bietet ebenfalls Konzentrations- und Meditationstechniken, die in drei Gruppen untergliedert werden. Es gibt die Gruppe der inneren Konzentrations- und Meditationsgegenstände, jene der äußeren und jene der mittleren. Außerdem spricht Gorakṣanātha von den fünf Räumen (Vyomāni), die ebenfalls Meditationen darstellen. Es sind dies Meditationen auf die Ausdehnung oder Unendlichkeit verschiedener Arten von subtilen Räumen, vom normalen unendlichen Raum bis zum wie Millionen Sonnen strahlenden Raum der Sonne.[56]

Im selben Werk aber weist Gorakṣanātha darauf hin, daß weder durch Yogaübungen noch Entsagung, weder durch Prāṇāyāma noch Mudrās, weder durch Schweigen noch Mantras, weder durch Meditation noch Askese und Pilgerfahrt, weder durch Philosophie noch durch irgendwelche anderen Hilfsmittel das Höchste erlangt werde, sondern allein durch das Aufgeben aller formhaften Mittel und die Gründung im ohne Form seienden Göttlichen. Diese Errungenschaft werde bewirkt durch die Göttliche Gnade, die durch den Guru, seinen Blick und das Herabkommen seiner Kraft vermittelt wird.[57]

Der Guru

Einen Meister des Yoga, einen Guru, muß der Aspirant laut Yogatexten unbedingt finden. Es genügen nicht Bücher oder Lehren aus zweiter Hand, nur das Wort aus dem Mund des Gurus könne ihm wirklich helfen.

Der Guru kann freilich auf verschiedenen Stufen des Yoga stehen. Er kann den Schüler durch sein Wort, das aus seiner Beobachtung und Kenntnis von Mensch und Yoga entsprungen ist, führen. Oder aber der Guru ist bereits am Ziel des Yoga angelangt und hat somit die Fähigkeit, den Schüler von innen her, durch die Kraft der Stille und des inneren Lichts, zu führen. Der Haṭhayoga-Guru wird oft vom ersteren Typus sein. Der Guru aber, der die höchsten Stufen des Yoga lehrt, für die Meditation und Kontemplation nötig sind, wo keine Worte genügen oder erforderlich sind, sondern allein innere Hilfestellung und innere Stärke, wird natürlicherweise der seltenen zweiten Kategorie angehören.

Wie fortgeschritten der Guru im Yoga auch immer sein mag, durch die bloße Existenz des Meister-Schüler-Verhältnisses, das die Liebe und Anteilnahme seitens des Meisters und die Hingabe und den Gehorsam des Schülers impliziert, ist im Yoga bereits viel gewonnen. Denn der Yogin muß Hingabe, Geduld, strikte Disziplin und Gehorsam gegenüber seinem eigenen inneren Wesen entwickeln, wozu ihm durch die bloße Existenz der Beziehung zu einem Meister Gelegenheit geboten wird.

Für den Schüler ist der echte Guru nicht der unwissende Mensch, er ist für ihn nicht der Körper und die Sinne und darf es nicht sein, sondern eine Manifestation des Unendlichen, ein Gesandter der göttlichen Gnade. Nur wenn er das erkennt, kann sich der Schüler der Führung des Gurus anvertrauen und Erfolg im Yoga haben. Das gilt selbstverständlich nur für den wahren, aufrichtigen Guru, nicht für den Scharlatan, der selber noch nichts erlangt hat und aus reiner Selbstsucht Schüler um sich schart. Denn, so drückt es die Siddha-Siddhānta-Paddhati (5,71) aus, »wie kann ein Stein einen Haufen Steine auf das andere Ufer (der Gotterkenntnis) übersetzen?« Nur der echte Meister sei dazu fähig, und dieser bewirke mittels bloßer Rede, mit einem bloßen Blick oder durch seinen Willen zur Gnade den inneren Frieden im Schüler.[58]

Die im Westen so oft kritisierte oder gar belächelte Verehrung des Gurus in Indien, abgetan als Personenkult, ist in Wahrheit eine ganz dem Herzen entspringende, tief demütige, freiwillige und weise Beziehung zum Göttlichen in einem Menschen, den man als Lehrer anerkennt und akzeptiert. Aber nicht die Person, der körperliche Guru, ist Gegenstand auch nur der geringsten Verehrung – es gilt als Sünde, den Meister als den Körper zu sehen –, sondern seine göttliche Identität wird im Guru verehrt. Und diese Verehrung offenbart Tiefen des Yoga und der Allgegenwart Gottes, offenbart eine im Guru geballte und intensivierte Kraft, welche den Schüler auf dem Pfad voranschreiten lassen. Demgegenüber nimmt sich unser westlicher Personenkult, der ganz auf den Körper und die äußere, egohafte Persönlichkeit ausgerichtet ist, als geradezu kindisch aus.

Der Schüler sucht einen Guru, obwohl er in allen Menschen Gottes Gegenwart finden könnte, nicht nur weil dieser Einzelheiten über den Yoga weiß, sondern weil im wahren Guru das Göttliche mehr gegenwärtig und leichter spürbar ist als in anderen Menschen. Es steht deutlicher im Vordergrund des Bewußtseins und ist nicht verschüttet in der Tiefe des Herzens wie beim gewöhnlichen Sterblichen. Wie Indiens großer Heiliger des 19. Jahrhunderts, Sri Ramakrishna, es ausdrückt: Die Milch sei letztlich in der ganzen Kuh, aber man müsse zum Euter gehen, um wirklich Milch zu bekommen.

Man sagt, die Praktiken des Yoga könnten ohne die Gnade des Meisters, der für den Schüler die sichtbar manifestierte göttliche Gnade bedeutet, keine höheren Früchte tragen. Der Guru ist nur ein zielgerichteter Kanal, das bündelnde Glas für das Licht der göttlichen Gnade. Die Kuṇḍalinī könne letzthin nur durch diese Gnade erweckt werden. Das bedeutet im traditionellen Indien auch, Erfolg im Yoga kann sich nur einstellen, wenn ein Guru dem Schüler Initiation (Dīkṣā) gegeben hat.

In der Advayatāraka Upaniṣad[59] heißt es:

> »Der Lehrer ist jener, der die ewige Weisheit des Veda kennt, der dem alldurchdringenden Viṣṇu hingegeben ist, der keine Arroganz kennt, der aber um die Methode des Yoga weiß, immer im Yoga gegründet ist und Yoga (Vereinigung) zu seinem eigentlichen Wesen hat; der rein ist, seinem eigenen Meister hingegeben ist und die höchste göttliche Person (Puruṣa) vollends erkannt hat. Wer diese Merkmale besitzt, wird ein Guru genannt. Die Silbe ›Gu‹ bedeutet Dunkelheit, und die Silbe ›Ru‹ bezeichnet das, was diese vertreibt (nirodhakaḥ). Und der Guru ist jener, der die Dunkelheit vertreibt.
>
> Der Guru ist das höchste Brahman, der Guru ist das höchste Ziel, er ist die höchste Weisheit, und er allein ist die Zuflucht. Der Guru ist der höchste Gipfel (kāṣṭhā), der Guru ist der höchste Reichtum. Weil er *Das* [das Brahman] lehrt, ist der Guru besonders groß.«

9. Nāthayoga und andere Wege

Die Nāthayogins, ihr Yoga und ihre Philosophie, hatten in Indien große Bedeutung und Verbreitung erlangt. Daher wurden andere Richtungen von ihnen beeinflußt. Außerdem war die Lehre und Yogapraxis der Nāthas nicht im leeren Raum entstanden, sondern in einer Zeit dichtgedrängten geistigen Schaffens und Erkundens, vor allem auf dem Gebiet der Yogasādhanā und der Philosophie.

Die Schulen, mit denen die Nāthayogins spirituelle Konzepte, philosophische Ideen und Erkenntnisse, lebenspraktische Ansichten oder Yogatechniken teilen, seien hier nur ganz kurz angeführt. Es wäre Gegenstand weiterer, intensiver und lohnender Forschung, Querverbindungen und Ähnlichkeiten zwischen den Nāthas und anderen Schulen aufzuzeigen, ausgeübte Einflüsse sichtbar zu machen, Übernahmen von Ideen und Techniken von anderen Schulen darzulegen und dadurch Licht auf die Geschichte der Entwicklung religiöser Praktiken und Gedanken in einer Zeit zu werfen, die als dichter Dschungel vieler Schulen und Sampradāyas einen noch immer spärlich kartographierten Flecken auf der Landkarte des geistigen Indien darstellt.

Philosophisch gesehen scheint bei den Nāthas eine Nähe zu den Schulen des kaschmirischen Shivaismus zu bestehen, von der auch die ehrfürchtige Erwähnung Matsyendranāthas in Abhinavaguptas Tantrāloka Zeugnis geben mag. Die Nāthalehren scheinen in einem shivaitisch-tantrischen Umfeld entstanden zu sein, und der kaschmirische Shivaismus gründet sich im wesentlichen auf die Śaiva-Tantras.

Affinitäten hinsichtlich anderer, meist späterer Sampradāyas bestehen vor allem zu der Nirguṇa-Schule Kabīrs, wenn auch Kabīr selbst sich als später Gegner Gorakṣanāthas gefühlt hat; ebenso zu den buddhistischen und vishnuitischen Sahajiyā-Schulen, deren zweifelhafte Vāmācāra-Praktiken die Nāthasiddhas aber abgelehnt hätten. Interessante Parallelen lassen sich auch zu der Schule der indischen Alchemie, dem Rasāyana ziehen, die ja auch einen vollkommenen, verklärten Körper heranbilden wollte, nur daß sie diesen mittels alchemistischer Prozesse und Substanzen, vor allem dem Quecksilber (im Rasāyana der »Samen Śivas« genannt), zu erlangen hoffte.

IV. Philosophie und Spiritualität im Leitfaden zur Lehre der Siddhas

1. Einführung

Nachdem der Haṭhayoga, der Kuṇḍalinīyoga und die Lehren der Nāthayogins im allgemeinen betrachtet wurden, steht nun die Philosophie und Spiritualität Gorakṣanāthas im »Leitfaden zur Lehre der Siddhas«, der Siddha-Siddhāntha-Paddhati[1], im Mittelpunkt. Die vorliegende Darstellung und Diskussion der Lehre der SSP ist knapp gehalten und soll als Ergänzung zur Lektüre und als Leitfaden zum Verständnis des »Leitfadens zur Lehre der Siddhas« dienen.

Gorakṣanātha kann nicht mit Sicherheit als Autor der SSP gelten, da sie möglicherweise ein späteres Werk ist, in dem »nur« überlieferte Lehren der Nāthayogins oder Gorakṣanāthas zusammengetragen wurden. Vielleicht wurde sie von einem Schüler Gorakṣanāthas verfaßt, der die Lehren des Meisters wiedergeben wollte. Es existiert kein Werk, das Gorakṣanātha sicher zugeschrieben werden kann und mit dem die SSP verglichen werden könnte. Auch fehlen Hinweise in anderen frühen Texten auf die SSP. Aber die Plausibilität von Überlieferungen der Nāthayogins, denen zufolge Gorakṣanātha Autor der SSP war, wird gestützt durch die Manuskripte selber, die alle Gorakṣanātha als ihren Autor nennen. Darüber hinaus finden sich zahlreiche Texte aus späterer Zeit, die ihn als Autor der SSP kennen wollen. Eine Ausnahme bildet allerdings der Gorakṣa-Siddhānta-Saṃgraha, der den Autor der SSP einige Male Nityanātha oder auch Śrī Nātha nennt, womit aber ebensogut Gorakṣanātha gemeint sein könnte, da diese Bezeichnungen eher Titel als Namen sind.

Vor diesem Hintergrund wird hier der SSP selber Glauben geschenkt und Gorakṣanātha als ihr Autor betrachtet. Eines verbindet die SSP und Gorakṣanātha ganz sicher: Beide gelten bis auf den heutigen Tag als die größten »Autoritäten« unter den Nāthayogins, was zumindest die Vermutung zuläßt, daß die SSP ihre Autorität von ihrem berühmten Autor Gorakṣanātha bezieht.

Die SSP ist die einzige Nātha-Schrift, die ein nahezu vollständiges philosophisches Lehrgebäude und ebenso theoretische Grundlagen des Yoga enthält. Andere Texte sind entweder ganz der detaillierten Yogapraxis verschrieben oder machen einzelne Aspekte der Lehre zu ihrem Inhalt bzw. enthalten nur kurze Darstellungen der Nātha-Philosophie.[2]

Die Philosophie der SSP ist, wie man bei rein auf die Praxis konzentrierten Yogasampradāyas erwarten könnte, aber kein reines Leihgut aus philosophischen Schulen, ebensowenig achtlose Imitation. Vielmehr weist sie in wichtigen Aspekten einen ganz eigenen Charakter auf. Sicherlich sind die Gedanken der SSP vielfach auch in anderen Schulen zu finden, und häufig wurden die Gedanken und Erkenntnisse anderer Schulen hier zu einem neuen Ganzen, das aufgrund der Kürze des Textes natürlich Lücken aufweist, zusammengefügt. Aber der eigenständige Grundzug bleibt bestehen und äußert sich unter anderem in der Einordnung der SSP als eine »Lehre frei von Einheit wie Vielheit« (Dvaitādvaitavilakṣaṇavāda), in der besonderen Behandlung der Seinsstufen von Śiva und Śakti sowie in der Beschreibung des aus ihnen hervorgegangenen Kosmos im ersten Kapitel der SSP.

Die versuchte Zusammenschau verschiedener Denkansätze und Yogamethoden in der SSP wird besonders deutlich in der Methode des Samanvaya, einem harmonischen Verbinden von Lehren. Der Samanvaya ist eine Haltung, mit der die Bereitwilligkeit signalisiert wird, alle spirituellen und religiösen Traditionen zu akzeptieren und sie in gemeinsamen Begriffen zu beschreiben, um sie somit in ihrem inneren Gehalt, in der Essenz ihrer Lehre zu verbinden. Die Begriffe, welche Gorakṣanātha in der SSP benutzt, sind außerdem größtenteils nicht seine eigenen (eine Ausnahme dürfte der Begriff ›Piṇḍa‹ darstellen). Vielmehr benutzt er Begriffe, die im shivaitischen und shaktistischen Umfeld gängig sind und stellt damit nicht nur andere, sondern ebenso seine eigene Lehre dar, oft von einem Begriffsystem zum anderen wechselnd.[3]

Begriffe und Konzeptionen, wenn auch durch verschiedene Lehren vorgeprägt, stellen also für den Autor der SSP kein Hindernis dar, seine eigene Lehre in ebendiesen Begriffen darzulegen, indem er ihre Bedeutung oft ausweitet und seiner eigenen Lehre entsprechend gebraucht.

Gorakṣanātha läßt sich in der SSP auch schwer einer bestimmten Denkschule zuordnen, da er verschiedene Anschauungsweisen kombiniert oder nebeneinander bestehen läßt, die sich aber im Ganzen durchaus seiner Philosophie einfügen. Ein Beispiel dafür ist der Schöpfungsvorgang, der einmal als Pariṇāma (reale Transformation Gottes zur Welt) und dann als ein Manifestieren oder Offenbaren (sphuraṇa, sphuṭīkaraṇa) Śivas gesehen wird. Man hat deshalb Gorakṣanāthas Lehre auch als »Pakṣapātavinirmuktavāda« (eine »Lehre frei von aller Zuordnung zu einer bestimmten Denkschule«) bezeichnet. Der zentrale Gedanke bei dieser Vorgehensweise ist, daß es nicht so sehr auf Begriffe und Konzepte ankommt, sondern allein auf das durch diese Vermittelte, nämlich die verborgene Wahrheit, die letztlich nur durch spirituelle Praxis, durch Yoga und nicht durch Denken erkennbar wird (vgl. SSP 5,3+4 und 5,22). All das deutet auf einen Grundzug der Lehre Gorakṣanāthas und der Nāthas und Siddhas überhaupt hin: Äußere Systeme und Methoden sind nicht wichtig. Die Essenz von allem, sei es in der Philosophie oder in der spirituellen Praxis, ist allein von Bedeutung, und Äußerlichkeiten dienen bloß als eine Art

»Gewandung«, notwendig zwar, doch ebenso dazu neigend, die innere Essenz zu verdecken.

Daneben ist das vielschichtige, bewegliche und doch verbindende Denken in der SSP so stark und alles beherrschend, daß Begriffe und deren Abgrenzungen voneinander dem Leser in dem Maß immer schwerer faßbar erscheinen, in dem er glaubt, sich endlich klare Definitionen zurechtgelegt zu haben. Das ist charakteristisch für eine Lehre, die wie die der SSP gleichzeitige Einheit bzw. Nicht-Verschiedenheit von Gott, Welt und Seele (Advaita, Abheda) und deren Verschiedenheit (Bheda) lehrt (»Bhedābhedavāda«).[4] Denn Gorakṣanātha sagt schon im zweiten Vers der SSP, daß es einen Evolutionsprozeß der höheren Seinsweisen und der Welt aus dem unaussprechlichen, absoluten Göttlichen (und damit verbunden die Abgrenzung von Seinsstufe zu Seinsstufe) eigentlich nicht gebe. Die Schöpfung werde nur als ein solcher Evolutionsprozeß aus dem Absoluten heraus beschrieben (und es werden Grenzen zwischen den einzelnen Seinsformen gezogen), damit überhaupt darüber gesprochen werden kann (SSP 1,2).

Wenn nun im folgenden Begriffe und Bezeichnungen scheinbar etwas durcheinander auftreten, so ist das auf diesen Charakter der SSP zurückzuführen. Denn ein Festhalten an einem bestimmten Begriff, der dann dazu tendierte, sich gegenüber anderen Begriffen zu scharf abzugrenzen, würde dem Geist der Lehre Gorakṣanāthas widersprechen. So ist Śiva etwa eine Art höchste Manifestation des Absoluten, doch wird in anderen Versen das Absolute selbst Śiva genannt, was gar nicht verwunderlich ist, da es ja eigentlich keinen wesenhaften Unterschied zwischen dem Ganzen und seinem Aspekt oder seiner speziellen Manifestation als Śiva gibt.

In der folgenden Darstellung der Philosophie und Spiritualität der SSP werden enge Verwandtschaften zu anderen Systemen nur angedeutet. Denn Beziehungen zu verwandten Systemen und Traditionen vollständig zu klären bzw. Unterschiede zwischen ihnen aufzuzeigen, bedürfte umfangreicher weiterführender Bearbeitung. Es werden hier nur die wichtigsten Themen und Gedanken wiedergegeben bzw. kurz erläutert, bisweilen mit erhellendem Bezug auf andere, spätere Werke der Nāthatradition.

Eine weitere Bemerkung sei der anschließenden Darstellung vorangestellt: Obwohl in Indien üblich und meist als erforderlich angesehen, beruft sich Gorakṣanātha zur Untermauerung seiner Behauptungen und Lehren, vor allem dort, wo sie für sein Denken am typischsten sind (im 1. Kapitel der SSP), kaum auf autoritative Offenbarungen (Āgamas, Tantras) und ebenso selten auf die Autorität anderer Schulen und Lehrer. Seinen eigenen Lehrer, Matsyendranātha, soweit uns dessen Werke bekannt sind, zitiert oder erwähnt er ebenfalls nicht (was natürlich der Annahme Nahrung gibt, die SSP stamme nicht aus der Feder Gorakṣanāthas). Von Śiva als dem Verkünder eines in die SSP eingebauten Verses (d. h. aus einem Āgama- oder Tantra-Text) wird überhaupt nur dreimal gesprochen (SSP 4,9; 5,5; 5,63). Man muß jedoch bemerken, daß manche Ślokas bzw. Gruppen von Ślokas mit einem »Und es wurde gesagt« (uktaṃ ca) überschrieben sind. Dies kann entweder als ein von Gorakṣanātha zitierter Beleg aus der Überlieferung gedeutet werden und/oder als ein Indiz für die Annahme, daß die SSP eine Wiedergabe der Lehren Gorakṣanāthas und zum Teil eine Kompilation seiner Aussagen, zusammengestellt von einem Schüler oder Nachfolger, wäre.

So liegt der (vorläufige) Schluß nahe, daß Gorakṣanātha als Autorität allein die eigene innere Erkenntnis und seine eigene mentale Fähigkeit, diese Erkenntnis gedanklich auszudrücken, als gültig erachtet habe, was für einen Yogin seines Rufes und seiner breiten Anerkennung in der damaligen Zeit auch nicht weiter verwunderlich ist. Er steht außerdem auch nicht in einer dem Veda oder den

Āgamas oder Tantras unbedingt verpflichteten Tradition, obwohl er diesen weder ausdrücklich widerspricht, noch seine Lehren mit (monistischen) Tantras und Āgamas unvereinbar wären.

2. Das Absolute: Jenseits von Einheit und Vielheit

Die sich auf Gorakṣanātha berufende Tradition der Nāthayogins und andere Siddhatraditionen hat man als einen »Dvaitādvaitavilakṣaṇavāda« (»Lehre frei von Vielheit und Einheit«) bezeichnet, obwohl auch noch andere Bezeichnungen geläufig sind.[5] Das bedeutet, diese Tradition denkt das absolute Sein als frei, oder besser: als jenseits der Vielheit und Unterschiedenheit der Wesen und Dinge und ebenso als jenseits ihrer Einheit. Dementsprechend liest man im Gorakṣaddhāntasaṃgraha (GGS, S. 13):

> »Von den Vollendeten wurde gesagt: Der unveränderliche Ort, der geschaut wird und der frei von Vielheit und Einheit ist, dieser allein ist die Wahrheit...«[6]

Auch in anderen Texten des Nāthasampradāya wird betont, daß die Lehre der Siddhas (Siddhānta) ein Sein lehrt, das über Vielheit und Einheit steht, um dann diese Lehre auch unter das Schlagwort »Paramādvaita«, höchste Einheitslehre, zu stellen. Es heißt auch, die Veda-Anhänger seien Dualisten und die Bhikṣus (hier sind Vedāntins gemeint) seien Monisten, doch die Siddhas stünden über derartigen Konzeptionen und Beschränkungen.[7]

Der bekannteste Begriff oder Name (nach ihm ist auch der Nāthasampradāya benannt) für das Absolute ist »Nātha«, Herr, dessen Variante »Ādinātha« (»uranfänglicher Herr«) auch im ersten Vers, dem Maṅgalavers, der

SSP erscheint. Im GSS wird das Höchste unter anderem folgendermaßen beschrieben:

> »Aus dem Höchsten Herrn (Nātha), der jenseits von Formhaftem und ohne Form Seienden ist und auch jenseits von Nicht-Zweiheit existiert...«[8]

An einer anderen Stelle sagt der GSS (S. 7): Der Nātha sei *»Śivād uttamo«*, höher als Śiva, und *»sarvottamo«*, höher als alles oder: das Höchste von allem. Außerdem habe nach dem GSS (S. 75) Gorakṣanātha in der SSP nur von der Täterschaft Śivas (selbstverständlich mit und durch seine Śakti) gesprochen und niemals von jener des Nātha. Denn das Absolute, wie weiter unten gezeigt werden wird, wird in der Nāthatradition und auch in der SSP selbst als frei von jeglichem Handeln und Verursachen gedacht.

Dieser kleine Ausflug in andere Nātha-Werke sollte der Einordnung der Lehre Gorakṣanāthas bzw. der SSP in die oft durch einen Begriff (-ismus = -vāda) charakterisierten Lehren indischen Denkens dienen.

Das Absolute in der Siddha-Siddhānta-Paddhati

Die in der SSP verwendeten Bezeichnungen für das Absolute sind mannigfaltig. Der wohl am häufigsten auftretende Begriff ist das in der Übersetzung meist mit »Höchstes« wiedergegebene »paramaṃ Padam«, was wörtlich eigentlich »höchster Ort« oder »höchster Stand« heißt.[9] Es wird meist als das Ziel des Yoga genannt, in dem und mit dem sich das Individuum eint oder wiedervereint (SSP 5,1 und 5,10).

Im vierten und fünften Vers der SSP wird auf das Absolute dann noch ein weiterer Name, oder besser Nicht-Name, angewandt: »Anāma«, das Namenlose, das Unaussprechliche. Es besteht vor dem höchsten Sein (Akula) und dessen Kraft (Kula). Seine ursprüngliche Śakti (nijā

Śakti) stellt die Grundlage für die Ausbildung jeglicher Art von Existenz dar (vgl. SSP 1,4+5 und 4,1). Sie ist seine Beschaffenheit bloßen Wollens (icchāmātradharmā) und zugleich die Trägerin von (weiteren) Beschaffenheiten. Sie hat aber das höchste, absolute Bewußtsein zu ihrer Selbstform (saṃvitsvarūpā). Das Absolute wird hier also auch »Saṃvit«, Bewußtsein, genannt, wie im monistischen Tantrismus oft üblich. Die *nijā Śakti* hat ferner die Form des Geistes oder des Bewußtseins (Cidrupinī, SSP 4,1:6). Ihr Bewußtsein oder ihre Geistigkeit muß jedoch als vom absoluten Bewußtsein verschieden betrachtet werden, wie dies in der SSP durch die verwendeten Begriffe ausgedrückt wird (Saṃvit für das Absolute und Cit für das Bewußtsein der Śakti). Das Verhältnis zwischen der ursprünglichen Śakti und dem Absoluten ist also eines von Dharma und Dharmī, von Beschaffenheit und ihrem Träger. Gemäß dem überall betonten Monismus der SSP und angesichts der Tatsache, daß die Śakti das Absolute zu ihrer Selbstform hat, ist sie jedoch in ihrem Wesen identisch mit dem Absoluten und ist nur eine Seinsweise oder Zustandsform des Allerhöchsten. Somit wird hier der Dharma, die Beschaffenheit, als nicht verschieden von seinem Träger, dem Dharmī, aufgefaßt, wie dies in ähnlicher Weise auch in der Philosophie des Sāṃkhya oder des Viśiṣṭādvaita festzustellen ist. Die Beschaffenheit (die nijā Śakti) ist gleichsam eine Zustandsform ihres Trägers (des Anāma).

Die nijā Śakti kann außerdem als der Zustand oder die Stufe der wesenhaften Einheit von Kula (= Śakti) und Akula (= Śiva) (SSP 4,2) gefaßt werden. Das Absolute aber transzendiert selbst diese Einheit, die ja der Seinsstufe der nijā Śakti zuzuordnen ist. Das unaussprechliche Absolute ist nicht die Ursache des Universums und nicht sein Schöpfer (SSP 1,4). Erst die aus ihm projizierten oder durch seine höchste Śakti offenbarten Kräfte und Aspekte werden zur Ursache des Alls und dessen Kräften.[10]

Eine wieder andere Weise der SSP, das Allerhöchste zu beschreiben, ist die Lehre von der vollkommenen Einheit vom Selbst (Ātmā) – wobei hier das universelle Selbst gemeint ist –, vom transzendenten Selbst (Paramātmā), das hier dem absoluten Brahman entspricht, und vom individuellen Selbst (Jīvātmā), das als eine individuelle Ausformung von Ātman-Brahman im Individuum aufzufassen ist (SSP 6,24 und 6,96). Zuweilen wird sie auch nur als die Einheit von individuellem und transzendentem Selbst beschrieben (SSP 6,29+30).

Diese Einheitskonzeption scheint im Mittelpunkt der Lehre der SSP zu stehen. Wenn sie auch nicht immer in dieser Form ausgesprochen wird, so nennt Gorakṣanatha sie doch »Ādeśa«, die Lehre, die Anweisung schlechthin (SSP 6,96). Diese Lehre, diese »Anweisung«, ist eine dogmahafte Beschreibung jener vorliegenden Lehre von der Einheit und dient den praktischen Zwecken der Meditation. An anderer Stelle (SSP 6,30+31) wird diese Einheit »Mudrā«, das Siegel, oder das Mysterium genannt, das die Götter erfreue, die Dämonen verscheuche und zum Ziel führe. Diese beiden Bezeichnungen (Ādeśa und Mūdrā) deuten darauf hin, daß dieser Gedanke der Einheit des Selbst in seinen verschiedenen Stufen als eine Art Essenz, als die Basis der gesamten Lehre gesehen wurde. *Ādeśa* ist nach dem Nāthatext »Sampradāyanirṇaya« (Vers 10) auch der Gruß oder die geistige Vergegenwärtigung, die Siddhas oder Nāthayogins üben, wenn sie einander begegnen, so wie die Sādhus und Swamis anderer Richtungen an den allem innewohnenden Aspekt Viṣṇus, Nārāyaṇa, denken. Angeblich soll dieser Gruß unter Nāthasiddhas noch heute verwendet werden.[11]

Die Einheit des individuellen, transzendenten und kosmischen Selbst und die Einheit allen Seins in und als Gott, wie ein Monismus sie in der einen oder anderen Form lehrt, ist hier als eine vollkommene Einheit in der Essenz (Sāmarasya) zu denken, denn die verschiedenen Formen der Existenz bedürfen einer gewissen Unterschiedenheit, um real manifest sein zu können. Aus dieser Blickrichtung ist die Lehre der SSP also ein Bhedābhedavāda (gleichzeitige Einheit und Verschiedenheit). Dieser Bhedābhedavāda wird hier aber so verstanden, daß das höchste Bewußtsein sich *in seiner Vollständigkeit* in allen Formen der kosmischen Existenz manifestiert und doch die Grundlage aller Manifestation bleibt, es selbst bleibt (SSP 4,28–30; ebenso SSP 3,14 und 4,12+13). Zu gleichzeitiger Einheit und Verschiedenheit des Seins kommt in der Lehre der SSP eben noch ein Absolutes hinzu, das, unsagbar, jenseits von Bheda und Abheda liegt.

Gorakṣanātha will mit seiner Lehre vom Absoluten jenseits allen Erfassens ausdrücken, daß den Konzeptionen von Advaita (Einheit) und Dvaita (Zweiheit, Vielheit) eine sie tragende und umfassende, eine sie vollkommen harmonisierende Über-Einheit zugrunde liegt. Und diese absolute Über-Einheit manifestiert sich nun in vielfältiger Weise in Stufen höchsten Seins ebenso wie in mannigfaltigem kosmischen Werden.

3. Śiva und Śakti

Das vierte Kapitel der SSP entspricht in Begriffen und Lehren über weite Strecken gängigen, monistischen tantrisch-shivaitischen Lehren. Die im ersten Kapitel getroffenen klaren Unterscheidungen und Einteilungen werden hier etwas aufgeweicht, was durchaus beabsichtigt sein mag.

Das Absolute und Śiva-Śakti

Es wird schwieriges Terrain betreten, wenn das Verhältnis des Absoluten zu Śiva-Śakti betrachtet wird. Denn wie so oft in Werken dieser Art, findet auch hier stets ein subtiles Spiel mit Einheit und Trennung von Wirklichkeiten statt, ein Spiel, mit dem man der eigentlichen, nicht in Worten auszudrückenden Wirklichkeit am nächsten kommt. In monistischen Lehren gibt es niemals wirkliche Trennung, wohl aber Unterscheidungen oder Verschiedenheiten im höchsten Sein und seinen Manifestationen.

Das Absolute ist Anāma, jenseits von Vielheit und Einheit, es ist das absolute Bewußtsein (Saṃvit). Seine ursprüngliche oder eingeborene (nijā) Śakti ähnelt einer Art Beschaffenheit bloßen Willens. Sie ist der Wille und das Bewußtsein des Absoluten, aus der die anderen Aspekte der Śakti hervorgehen (SSP 1,6–7). Sie verkörpert die dynamische Seinsweise des Absoluten und Śiva seine statische. Die Śakti verschmilzt aber auch mit Śiva selbst, wenn sie sich ganz im Zustand inneren Gewahrseins befindet (SSP 4,7:7+8). Das Absolute heißt im hier betrachteten vierten Kapitel der SSP ausschließlich Saṃvit (Bewußtsein, Geist), das auch die äußere Form von Selbst-Beziehung und Selbstdifferenzierung (Vimarśa) besitzt und so als verschiedene Śaktis erscheint. In diesem Kapitel verschwimmt die Abgrenzung des Absoluten zu seiner höchsten Śakti oder seinen Śaktis etwas, im Gegensatz zur eindeutigen Definition von Anāma und nijā Śakti im ersten Teil der SSP. Doch wird Saṃvit, das Absolute, klar als das höchste Prinzip herausgestellt und als die Selbstform (Svarūpa) der höchsten Śakti bezeichnet.

Das bedeutet nun, daß das Absolute, beschrieben als Saṃvit, als eigenste Form zwar das transzendente Bewußtsein hat, doch als äußere Form ebenso Vimarśa, die Kraft der Selbst-Beziehung und Selbstdifferenzierung in der Form der vielfältigen Śaktis, besitzt. Man könnte zu diesem Gedanken sagen, daß »Saṃvit« das Absolute beschrieben als höchstes Bewußtsein und »Anāma« das Absolute beschrieben als ein höchstes, unaussprechliches Sein ist. Somit wäre auch eine gewisse engere Beziehung zwischen Anāma und Śiva einerseits und zwischen Saṃvit und Śakti andererseits hergestellt, wie dies in der SSP zuweilen tatsächlich geschieht (vgl. SSP 4,1; 4,9 und 4,30).

Der Monismus der SSP nimmt wie jener der monistischen shivaitischen und shaktistischen Schulen eine Doppelform an: Es gibt das transzendente, unaussprechliche Absolute (Anāma) und das »benennbare« Eine, nämlich Śiva – Śakti, eine Art höchste Manifestation, die sich noch auf einer gänzlich transzendenten Stufe des Seins befindet. Diese höchste Manifestation Śiva – Śakti ist die Grundlage für die Manifestation des Universums. Die höchste Śakti (nijā Śakti) ist Zustand oder Stufe (Bhūmikā) der Einheit von Śiva und Śakti. Somit kann das Absolute selbst jenseits dieser Einheit und natürlich auch jenseits der kosmischen Vielheit sein als eine »unsagbare« Einheit, als »DAS«, »TAT«, wie es in den Upanishaden oft bezeichnet wird. Die nijā Saktī nimmt dadurch unter den Śaktis eine Sonderstellung als höchstes Prinzip der Einheit und des dynamischen Bewußtseins ein.[12]

Das Verhältnis von Śiva und Śakti

Śiva und Śakti bilden nach der SSP eine Einheit, indem Śiva in Śakti und Śakti in Śiva ist, nichtunterschieden wie der Mond und sein Licht (SSP 4,26).[13] Außerdem existieren sie als Einheit vor allem in bezug auf die kosmische Manifestation: Denn Śiva ist ohne seine Kraft (Śakti) ohne Macht und nicht fähig, das All zu manifestieren (SSP 4,13). Doch durch seine Śakti erscheint er als alle Formen und bleibt dennoch er selbst. Deswegen wird er der Besitzer seiner Kraft, Śaktimān, genannt (SSP 4,12 und 4,13:1+2). Die Śakti erscheint in vielfältigen Formen, und das Absolute tritt ihr jeweils als der zugehörige Śaktimān gegenüber (SSP 6-20), als der auf der jeweiligen Seinsstufe befindliche statische Hintergrund und Träger der jeweiligen Śakti-Form.

Die kosmische Manifestation

Der Kosmos ist nach der SSP real, denn Paraśiva selbst existiert in allen seinen Formen, er manifestiert sich durch seine Śakti als das vielgestaltige Universum. Śiva besteht aus dem Universum selbst (SSP 4,13:1 und 3,14) und bleibt doch einer, als seine Selbstform, Svarūpa (SSP 4,12). Die kosmische Manifestation verhält sich zum transzendenten Sein Śivas wie Wasserblasen zum See, d. h., sie sind von der Substanz des Sees und einer Gestalt mit ihm (SSP 4,11), somit durchaus real, wenn auch vergänglich und veränderlich. Dies entspricht in etwa dem Bild, gängig in den Systemen, die einen Bhedābhedavāda vertreten, in dem die absolute Einheit mit dem Meer und die vielfältige Schöpfung mit dessen Wellen verglichen werden.

In der SSP wird also die Auffassung vertreten, daß das Universum real sei, was auch offenbar wird in Vers 4,10, wo es heißt, die höchste Śakti lasse die höchste Realität (paraṃ Tattvam) zum Universum werden. Das ist ein »Pariṇāma«, eine reale Transformation des Höchsten zum Kosmos. Doch wird dieser Vorgang der Manifestation auch noch anders beschrieben, nämlich mit dem Wort »Sphuraṇa« (SSP 4,13:2), einem lichtvollen Offenbaren (das Wort trägt auch die Bedeutung von Schwingung in sich), und ebenso mit dem Verbum »sphuṭī-kṛ« (SSP 4,10:1), offenbaren, manifest werden lassen. Beides Begriffe, die die Realität des offenbarten Universums nahelegen. Śiva wird aber auch als »Sarvasyābhāsako«, der das All erscheinen Lassende, oder als »in der Form des Alls erscheinend« (Viśvarūpeṇavabhāsamānam) angesprochen. »Ābhāsa«, Schein, ist ein Begriff für die Schöpfung als illusionärer Schein (vgl. SSP 4,4 und 4,13). Das mag einmal mehr den undogmatischen Charakter der SSP verdeutlichen, wobei verschiedene Theorien herangezogen und jede als auf ihre Weise gültig betrachtet wird, denn es handelt sich, so würde ein Siddha wohl argumentieren, ja »nur um Worte«, die die Wahrheit ohnehin niemals ganz erfassen und darstellen können (vgl. SSP 5,3–5). Der Grundton der SSP ist aber alles andere als illusionistisch, da Śiva stets als das Universum selbst (Viśvamayo, SSP 4,13:1 und 3,14) oder als sich als das Universum manifestierend beschrieben wird (4,12+13).

Alles Dasein hängt hinsichtlich seiner Essenz und seiner äußeren Existenz vollständig vom Absoluten ab, denn ohne das Absolute wäre es nicht. Das Höchste ist in jedem Teil, in jeder Form des Geschaffenen anwesend, ja, es manifestiert sich *als* diese Teile und Formen (SSP 3,14; 4,12+13 und 4,28–30). Das bedeutet nach der SSP sogar, es existiert nichts, was nicht in seinem Wesen das Absolute selbst wäre. Es gibt nur eine Substanz, Paraśiva, und deswegen ist notwendigerweise alles aus ihr geformt, ohne daß die vielfältigen Formen unwirklich wären oder Paraśiva sein transzendentes Bewußtsein und Sein verlöre. Grund für dieses Manifestieren als vielfältige Formen ist der freie Wille des Absoluten, die Freude an der kosmischen Selbstoffenbarung.[14]

Kula und Akula

Śiva, die untätige, statische Seinsweise des Absoluten, wird auch *Akula* und *Śakti* wird auch *Kula* genannt. Allerdings verwendet Gorakṣanātha in der SSP den Begriff Kula zumeist in einem etwas anderen Sinn als vergleichbare Traditionen. Im kaśmirischen Shivaismus wird Kula folgendermaßen definiert:

> Kula ist die Śakti Parameśas (= Śivas), seine Stärke, Höhe, Unabhängigkeit, Kraft und Macht, die kosmische Realität, sein Bewußtsein und Körper.[15]

Kula trägt hier also folgende zwei Bedeutungen: erstens die Kraft (Śakti) Gottes, und zweitens das durch diese Kraft Hervorgebrachte, die Gesamtheit allen manifestierten Seins. In der SSP ist Kula jedoch ein höchstes Prinzip, das die Schöpfung zwar bedingt, indem es Seinsweisen wie »höchste Ichheit«, »Existenz«, »offenbarendes Licht« und »Höchstes« sein eigen nennt (SSP 4,3–8), das heißt, es ist die Ichheit, das Seiende und die Offenbarungskraft des Absoluten und somit die Voraussetzung zur Manifestation und dessen Grund, es wird aber meist nicht als die kosmische Manifestation selbst betrachtet. Es ist die Śakti des Absoluten. Der zweiten Bedeutung von Kula, jene einer kosmischen Manifestation und Ganzheit, entspricht in der SSP der Begriff »Piṇḍa«.

Akula ist in der SSP eins mit Kula, und sein reines Sein wird durch die Kraft Kulas zur Gesamtheit des manifestierten Seins. Akula ist das »Allerhöchste« und daher letztlich das Anāma selbst (SSP 4,9). Es ist das untätige, der Śakti bedürfende Prinzip, das Anāma in seinem statischen Aspekt, in einem gewissen Sinne also ist es Śiva. Die höchste Śakti hat Akula und Kula (als Einheit) zu ihrer eigensten Form (SSP 4,2).[16] Das Absolute steht über allen diesen Seinsweisen seiner selbst (SSP 1,4).[17] Es ist dies somit nur eine weitere Weise, das Höchste und seine Seinsweisen Śiva und Śakti zu beschreiben, mit Begriffen (Kula und Akula), die in verwandten Systemen gängig sind und die hier dem eigenen System etwas modifiziert eingefügt werden.

4. Die Seinsweisen des Unaussprechlichen Einen

Das gesamte erste Kapitel des Werkes ist der Beschreibung der Evolution des Alls aus dem höchsten Prinzip gewidmet. Es ist, was Begriffe und Gedanken betrifft, der charakteristischste und der eigentümlichste Abschnitt des Werkes und hebt sich von den in anderen Texten gängigen

Begriffen und Darstellungsweisen der Evolution des Alls aus dem Absoluten stark ab. Es werden die Seinsstufen, deren Bestandteile und die Eigenschaften jener Bestandteile oder Prinzipien aufgezählt. Der Text geht in diesem Abschnitt nicht auf die Bedeutungen und Funktionen der Prinzipien näher ein, und diese müssen daher vor allem aus Attributen, die den Prinzipien zugeschrieben werden, erschlossen werden.

Schon im ersten Vers der Abhandlung wird darauf hingewiesen, daß es eine Entstehung oder Entfaltung des individuellen wie kosmischen Seins eigentlich, d. h. vom Standpunkt der Wahrheit aus gesehen (satyavicāre), nicht gibt. Sie werde aber dennoch erklärt, damit man darüber reden und nachdenken kann (SSP 1,2). Daraus folgt, daß Gorakṣanātha entweder annimmt, der Kosmos bestünde ewig und es gäbe keine Entstehung der Schöpfung und keinen Prozeß der Entfaltung, oder aber er will damit sagen, daß die Entstehung und damit die Existenz des Kosmos und seiner Wesen irreal, illusionär sei. Es fehlt in der SSP zwar nicht an Begriffen, die auf die idealistische, illusionistische Theorie des Kosmos als Scheinprojektion schließen lassen, insgesamt überwiegen jedoch realistische Tendenzen.

In der vierten Unterweisung wird ja von einer Manifestation Śivas gesprochen, was aber nicht notwendig einen Prozeß des Manifestierens mit einschließt. Diese kosmische Manifestation Śivas bedeutet nur, daß Śiva sich als der Kosmos manifestiert, ohne die Möglichkeit einer ewigen, vielleicht auch nur keimhaften Manifestation auszuschließen, welche besteht, wenn Śiva besteht.

Der Begriff »Piṇḍa«

Das »Werden« des Höchsten zum Kosmos wird stufenweise beschrieben. Der zentrale Begriff bei diesem Manifestationsvorgang ist das Wort »Piṇḍa«, das eigentlich soviel wie Masse oder Körper bedeutet. Doch hier steht es an ungewöhnlich prominenter Stelle, ja, das ganze System der SSP fußt auf ihm. Es ist wahrscheinlich auch der einzige Begriff, der, zusammen mit verschiedenen aus ihm gebildeten, zusammengesetzten Begriffen als typisch für Gorakṣanāthas Philosophie in der SSP angesehen werden kann.

Piṇḍa wurde hier mit »Seinseinheit«, »Wesen«, und wenn nicht anders erforderlich, mit »Körper« übersetzt. Denn Piṇḍa bezeichnet eine jeweils in sich vollständige, integrale Einheit des Seins, sei es der Parapiṇḍa, die höchste Seinseinheit, auf einer höchsten Ebene des Seins, als eine Art höchste Manifestation des Absoluten als Śakti, oder sei es der Garbholipiṇḍa, der menschliche Körper – immer ist das System in sich vollständig. Das deutet darauf hin, daß jede Seinseinheit wesenhaft das ungeteilte Absolute selbst ist. Denn Śiva manifestiert sich als alle Wesen und Seinseinheiten, in jedem in seiner Vollständigkeit, und somit verbleibt jede Seinseinheit, jedes Wesen, in sich vollständig und ganz.

Das Wort Piṇḍa ist als der Körper des Absoluten zu sehen, aus ihm hervorgegangen und mit ihm in seinem Wesen identisch, nicht bloß eine kosmische »Gewandung« Gottes. Jedes Individuum ist somit in seinem Wesen identisch mit dem Höchsten. Jeder Teil des Alls ist ein Piṇḍa, ist selbst wesenhaft das Ganze, das Göttliche. Paul Eduardo Muller-Ortega beschreibt dies, indem er sich auf die Konzeption von Kula bei Abhinavagupta bezieht, folgendermaßen:

> »Wenn sich die absolute Wirklichkeit zur Manifestation ihrer selbst hinbewegt, kann es jeden Teil nur aus sich selbst aufbauen, das bedeutet, aus dem Ganzen. Wenn es nur eine Wirklichkeit gibt, dann ist jede Manifestation, die aus dieser Wirklichkeit hervortritt, in ihrer Essenz aus dieser Wirklichkeit aufgebaut. Mehr noch, selbst wenn das Absolute scheinbar zerrissen,

gespalten und geteilt ist durch den Manifestationsvorgang, können diese Teilungen den essentiellen Zustand Śivas als Absolutes nicht verändern... In der unbegreiflichen Größe von Śivas Spiel kann jede in sich vollständige Einheit, zum Beispiel unser Universum, ›Kula‹ genannt werden [bzw. Piṇḍa]. Die Einheit (unit) genügt sich selbst, gerade weil sie aus dem Ganzen aufgebaut ist. Da die Wirklichkeit des Kula [Piṇḍa] in ihrer Essenz letztlich diese Ganzheit ist, aus der sie entstanden ist, schwingt jede Untereinheit oder Kula mit jeder anderen Struktur, die aus der Ganzheit zusammengesetzt ist, in einem Gleichklang, der Identität ist.«[18]

Seinseinheiten und ihre Entstehung

Der Vorgang der Evolution der Welt aus dem Absoluten ist nun folgender: Aus der nijā Śakti, die als bloßer Wille und als das Bewußtsein des Absoluten aufgefaßt wird, »entstehen« weitere Manifestationen jener Śakti und das *Anāma* tritt diesen Śaktis in einer Art Repräsentation seiner selbst gegenüber, entsprechend den Śaktis, als deren Träger und Besitzer (Śaktimān). Die Śakti in ihren verschiedenen aus der nijā Śakti entstandenen Formen bildet den *Parapiṇḍa* (auch Śaktitattva genannt), und diesem wird der *Anādyapiṇḍa* (die anfanglose Seinseinheit) als das Absolute in verschiedenen Seinsweisen seiner selbst zugeordnet (SSP 1,15 ff). Der Anādyapiṇḍa entspricht in etwa dem Śivatattva anderer Schulen. Parapiṇḍa (Śakti) und Anādyapiṇḍa (Śiva) meinen also die dynamische und statische Zustands- und Seinsform des Absoluten, seine allerersten Manifestationen.

Der Unterschied zwischen dem Absoluten und dem Anādyapiṇḍa scheint in einer gewissen Differenzierung des Zustandes und einer Art Repräsentation des Namenlosen in Namen, als ein für den Yogin Erreichbares und

Erstrebbares, zu liegen. Denn das Anāma entzieht sich dem Streben des Yogin, der daher das Absolute als Benennbares, wenn auch über aller formhaften Vorstellung Befindliches, benötigt, um es anstreben zu können, um ihm »begegnen« zu können. Das Anāma ist unaussprechlich und entzieht sich lange Zeit sogar der Meditation des Yogin. Auch deshalb stellt es aus sich fünf Seinsweisen seiner selbst heraus (= Anādyapiṇḍa), um benannt, um erreicht werden zu können. Diese benennbaren Seinsweisen führen den Yogin dann zum Unbenennbaren hin, da sie eigentlich selbst das Anāma sind. Vom Standpunkt der Schöpfung aus gesehen, ist der Anādyapiṇḍa einfach das erste Herausbewegen aus dem Zustand der Absolutheit auf das Universum zu, ohne aber schon Schöpfung zu sein oder die Transzendenz und Unendlichkeit in irgendeiner Weise zu verlieren.

Die fünf Repräsentationsweisen des Anādyapiṇḍa sind der jeweilige Śaktimān. Diese gelten als die Besitzer der fünf Śaktis und werden auch als Zustände des Seins bzw. des Bewußtseins beschrieben. Die Śaktis bedingen durch ihr In-Existenz-Treten gewissermaßen das Absolute als ihren jeweiligen Śaktimān, als fünffachen Śiva entsprechend den fünf Śaktis.

Wie geht nun diese Selbstmanifestation des Höchsten im Gesamten vor sich? Fast alles fußt hier auf der Fünfzahl. Es gibt stets fünf Seinsprinzipien, die jeweils durch fünf Qualitäten charakterisiert sind. Der *nijā Śakti*, die auch als die erste Śakti des Śaktitattva gilt, ist das Anāma unter dem Namen Allerhöchstes (*Aparaṃparam*) im Zustand vibrierenden Lichts zugeordnet. Durch ein bloßes Hinschauen (unmukhamātreṇa) in Richtung Manifestation entsteht aus der nijā Śakti die *parā Śakti*, die höchste Śakti. Sie unterscheidet sich schon etwas deutlicher vom Absoluten. Ihr Śaktimān, das *paramaṃ Padam*, der höchste Ort oder das Höchste, wird in anderen Abschnitten des Werkes stets als Ziel des Yoga genannt. Dementsprechend wird ihm der Zustand Bhāvanā zugeordnet: Meditation, Versenkung. Paramaṃ Padam bezeichnet also, so könnte man sagen, den durch die Meditation angestrebten Aspekt des Göttlichen.

Die *aparā Śakti*, die niedrigere Śakti, entsteht aus der parā Śakti durch ein subtiles Vibrieren (Spandana) und begründet somit definitiv die Bewegung, die zur Manifestation des Kosmos führt, denn Spandana ist die »kreative Vibration« Śivas, wenn er das All manifestiert. Auch die der aparā Śakti zugeordneten Eigenschaften deuten allesamt darauf hin: Sie offenbart, dehnt sich aus, manifestiert, erscheint ... (SSP 1,10). Das Anāma erscheint als Śaktimān der aparā Śakti in der Form von *Śūnyam*, der transzendenten Leere, die zugleich unendliche Fülle, pūrṇam, bedeutet (SSP 1,18). Reines Selbst-Sein (Svasattāmātram), leer von allem anderen, ist der Zustand des Śūnyam.

Aus der aparā Śakti geht die *Sūkṣmaśakti*, die subtile Śakti, hervor, und das Absolute tritt zu ihr als das *Nirañjanam*, das Unmanifestierte, Unbefleckte. Das Ichbewußtsein entsteht auf dieser Stufe, da reine Selbstwahrnehmung der entsprechende Zustand des Nirañjanam ist.

Die fünfte Form der Śakti ist die Kuṇḍalinī-Śakti, die bereits wahrnimmt und fühlt. Sie reflektiert die Natur des Absoluten in sich, ist auf Manifestation hin gerichtet, machtvoll und besitzt Bewegung. Sie fungiert somit als das die Erschaffung des Universums verursachende Prinzip, die »Mutter« allen Werdens. Das Absolute nimmt hier die Form des höchsten Selbst, *Paramātmā*, an. Der ihm zugeordnete Bewußtseinszustand ist ebenjener, das höchste Selbst zu sein (SSP 1,15:4).[19]

Aus diesen höchsten Seinsprinzipien entsteht die uranfängliche Seinseinheit, der *Ādyapiṇḍa* (SSP 1,22–29). Es ist das Prinzip des reinen Ich, in welchem Zustände wie Glückseligkeit, Erkenntnis, das In-Erscheinung-Treten des Bewußtseins, reines Bewußtseinslicht (Prakāśa) und die Erkenntnis »Ich bin Er« existieren. Diese Erkenntnis

Der Aufbau des Seins nach der Siddha-Siddhānta-Paddhati

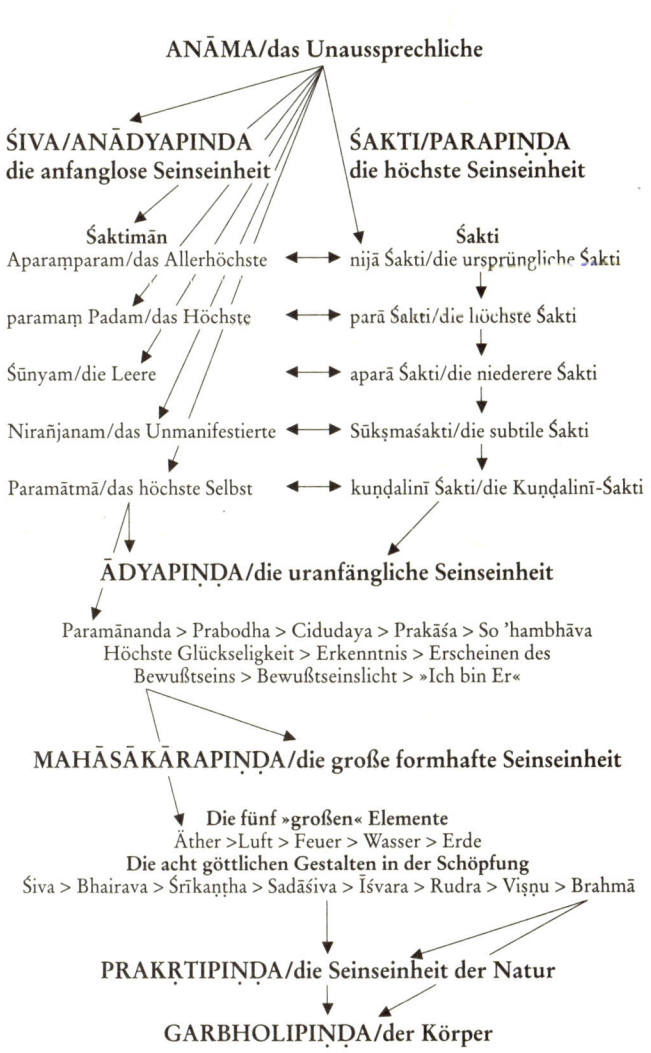

ANĀMA/das Unaussprechliche

ŚIVA/ANĀDYAPINDA
die anfanglose Seinseinheit

ŚAKTI/PARAPIṆḌA
die höchste Seinseinheit

Śaktimān		**Śakti**
Aparaṃparam/das Allerhöchste	↔	nijā Śakti/die ursprüngliche Śakti
paramaṃ Padam/das Höchste	↔	parā Śakti/die höchste Śakti
Śūnyam/die Leere	↔	aparā Śakti/die niederere Śakti
Nirañjanam/das Unmanifestierte	↔	Sūkṣmaśakti/die subtile Śakti
Paramātmā/das höchste Selbst	↔	kuṇḍalinī Śakti/die Kuṇḍalinī-Śakti

ĀDYAPIṆḌA/die uranfängliche Seinseinheit

Paramānanda > Prabodha > Cidudaya > Prakāśa > So 'hambhāva
Höchste Glückseligkeit > Erkenntnis > Erscheinen des Bewußtseins > Bewußtseinslicht > »Ich bin Er«

MAHĀSĀKĀRAPIṆḌA/die große formhafte Seinseinheit

Die fünf »großen« Elemente
Äther >Luft > Feuer > Wasser > Erde
Die acht göttlichen Gestalten in der Schöpfung
Śiva > Bhairava > Śrīkaṇṭha > Sadāśiva > Īśvara > Rudra > Viṣṇu > Brahmā

PRAKṚTIPIṆḌA/die Seinseinheit der Natur

GARBHOLIPIṆḌA/der Körper

»Ich bin Er« (So 'ham) bedeutet das beständige Wissen um die innerste Identität aller Wesen mit dem Absoluten. Vielleicht soll damit auch angedeutet werden, daß die Seele die Seinsstufe des Ādyapiṇḍa erreichen muß, um ihre wesenhafte Identität mit dem Höchsten zu realisieren. Das Höchste ist auf dieser Stufe der Selbstmanifestation Handelnder und Erkenner, es ist frei, allmächtig, allwissend und dazu fähig, das Universum zu erfahren. Es vibriert in schöpferischer Schwingung und strahlt aus sich selbst heraus. Dennoch bleibt es jenseits aller Differenzierungen und ungeteilt. Es ist die schaffende göttliche Person, die in anderen Schulen Sadāśiva oder Īśvara genannt wird. Sie hat zugleich Anteil an höchstem Sein wie an kosmischer Manifestation und Erfahrung.

Aus diesem Ādyapiṇḍa entsteht das erste kosmische und formhafte Seinsprinzip, die große formhafte Seinseinheit, *Mahāsākārapiṇḍa*. Diese umfaßt die fünf subtilen Grundenergien und -qualitäten des Universums: Äther, Luft, Feuer, Wasser und Erde in ihrer »großen« Form (SSP 1,30–35).

Innerhalb der kosmischen Seinsstufe Mahāsākārapiṇḍa manifestiert sich der Höchste in Form von acht göttlichen Personalitäten, die jeweils auseinander hervorgehen: Śiva, Bhairava, Śrīkaṇṭha, Sadāśiva, Īśvara, Rudra, Viṣṇu und Brahmā.

Nun wird durch den bewußten Willen *Brahmās*, des Schöpfers und Demiurgen, der sein »Blick« (avalokana) genannt wird, die Seinseinheit der Natur, der *Prakṛtipiṇḍa*, hervorgebracht. Das bezeichnet den Beginn der Schaffung von Individuen.

Dieser »natürliche« Körper des Absoluten (SSP 1,37–68) ist nicht die materielle Schöpfung allein, einen großen Teil dieses Prinzips machen die verschiedenen psychologischen Zustände des Menschen aus. Darüber hinaus umfaßt es die Manifestationen der drei Guṇas,[20] der Zeit im menschlichen Bewußtsein und die das menschliche System belebende Seele, Jīva. Auch die subtilen Winde und Nerven gehören dem Prakṛtipiṇḍa an. Man könnte den Prakṛtipiṇḍa als die Stufe der materiellen, subtilphysischen und mentalen Kräfte im Kosmos bezeichnen, die sich bereits auf ihr Erscheinen im menschlichen Individuum hin ausrichten.

Als letzte Stufe des Werdens entsteht der individuelle menschliche Körper, *Garbholipiṇḍa* genannt (SSP 1,69–73), der in der Aufzählung seiner Bestandteile wie in seiner Entstehung aus dem Samen des Vaters und der »sexuellen Flüssigkeit« der Mutter dargestellt wird. Am Ende der Beschreibung der vorgeburtlichen Entwicklung heißt es: Das Kind besitzt im zehnten Monat den Keim aller wahren Erkenntnis, doch durch die Berührung des Schoßes der Mutter bei der Geburt wird das Kind unwissend (SSP 1,70:8+9). Das ist eine der wenigen Aussagen in der SSP, die klar auf die Entstehung oder ein Vorhandensein des Zustandes von Unwissenheit verweisen, der ansonsten als selbstverständlich vorausgesetzt wird.

Der Garbholipiṇḍa als eine körperliche Individualisierung der fünf Elemente des Prakṛtipiṇḍa ist nichts anderes als eine individualisierte Spezialform dieses größeren Piṇḍa. Die Manifestation des Höchsten als Universum samt seiner Wesen ist somit an seinem untersten Ende, in der dunkelsten Unwissenheit materieller Existenz angelangt und muß von da aus den Weg zurück, den Weg ins Innere, den Weg in die Einheit nehmen und zugleich die eigene Natur vervollkommnen (SSP 5,10–12).

5. Mikrokosmos und Makrokosmos

Im dritten Kapitel der SSP wird die Analogie zwischen Universum und Mensch, zwischen den Welten und Wesen des Universums und dem Körper des Menschen bzw. seinen körperlichen und psychischen Funktionen dargestellt. Doch geht diese Lehre von Mikro- und Makrokosmos noch weit über bloßes Denken in Analogien hinaus. So entsprechen psychische Zustände (z. B. Glücksgefühl) des Menschen oder Teile des menschlichen Körpers Teilen (Orten) des Kosmos oder Wesenheiten, die den Kosmos bewohnen (Götter, Dämonen etc.), derart, daß sie in einem recht konkreten Sinne als dasselbe angesehen werden dürfen.

Die grundsätzliche Entsprechung von Mikrokosmos und Makrokosmos ist in Indien seit ältester Zeit sichtbar, die Yogaschriften und die Tantras bilden dabei keine Ausnahme.[21] Die Subtilphysiologie wurde in dieses Schema der Gleichsetzung miteinbezogen, indem zum Beispiel schon in älteren Upanishaden die subtilen Winde (Prāṇāḥ, Vāyavaḥ) im Körper den Winden im Universum analog gesetzt wurden.

Auch im vorliegenden Werk Gorakṣanāthas werden die subtilen Nerven (Nāḍīs), die Cakras und andere Punkte und Teile des Körpers jeweils Bergen, Gegenden, Flüssen, Welten usw. analog bzw. gleich gesetzt. Ebenso wird in der SSP mit jeder Körpersubstanz, vielen Körperfunktionen und auch psychischen Zuständen verfahren. Auch sie werden verschiedenen kosmischen Erscheinungen, Welten, Göttern oder anderen Wesenheiten zugeordnet.

Der Yogin, so die SSP, muß die gesamte Welt mit all ihren Wesen, beweglichen wie unbeweglichen, als in seinem eigenen individuellen Wesen befindlich wahrnehmen, will er dieses sein Wesen wirklich erkannt haben (SSP 3,1). Der Yogin muß also realisieren, daß, wie sein innerstes Selbst, Jīvātman, eigentlich dem Paramātman gleicht, ebenso sein äußeres Wesen – Körper, Körperfunktionen, psychische Zustände usw. – dem Körper des höchsten Wesens, dem Universum, entspricht, ja mit diesem identisch ist. Er erkennt sich als der »Virāṭpuruṣa«, die kosmische Person.

Diese angestrebte Identifikation des äußeren Wesens

des Yogin mit dem Universum führt zur Annahme aller Wesen, da er alle als sich selbst erfährt. Er erfährt dies aber nicht nur hinsichtlich einer wesenhaften Essenz, indem er sich etwa zu Bewußtsein bringt, daß Gott in allen Wesen wohnt, sondern ebenso in der äußeren Existenz, indem er alle Wesensäußerungen und Manifestationen im Kosmos als Manifestationen des höchsten Wesens und somit – hat er die Einheit mit diesem höchsten Wesen erlangt – als seiner selbst erkennt. Ein wichtiger Gedanke in der Lehre Gorakṣanāthas ist es eben, die Welt nicht als schreckhafte Illusion zu verwerfen, sondern sie als Gott in seiner Selbstäußerung zu erfassen, auch wenn man die Befreiung von der in dieser Welt herrschenden Unwissenheit sucht.

Mikro- und Makrokosmos erweisen sich letztlich als beinahe ununterscheidbar. Das Göttliche ist alles, und wo immer es ist, ist das Ganze gegenwärtig. Wenn der Mensch also Paraśiva ist, dann existiert das gesamte Universum und alles, was dieses transzendiert, im Menschen selber in einem ganz realen Sinn, nicht nur als Spiegelung oder Analogie. Ebensowenig läßt sich das Individuum auf eine bloße mikrokosmische Kopie Śivas reduzieren. Es stellt vielmehr eine seiner unendlichen Möglichkeiten der Selbstmanifestation dar, und Er selbst ist in seiner Manifestation vollständig gegenwärtig, mit allem, was Er ist. Das Individuum ist Śiva, in seiner Essenz wie in unvorstellbarer Weise auch in seiner äußeren Existenz und in seiner Substanz. Im letzten Vers der dritten Unterweisung heißt es:

> »*Evaṃ sarvadeheṣu viśvasvarūpaḥ parameśvaraḥ paramātmā akhandasvabhāvena ghaṭe ghaṭe citsvarūpī tiṣṭhati / Evaṃ piṇḍasamvittir bhavati //* (SSP 3,14) –
> In dieser Weise weilt der höchste Herr, das höchste Selbst, der das All zu seiner eigensten Form hat, in allen Körpern, in allen Individuen mit ungeteiltem

> Wesen, die Selbstform des Bewußtseins besitzend. Solcherart ist das Wissen um den Körper.«

Das ist die letzte und äußerste Konsequenz einer Lehre, die alles als Gottes reale Selbstmanifestation, alles als Gott selbst ansieht.[22] Das ist der Schluß, zu dem der konsequente absolute Monismus der SSP kommt, da er die Einzelseele und die Welt in ihrem äußeren Dasein als wirklich erkennt.

6. Der Weg zur Vollkommenheit

Das angestrebte Ziel

Das fünfte Kapitel, in dem von der Yogapraxis selber gesprochen wird, ist folgendermaßen überschrieben:

> »*Atha piṇḍapadayoḥ samarasakaraṇaṃ kathyate.* – Nun wird die Vereinigung des individuellen Wesens mit dem Höchsten beschrieben.«

Der Begriff »Sāmarasya«, abgeleitet von jenem »Samarasakaraṇam« im obigen Satz, bedeutet eine Identität in der Essenz und ist ein in tantrischer Literatur bekannter Terminus. Sich dieser wesenhaften, essentiellen Einheit bewußt zu werden, sie zu realisieren, ist das erklärte Ziel der Bemühungen des spirituellen Aspiranten gemäß der SSP.

Die Wichtigkeit dieser Erkenntnis von der wesenhaften Identität des individuellen Selbst mit dem transzendenten und kosmischen Selbst wurde bereits unterstrichen. Diese innere Identität besteht zwar ewig, doch ist sie dem *Jīvātmā* bzw. den Konstituenten seines äußeren Bewußtseins aufgrund der acht Fesseln (SSP 5,65) und der Unwissenheit (SSP 5,44 und 1,70) nicht bewußt. Er irrt durch die Welt des Wandels, den *Saṃsāra*, und wird von der Bewegtheit seines äußeren Wesens umhergeworfen (SSP 4,20:1).

Der Yogin muß nun durch vollkommene Erkenntnis oder Rückkehr ins Innerste diese Einheit (Aikyam, Sāmarasyam) wiedererlangen (SSP 5,10). Er befindet sich dann im Zustand höchster Wonne (SSP 5,53 und 5,65), jenseits des Zustandes der Einheit bzw. Nicht-Zweiheit.[23] Das Ziel des Yoga wird dann ebenso »Piṇḍasiddhi«, die Vervollkommnung des (eigenen) Wesens, genannt, womit aber ebenfalls die Einswerdung mit dem Höchsten gemeint ist (SSP 5,10–12). Eine Vervollkommnung aber, die das ganze Wesen umfaßt und nicht nur die Befreiung der Seele allein ist. Denn der Yogin lebt als Vollkommener (Siddha), als wahrer Guru (Sadguru) in der Welt und befreit wiederum andere von den Fesseln der Unwissenheit (SSP 5,34 und 5,74–76).[24] Schon der Weg zum Heil umfaßt durchaus die Annahme der Welt, doch muß, nachdem man alles akzeptiert hat, das Edle vom Niedrigeren gesondert und letzteres durch rechte Erkenntnis zurückgewiesen werden, die dazu führt, daß man das Edle vom Unedlen unterscheiden kann (SSP 5,20+23).

Die wesenhafte Identität von Mensch und Gott, von Jīva und Śiva, von der in anderen Schulen die Rede ist, umfaßt also den aktiven (Śakti) wie den passiven (Śiva) Aspekt Gottes. Ein Siddha ist erst jener, der auch diese beiden in sich zu einer Einheit bringt. Das bedeutet, daß der Siddha eben nicht nur die Befreiung von Unwissenheit sucht und eine Einung mit dem statischen Aspekt Gottes (Śiva), sondern ebenso die Einheit mit dem dynamischen Aspekt (Śakti) anstrebt, was eine (gewisse) Vervollkommnung der für die dynamische Selbstäußerung des Selbst benötigten äußeren Vorgänge (Denken, Wollen, Handeln, Fühlen) zur Folge hat. Die Selbstäußerung der Einzelseele entspricht eben der Funktion der Śakti. Dieses umfassende Ziel des Siddha gleicht der in vielen tantrischen Schulen angestrebten Einheit von Mukti (Befreiung) und Bhukti (Erfahren der Welt) im Tāntrika. In der SSP heißt es dementsprechend:

»Wer beide vereint, der ist ein Siddhayogin.« (SSP 6,65)

Somit geht es dem Siddha um das »Wiedererkennen« der eigenen wahren Göttlichkeit der Seele und um eine integrale, umfassende Vollkommenheit im Leben in der Welt selbst. Dieser Zustand wird sonst häufig »Sahajasamādhi«, der »natürliche« Zustand des höheren Bewußtseins, genannt.

Vorbereitende Techniken

Wenn auch sonst Gorakṣanāthas Name häufig im Zusammenhang mit dem Haṭhayoga und verwandten Techniken fällt und andere ihm zugeschriebene Werke von Haṭhayoga und Kuṇḍalinīyoga handeln, ist in der SSP von einem Haṭhayogasystem oder auch von Kuṇḍalinīyoga wenig die Rede. Es werden zwar die Cakras beschrieben, aber es scheint, als ob Haṭhayoga, Layayoga und ebenso Nādānusandhāna in ihrer technischen Ausrichtung nur untergeordnete Bedeutung für den Verfasser des Werkes haben und daher als vorbereitende Techniken für die höheren Stufen des Yoga und der Bewußtseinserweiterung Platz im SSP finden. Es mag auch sein, daß wegen der eher theoretischen Ausrichtung des Textes detaillierte praktische Anweisungen in den Hintergrund gerückt wurden.

Die Übungen des Haṭha- und Rājayoga, des Kuṇḍalinī- oder Layayoga sind in der SSP ihrer Bedeutung nach wahrscheinlich ähnlich wie die »Upāyas«, die Hilfsmittel des kaschmirischen Shivaismus, einzuordnen. Jedes dieser Hilfsmittel hat seine Gültigkeit, stellt aber eine unterschiedliche Annäherungsweise an das Göttliche dar. Auf der höchsten Stufe, dem Anupāya, dem Nicht-Hilfsmittel, ist keine Übung und keine Meditation mehr erforderlich, Śiva wird augenblicklich erkannt. Auf den anderen

Stufen, dem Śāmbhavopāya, dem Śāktopāya und dem Āṇavopāya sind jeweils mehr dem Äußeren zugewandte Methoden zu verwenden. Für die untersten Stufen lassen sich mehr physische und technische Übungen wie beispielsweise Teile des Haṭhayoga oder rituelle Methoden wie Mantrajapa anführen. Nādānusandhāna wäre wohl dem Śāktopāya zuzurechnen, da dieser Upāya eine besondere Beziehung zum Laut, Śabda, besitzt. Die höheren Stufen des Rājayoga wären dann schon auf der Stufe des Śāmbhavopāya zu finden.

Auch die »äußerlichen« Aspekte des Yogaweges, Utensilien des Yogin, Rituale, Rezitieren von Mantras usw., sind nach der SSP von spirituellem Belang, doch: »Vom höchsten Standpunkt aus gesehen, kann das Höchste nicht durch Äußerlichkeiten erlangt werden.« (SSP 5,13–19 und 5,54–59)

Wege, die nicht zum Ziel führen

Einige Arten spiritueller Betätigung erweisen sich für einen Yogin als vollends nutzlos, ja irreführend; sie sind für Menschen von Nutzen, die noch unter der Macht der psychischen Verhaltenstendenzen, die aus früheren Geburten herstammen (Saṃskāras), stehen (SSP 5,24): Alles bloße Studium von Büchern, selbst jener der Yogatradition (SSP 5,5), und gelehrte Worte allein können nicht zur Erlangung von jenem führen, das jenseits aller Worte und allen Denkens liegt (SSP 5,3). Immer, so heißt es, wenn etwas in seinem innersten Wesen erkannt werden soll, muß die spirituelle Praxis hinzukommen (SSP 5,22).

Auch lehren viele Gurus, die selbst nichts wissen, den Yoga (SSP 5,70+71) oder versuchen gar nur mit bloßen leeren Worten Erkenntnis zu übermitteln. Dabei kann das Höchste doch nur vom Aspiranten selbst erlangt und erkannt werden (SSP 5,3). Erst wenn der angehende Yogin durch jene Worte der Gelehrsamkeit völlig verwirrt worden ist, kommt er durch die Gnade eines wahren Gurus und durch die eigene innere Suche dem Göttlichen nahe (SSP 5,4), womit der Kern der Heilslehre Gorakṣanāthas angedeutet wäre: Die eigene Erkenntnis und Erfahrung des Göttlichen wird mit Hilfe des Gurus erreicht.

Der Guru: Das Mittel zum Heil

In sehr mystischer Sprache wird in einem Abschnitt des fünften Kapitels (SSP 5,8–12) der Vorgang der Verwirklichung des höchsten Bewußtseins beschrieben:

Das Absolute wird durch das Eintreten in das »Eigenste«, Innere und dem darauffolgenden »wundersamen Staunen« des Yogin im Bewußtseinszustand des *Saccidānanda* (Sein-Bewußtsein-Glückseligkeit des Göttlichen) offenbar. Im selben Augenblick wird das nun offenbare Göttliche auch erfahren und erkannt, und das ganze Wesen kann nun in ihm und mit ihm vereint werden. Das gesamte Wesen (Piṇḍa) des Yogin, das eben auch seine äußere Natur umfaßt, vervollkommnet sich dann durch ein inneres Ausbreiten des erlangten Lichtes.

Dies alles wird durch die Gnade Gottes bewirkt oder zumindest begründet. Die Gnade Gottes wirkt durch den Guru (SSP 5,4 und 5,65). Der Guru ist die Ursache für die Erkenntnis des Göttlichen: *»Gurur evātra kāraṇam…«* (SSP 5,6). Ohne diese Gnade ist kein spiritueller Erfolg möglich, nicht einmal durch die hohe Meditation über die Einheit der Einzelseele mit dem Brahman (SSP 5,32). Für den Yoga der SSP gilt, was in der »Śivasūtravimarśinī« des Kṣemarāja gesagt wird: *»Gurūpāyaḥ«*, »Der Guru ist das Mittel (zum Heil)«.[25]

Freilich gibt es viele »Nachäffer« und »Gurus ohne wahre Erkenntnis«, die ebensowenig die Schüler auf das »andere Ufer« des Weltenmeeres zu bringen vermögen, wie ein Stein einen Haufen Steine hinüberzubringen vermag (SSP 5,67+70+71). Der Guru muß selber diesen gefährlichen Ozean des Daseins überquert haben, d. h. Vollkommenheit erlangt haben, bevor er befähigt ist, anderen zu helfen (SSP 5,72–76 und 5,53).

In den shivaitischen Traditionen des Nordens wie des Südens wird der Guru als Śiva selbst betrachtet. Und der Schüler als das endliche Bewußtsein trifft im Guru auf das Unendliche, auf die Unendlichkeit und Göttlichkeit seines eigenen Selbst. Denn zwischen dem wahren Guru und dem wahren Schüler besteht dieselbe wesenhafte Identität wie zwischen der Seele und Gott. Der Guru wird zwar verehrt als eine Person mit einem Körper, doch er ist nichts als das Allerhöchste und die Gnade Gottes selbst.[26]

Die Aufgabe des wahren Gurus ist es, das Gemüt des Schülers völlig zur Ruhe kommen zu lassen (Cittaviśrānti), damit ihm das Absolute offenbar werden kann (SSP 5,68). Diese erforderliche innere Stille ist ohne die Gnade des Gurus sehr schwer zu erlangen (SSP 5,78). Der Guru ist der vermittelnde Bewirker der Erkenntnis, aber seine Lehre ist kein Ersatz für die eigene Gotteserfahrung des Schülers (SSP 5,6 und 5,64). Der Schüler muß den Zustand des transzendenten Bewußtseins, die Einheit mit dem Höchsten, selbst erfahren (5,7).

Doch wie hilft nun der Guru? Einerseits durch eine Übermittlung seiner Lehre in Worten spiritueller Kraft, was im Schüler das Zur-Ruhe-Kommen des Gemüts bewirkt (SSP 5,62+64+67 u. a.), ebenso durch seinen bloßen Blick, durch die Gnade seiner Füße und das Herabkommen seiner spirituellen Kraft (= Śaktipātana: SSP 5,61+62+64+66+69). Auch zerschlägt er mit dem Schwert seiner Gnade die acht Fesseln des Schülers und bewirkt dadurch dessen Glückseligkeit (SSP 5,65). Diesen Guru soll der Schüler als Vermittler des Göttlichen preisen und ehren (SSP 5,68; 5,77 und 6,74).

Zusammenfassend mag sich Gorakṣanāthas Yogamethode etwa wie folgt darstellen: Der Yogin bereitet sein Bewußtsein und sein ganzes Wesen durch geeignete

Übungen des Körpers, des Atems, der geistigen Konzentration und des Hörens auf die inneren Töne vor. Dann ist sein Guru in der Lage, durch das Herabkommen seiner Gnadenkraft, seinen Blick oder seine kraftgeladenen Worte, das gesamte Wesen des Schülers in einen Zustand der Stille und Harmonie zu versetzen. Dieser Grundlage für das Offenbarwerden des Göttlichen und der Einswerdung mit jenem wahren Sein entbehrte der Yogin zwar niemals, doch verbarg sein Unwissen diese Wahrheit vor ihm. Der Guru führt den Schüler also zur Erkenntnis des höchsten Bewußtseins heran. Dem Schüler muß sie aber selbst in der spirituellen Erfahrung zuteil werden, da sie niemals durch eine Lehre ersetzt werden kann.

7. Der Vollkommene Yogin

Der Zustand der Vollkommenheit

Der wahre Guru und zur Vollkommenheit gelangte Yogin wird im sechsten Kapitel »Avadhūtayogin« genannt, »einer, der alle Modifikationen der Natur abschüttelt« (SSP 6,1). In diesem Kapitel ragt ein Element besonders heraus: die symbolische, vergeistigende Interpretation aller äußeren Dinge und Verrichtungen, auch der äußeren Merkmale der verschiedenen religiösen Richtungen oder der brahmanischen Lebensstufen.

In diesem Stil wird ausführlich das Lob jenes von Unwissenheit freien Yogin gesungen: Er ist in keiner Weise an irgendwelche mentalen Konzeptionen darüber, wie ein Yogin zu sein oder nicht zu sein hätte, gebunden. Einmal ist er Asket, dann ein Genießer der Welt, einmal ein König, dann wieder wie ein nackter Wilder (SSP 6,20). Er ist in seinem Selbst gegründet und steht über den Lebensstufen der Orthodoxen (er ist »Atyāśramī«; SSP 6,21).

Weise und selbstbeherrscht kann er äußerlich ebenso

das Leben eines Carvāka (Materialist), eines Buddhisten oder eines Anhängers der Mīmāṃsā-Philosophie führen (SSP 6,22+23). Er wird zum höchsten Selbst, zum positiv Seienden, sein Inneres deckt sich mit den Persönlichkeitsaspekten Paramaśivas selber. Von den Mīmāṃsā-Anhängern wird er die rituelle Handlung (Karma) genannt, die im Mittelpunkt ihrer Lehre steht, und die Anhänger des Veda verleihen ihm den Namen Glückseligkeit des Seins (Satparānanda). Sein Wesen ist nur durch Yoga zugänglich und erkennbar, auch für die Anhänger der heiligen Lehrbücher und der Schule des Sāṃkhya (SSP 24–28).

Dies verdeutlicht, wie konkret man sich die Erlangung der vollkommenen Einheit des Yogin mit Śiva vorstellte. Die eigentlich innere Realitat der Einheit scheint hier alles Äußere ebenso zu prägen und macht es unmöglich, im Guru, im Avadhūta oder Siddha einen gewöhnlichen Menschen zu sehen – er kann nur als Śiva selbst, als das höchste Selbst gedacht werden, auch wenn er einen begrenzenden Körper besitzt. Die äußeren Dinge wie Gewandung und verschiedene Utensilien, ebenso Verrichtungen des täglichen Lebens wie Essen und Trinken werden daher als spirituelle Wirklichkeiten und Vorgänge spiritueller Art erklärt (SSP 6,3–17). Denn, so könnte man fragen, wie kann ein Yogin, der sich zum höchsten Göttlichen aufgeschwungen hat, in gewöhnlichen Vorgängen des Lebens jenes Höchste nicht repräsentieren oder vollkommen widerspiegeln, ja eigentlich sein, und somit alle seine Tätigkeiten und alle Objekte, die mit ihm in Berührung treten, zu spiritueller Bedeutsamkeit erheben? Diese Welt existiert eben nicht getrennt vom göttlichen Bewußtsein, sie ist das Höchste in Manifestation, und deshalb wohnt dieses göttliche Bewußtsein allen Dingen der Welt inne, und der Siddha, der vollkommene Yogin, offenbart es zwangsläufig in jedem Augenblick seines Lebens und in jeder seiner Tätigkeiten.

Die Harmonie aller Wege

Mit dem Aufzeigen des Samanvaya, einer harmonischen Verbindung, bezeichnet die SSP die Lehrmethode eines Avadhūta oder Sadguru bezüglich anderer religiöser Traditionen. In den Versen 6,33 und 6,72 wird erklärt, wie ein solcher wahrer Guru lehrt:

> »Der Yogin, der die Charakteristika eines Avadhūta besitzt, befindet sich im Zustand des ohne Form Seienden und enthüllt die jeweilige eigene Form aller philosophischen Anschauungsweisen.
>
> Ein Avadhūta gibt eine Unterweisung, die den Charakter des Aufzeigens einer harmonischen Verbindung (samanvayasūcanaśīlā) von allen Lehrsystemen und Anschauungen im Brahman hat, wenn sie sich auch in der zuvor gezeigten Weise voneinander unterscheiden. Und eben dafür wird der Avadhūta als ein wahrer Guru gerühmt.«

In den Versen 6,38 bis 71 werden tatsächlich unterschiedliche Lehrsysteme in diesem Licht betrachtet und dementsprechend interpretiert. Ohne eine Lehre herabzuwürdigen, werden äußere, rituelle oder philosophische Merkmale der jeweiligen Tradition herangezogen und in einer vergeistigten Weise erklärt, auf daß »im Brahman« eine harmonische Verbindung zustande komme.[27] Es wird dabei jeder Richtung ihre Eigenart zugestanden und aufgezeigt oder angedeutet, daß sie alle würdige Annäherungsweisen an das Absolute oder die Wahrheit darstellen. Den Śāktas und der eigenen Richtung der Siddhas wird aber, ohne die Überlegenheit der letzteren zu behaupten, der größere Platz eingeräumt.

Diese bemerkenswerte Haltung der Toleranz mag einmal mehr zeigen, daß ein Siddha eben mehr an der »inneren Lehre«, der letztendlichen Aussage und dem höchsten Ziel eines Systems und deren Relevanz für die spirituelle

Praxis interessiert war, und seine eigene Bemühung auf die Erkenntnis dieser Essenz aller Lehren hin konzentriert war. Denn jede Lehre enthält von einem gewissen Standpunkt aus Wahrheit, solange sie ein großes, göttliches Ziel vor Augen hat und einen erhabenen Gedanken in den Mittelpunkt stellt. Unter einem Sadguru ist nicht der Priester und der Pandit zu verstehen, die um Worte streiten, sondern ein fortgeschrittener Yogin, gleich in welchem Gewand, einer, der auf das seinen Geist richtet, was jenseits der Worte und Definitionen liegt.[28]

Soweit die Zusammenfassung bzw. Einführung in den »Leitfaden zur Lehre der Siddhas« (SSP). Es bleibt dem Leser nun selber vorbehalten, einen Text in erstmaliger Übersetzung zu lesen, der jahrhundertelang von den Nāthayogins geheimgehalten worden war und direkt von einem Yogin stammen mag, der vielen als der größte und mächtigste Yogin Indiens gilt.

V. Der Leitfaden zur Lehre der Siddhas

Übersetzung der Siddha-Siddhānta-Paddhati

Erste Unterweisung

1. Nachdem ich dem uranfänglichen Herrn, dem Guru der Welt, der vereinigt ist mit seiner Śakti, meine Verehrung bezeugt habe, werde ich, Gorakṣanātha, den Leitfaden zur Lehre der Siddhas verkünden.
2. In der Erörterung über die Wahrheit gibt es kein Entstehen der Seinseinheiten und des Universums, dennoch werde ich dieses Entstehen gemäß der Lehren der heiligen Tradition verkünden, damit darüber gesprochen werden kann.
3. Beginnend mit der Entstehung der Seinseinheiten, ist alles in der Lehre der Siddhas in rechter Weise bekannt: Die Entstehung der Seinseinheiten, die Erörterung des Körpers, das Wissen über den Körper, die Grundlage der Seinseinheiten, das Einswerden des individuellen Wesens mit dem Höchsten und das Kapitel über den ewig freien Yogin.
4. Wenn es noch keinen Verursacher, keine materielle Ursache, weder Kula noch Akula[1] gibt und das höchste Brahman unoffenbar ist, dann existiert das UNAUSSPRECHLICHE (Anāma).
5. Das Unaussprechliche existiert für sich selbst, ist ewig vollkommen, nur ein einziges, ist ohne Anfang noch Ende und in der Lehre der Siddhas wohlbekannt. Seine Beschaffenheit des bloßen Wollens ist zugleich die Trägerin von weiteren Beschaffenheiten und wird als die ursprüngliche Śakti (nijā Śakti) bezeichnet.
6. Aus ihr entsteht durch das bloße Hinschauen[2] die höchste Śakti (parā Śakti). Durch bloßes Vibrieren

wiederum ist aus ihr die niedrigere Śakti (aparā Śakti) entstanden.

7. Daraus ist bloß aufgrund der Ichheit die subtile Śakti (Sūkṣmaśakti) entstanden. Und daraus ist die Kuṇḍalinī-Śakti, die ihrer Natur nach Bewußtsein ist, hervorgegangen.
8. Ewigkeit, Unberührtheit, das Fehlen von Vibration, das Nicht-Erscheinenlassen von Schöpfung und der Zustand transzendenten Bewußtseins sind die fünf Eigenschaften der ursprünglichen Śakti.
9. Sein, Unermeßlichkeit, Ungeteiltheit, Vollständigkeit und Unoffenbartheit sind die fünf Eigenschaften der höchsten Śakti.
10. Hervorscheinen, Offenbartheit, Ausdehnung, Hervorbrechen und Manifestation durch Vibration sind die fünf Eigenschaften der niedrigeren Śakti.[3]
11. Vollkommene Einheit, Konstantheit, Unbeweglichkeit, Gefestigtheit und Undifferenziertheit sind die fünf Eigenschaften der subtilen Śakti.
12. Unendliche Fülle, die Fähigkeit zur Projektion, Stärke, Bewegung und Nach-oben-Gerichtetheit sind die fünf Eigenschaften der Kuṇḍalinī-Śakti.
13. Auf diese Weise geht die Entstehung der höchsten Seinseinheit aus der Verbindung der jeweils fünf Eigenschaften auf der Seinsstufe der Śakti vor sich.
14. Und es wurde gesagt:
    In der ursprünglichen, der höchsten, der niedrigeren, der subtilen und der Kuṇḍalinī-Śakti, in fünffacher Weise, gemäß der Gruppe der Śaktis hervorgehend, ist die höchste Seinseinheit (Parapiṇḍa) im allgnädigen Herrn (Śiva) entstanden.
15. Die anfanglose Seinseinheit besteht aus:[4]
    Dem Allerhöchsten, dem Höchsten, der Leere, dem Unmanifestierten und dem höchsten Selbst.[5] Aus dem Allerhöchsten ist reines vibrierendes Licht entstanden, aus dem Höchsten ist die reine Versenkung entstan-

den. Aus der Leere ist reines Selbst-Sein hervorgegangen. Aus dem Unmanifestierten ist reine Selbstwahrnehmung entstanden und aus dem höchsten Selbst ist der Bewußtseinszustand des höchsten Selbst entstanden.

16. Makellosigkeit, Unvergleichlichkeit, Unendlichkeit, Gestaltlosigkeit und Entstehungslosigkeit sind die fünf Eigenschaften des Allerhöchsten.
17. Vollkommene Einheit, Winzigkeit, Unbeweglichkeit, Unzählbarkeit und Unendlichkeit sind die fünf Eigenschaften des Höchsten.
18. Aufgelöstheit, unendliche Fülle, Transzendierung alles Mentalen, Unstetigkeit[6] und Trance sind die fünf Eigenschaften der Leere.
19. Wahrheit, natürliche Spontaneität, wesenhafte Identität, konzentrierte Bewußtheit und Alldurchdringung sind die fünf Eigenschaften des Unmanifestierten.
20. Unvergänglichkeit, Unteilbarkeit, Unspaltbarkeit, Unverbrennbarkeit und Unzerstörbarkeit sind die fünf Eigenschaften des höchsten Selbst. – Dies sind die fünf Seinsprinzipien und die 25 Eigenschaften der anfanglosen Seinseinheit (Anādyapiṇḍa).
21. Und es wurde gesagt:
Das Allerhöchste, das Höchste, die Leere, das Unmanifestierte und das höchste Selbst – durch diese fünf, gemeinsam mit ihren Eigenschaften, ist die anfanglose Seinseinheit entstanden.
22. Aus der anfanglosen Seinseinheit ist die höchste Glückseligkeit, aus der höchsten Glückseligkeit die Erkenntnis, aus der Erkenntnis das Erscheinen des Bewußtseins, aus dem Erscheinen des Bewußtseins das Bewußtseinslicht und aus diesem der Zustand des »Ich bin Er«[7] hervorgegangen.
23. Vibration, Freude, Kraft, Vibrationslosigkeit und ewiges Glück sind die fünf Eigenschaften der höchsten Glückseligkeit.

24. Entstehen, Wonne, Erscheinen, Entfaltung und Leuchten sind die fünf Eigenschaften der Erkenntnis.
25. Reales Dasein, Ergründung, Täterschaft, Erkennersein und Freiheit sind die fünf Eigenschaften des Erscheinens des Bewußtseins.
26. Unverändertheit, vollkommene Einheit, Undifferenziertheit, Gleichmäßigkeit und Ruhe sind die fünf Eigenschaften des Bewußtseinslichtes.
27. Ichbewußtsein, ungeteilte Herrschaft, sein eigenes Selbst zu sein, die Fähigkeit, alles zu erfahren, und Allwissenheit sind die fünf Eigenschaften des Zustandes »Ich bin Er«.
28. – Dies sind die fünf Seinsprinzipien und 25 Eigenschaften der uranfänglichen Seinseinheit (Ādyapiṇḍa).
29. Und es wurde gesagt:
Mit der höchsten Glückseligkeit, der Erkenntnis, dem Erscheinen des Bewußtseins, dem Bewußtseinslicht und dem Zustand »Ich bin Er« ist die uranfängliche Seinseinheit, vereinigt mit ihren großen Seinsprinzipien und deren Eigenschaften, entstanden.
30. Aus der uranfänglichen Seinseinheit entsteht der große Äther, aus dem großen Äther das große Luftelement, aus dem großen Luftelement das große Feuerelement, aus dem großen Feuerelement das große Wasserelement und aus dem großen Wasserelement das große Erdelement.
31. Raum, Kontinuität, Untastbarkeit, Bläue und Ton sind die fünf Eigenschaften des großen Äthers.
32. Umherschweifen, In-Bewegung-Versetzen, Berühren, Austrocknen und Gräue sind die fünf Eigenschaften des großen Luftelementes.
33. Brennen, Reifen, Hitze, Leuchten und Röte sind die fünf Eigenschaften des großen Feuerelementes.
34. Strömen, Fruchtbarmachung,[8] Flüssigsein, Geschmack und Weißfarbigkeit sind die fünf Eigenschaften des großen Wasserelementes.

35. Massivität, Vielgestaltigkeit, Härte, Geruch und Gelbfarbigkeit sind die fünf Eigenschaften des großen Erdelementes. – Dies sind die fünf Seinsprinzipien und 25 Qualitäten der großen formhaften Seinseinheit (Mahāsākārapiṇḍa).
36. Die acht Gestalten der großen formhaften Seinseinheit sind: Śiva, aus Śiva geht Bhairava hervor, aus Bhairava Śrīkaṇṭha, aus Śrīkaṇṭha Sadāśiva, aus Sadāśiva Īśvara, aus Īśvara Rudra, aus Rudra Viṣṇu und aus Viṣṇu Brahmā.[9]
37. Die folgenden Dinge sind die durch den von Brahmā herstammenden Willen entstandene Seinseinheit der Natur, die die Form von männlich und weiblich hat, und sind eine Gruppe, die aus fünf mal fünf Einheiten besteht.
38. Knochen, Fleisch, Haut, Nerven und Haare sind das aus fünf Eigenschaften bestehende Erdelement.
39. Speichel, Urin, Samen, Blut und Schweiß sind das aus fünf Eigenschaften bestehende Wasserelement.
40. Hunger, Durst, Schlaf, Müdigkeit und Trägheit sind das aus fünf Eigenschaften bestehende Feuerelement.
41. Bewegung, Herumschweifen, Ausdehnung, Zusammenziehung und Unterdrückung sind das aus fünf Eigenschaften bestehende Luftelement.
42. Anziehung, Abscheu, Furcht, Scham und Verblendung sind der aus fünf Eigenschaften bestehende Äther. Das ist die Seinseinheit der Natur der 25 Eigenschaften besitzenden Elemente.
43. Denkorgan, Erkennen, Ichsinn, Gemüt und Geistigkeit bilden die Fünfheit des inneren Sinnes (Antaḥkaraṇapañcakam).
44. Wunsch, Zweifel, Ohnmacht, Dumpfheit und Denken sind das aus fünf Eigenschaften bestehende Denkorgan.
45. Unterscheidungskraft, Leidenschaftslosigkeit, Friede, Zufriedenheit und Vergebung sind das aus fünf Eigenschaften bestehende Erkennen.

46. Egoismus, der Sinn des »Mein« bezüglich Gedanken, Regungen, Körper usw. und die Aussagen: »Das ist meine Freude, mein Leid, und das gehört mir«[10] sind der aus fünf Eigenschaften bestehende Ichsinn.
47. Verständigkeit, Entschlossenheit, Erinnerung, Opferbereitschaft und die Fähigkeit des Akzeptierens sind das aus fünf Eigenschaften bestehende Gemüt.
48. Reflexion, deren praktische Ausführung, Standhaftigkeit, Kontemplation und Nicht-Begehren sind die aus fünf Eigenschaften bestehende Geistigkeit. – Dies sind somit die Eigenschaften des inneren Sinnes.
49. Sattva, Rajas, Tamas,[11] Zeit und Einzelseele bilden die Fünfheit der kosmischen Manifestation.
50. Erbarmen, Rechtschaffenheit, Ausüben religiöser Pflichten, religiöse Hingabe und Glaube sind das aus fünf Eigenschaften bestehende Sattva.
51. Mildtätigkeit, Genuß, leidenschaftliche Liebe, Aneignung von Dingen und Ergreifen des eigenen Vorteils sind das aus fünf Eigenschaften bestehende Rajas.
52. Meinungsverschiedenheiten, Kummer, Streitsucht, Verhaftetsein und Täuschung sind das aus fünf Eigenschaften bestehende Tamas.
53. Kalkulation, Vorstellung, Irrtum, Nachlässigkeit und Unglück sind die aus fünf Eigenschaften bestehende Zeit.
54. Wachen, Traum, Schlaf, das Zeugenbewußtsein[12] und das über dieses hinausragende Bewußtsein sind die fünf Zustandsqualitäten der Einzelseele.
55. Wollen, Handeln, Verblendung, natürliche Veranlagung und Rede bilden die Fünfheit der Kraft des Ausdrucks (Vyaktiśaktipañcakam).
56. Tollheit, psychische Verhaltenstendenzen, Begehren, Sorge und geschäftiges Treiben sind die fünf Eigenschaften des Wollens.
57. Erinnern, Bemühen, pflichtgemäße Arbeit, Entschlossenheit und ein Lebenswandel im Einklang mit den

Bedürfnissen und Erwartungen von Familie und Gesellschaft sind die fünf Eigenschaften des Handelns.

58. Eitelkeit, Neid, Arroganz, Vortäuschung und Falschheit sind die fünf Eigenschaften der Verblendung.

59. Hoffnung, Verlangen nach etwas Unbestimmtem, bestimmtes Begehren, Sehnsucht nach Größe und Vergeblichkeit sind die fünf Eigenschaften der natürlichen Veranlagung.

60. Parā, Paśyantī, Madhyamā, Vaikharī[13] und die einzelnen Laute sind die fünf Eigenschaften der Rede. – Dies ist die aus fünf Einheiten bestehende Kraft des Ausdrucks, die 25 Eigenschaften besitzt.

61. Die Tat und deren Folgen (Karma), sexuelles Begehren, der Mond, die Sonne und das Feuer bilden die Fünfheit des Bewirkens sichtbarer Manifestation.

62. Glückbringendes, Unglückbringendes, Ruhm, Verachtung und das Erlangen der Früchte der Taten jeweils vergangener Leben sind die fünf Eigenschaften der Tat und deren Folgen.

63. Lust, Liebe, Liebesspiel, Begierde und quälendes Verlangen sind die fünf Eigenschaften des sexuellen Begehrens.

64. Ullolinī, Kallolinī, Uccalantī, Unmādinī, Taraṅginī, Śoṣiṇī, Alaṃpaṭā, Pravṛttiḥ, Laharī, Lolā, Lelihānā, Prasarantī, Pravāhā, Saumyā, Prasannā und Plavantī sind somit die 16 Teile (Kalāḥ) des Mondes. Der 17. Teil ist die Erlösung (Nivṛtti), der Teil des Unsterblichkeitsnektars.

65. Tāpinī, Grāsikā, Ugrā, Ākuṃcinī, Śoṣiṇī, Prabodhinī, Smarā, Ākarṣiṇī, Tuṣṭivarddhinī, Urmīrekhā, Kiraṇavatī und Prabhāvatī sind die zwölf Teile der Sonne. Der 13. Teil ist das Aus-sich-selbst-Leuchten, ihr eigenster Teil.

66. Dīpikā, Rājikā, Jvalinī, Visphuliṅginī, Pracaṇḍā, Pācikā, Raudrī, Dāhikā, Rāgiṇī und Śikhāvatī sind die zehn Teile des Feuers. Der elfte Teil ist das Licht. Das

ist die Gesamtheit der Teile der Prinzipien des Bewirkens sichtbarer Manifestation.

67. Nun werden die zehn Mündungen der subtilen Nerven erklärt:
Iḍā und Piṅgalā führen zu den Nasenöffnungen. Suṣumnā führt über den Gaumen bis zur Öffnung des Brahman. Sarasvatī geht zur Mundöffnung. Pūṣā und Alambuṣā führen zu den Augenöffnungen. Gāndhārī und Hastijihvikā führen zu den Ohren. Kuhū führt zum Anus und Saṃkhinī zur Geschlechtsöffnung. (Sie führt über die Wirbelsäule zur Öffnung des Brahman weiter.)[14]
So führen sie alle zu den zehn Öffnungen des Körpers (und alle anderen subtilen Nerven führen zu den Haarspitzen).

68. Nun werden die zehn Lebenswinde erklärt:
Im Herzen befindet sich der Prāṇawind, der das Ein- und Ausatmen bewirkt und aus Ha und Sa besteht.[15] Im Anus aber befindet sich der Apānawind, der das Entleeren und Anhalten ist. Im Nabel ist der Samānawind, der das Feuer dort entflammt und so die Nahrung verdauen läßt. Im ganzen Körper befindet sich der Vyānawind, der Auftrocknen und Sättigen [d. h. das Verteilen der Nahrung] bewirkt. Im Gaumen befindet sich der Udānawind, welcher Essen, Erbrechen und Sprechen bewirkt.
Der Nāgawind durchdringt alle Glieder und befreit und belebt. Der Kūrmawind bewirkt das Öffnen und Schließen der Augen. Der Kṛkala bewirkt das Aufstoßen und das Hungergefühl. Der Devadatta bewirkt im Mund das Gähnen. Der Dhanañjaya ist der Ton – einer der Laute hervorbringt, wird dieser zehnte Wind genannt.
Durch den Willen Brahmās entsteht der Körper (Garbholipiṇḍa), der männliche oder weibliche Form besitzt.

69. Es wird jetzt die Entstehung des Körpers (Garbholipiṇḍa) erklärt:
Zur Zeit der Fruchtbarkeit der Frau wird dieser bei der Vereinigung von Mann und Frau gezeugt.

70. Die Seele geht ein bei der Verbindung von männlichem Samen (Bindu) und weiblicher Flüssigkeit (Rajas).
Am ersten Tag entsteht ein kleines Knöllchen. Nach einer Woche hat dies die Form einer Blase. Nach einem halben Monat ist es eine Kugel. Nach nur einem Monat wird diese hart. Nach zwei Monaten entsteht der Kopf, im dritten Monat entstehen Hände und Füße usw. Im vierten Monat werden Augen, Ohren, Nase, Mund und Penis. Im fünften Monat werden Rücken und Bauch. Im sechsten Monat werden Nägel, Haare usw. Im siebten Monat ist er bereits mit vollem Bewußtsein ausgestattet. Im achten Monat ist er mit allen Merkmalen eines Menschen versehen. Im neunten Monat ist er mit dem Keim wahrer Erkenntnis versehen. Im zehnten Monat wird durch die Berührung des Schoßes das Kind unwissend.

71. Überwiegt der männliche Samen, wird es ein Junge. Überwiegt die weibliche Flüssigkeit, wird es ein Mädchen. Sind beide in gleichem Maße vorhanden, wird es ein Hermaphrodit. Wenn Frau und Mann bezüglich des anderen voll von Sorge und verwirrt sind, dann wird das Kind entweder blind, bucklig, zwergenhaft, lahm oder es fehlt ihm ein Glied.

72. Wenn bei der gegenseitigen sexuellen Erregung durch das Pressen des Gliedes der Samen zwei- oder dreimal fällt, dann entsteht dadurch ein zweites Kind.

73. Dreieinhalb Maß Samen, 20 Maß Blut, zwölf Maß Fett, zehn Maß Knochenmark, 100 Maß Fleisch, 20 Maß Schleim, ebensoviel Luft; 360 Knochen, Bänder und Sehnen nach dem Maß der Knochen und 35 Millionen Haare entstehen aus den Samen von Vater und Mutter.

Der Körper besteht aus zehn Grundelementen und ist ebenso noch mit Wind, Galle und Schleim[16] versehen. Dies war die Beschreibung der Entstehung des Körpers.

Das war die erste Unterweisung, die Entstehung der Seinseinheiten genannt, im Leitfaden zur Lehre der Siddhas, der von Gorakṣanātha verfaßt worden ist.

Zweite Unterweisung

Nun wird der Körper erklärt:

1. Im Körper befinden sich neun Energiezentren (Cakrāṇi). An der Basis des Rumpfes befindet sich das dreifach gewundene Brahmacakra, das von der Form der Sonnenscheibe ist. Es ist dort auch der Wurzelknoten. Man meditiere dort auf die Śakti in flammender Form. Dort eben befindet sich der heilige Ort Kāmarūpa,[17] der alle Wünsche erfüllt.
2. Das zweite ist das Svādhiṣṭhānacakra. In dessen Innerem meditiere man auf ein aufwärtsgerichtetes Liṅgam, einem Korallensproß gleichend. Dort eben befindet sich der heilige Ort Uḍyāna,[18] der das Anziehen der Welt ist.
3. Das dritte ist das Nabelcakra. Es besteht in geringelter Form wie eine Schlange und ist fünfmal gewunden. In dessen Innerem meditiere man auf die Kuṇḍalinī Śakti, Millionen aufgehender Sonnen gleichend. Diese ist die mittlere Śakti, die alle okkulten Kräfte gewährt.
4. Das vierte ist der Energiepunkt am Herz[19] – ein nach unten gerichteter achtblättriger Lotus. In dessen Innerem meditiere man auf ein Licht in der Form eines Liṅgam, der sich in der Samenkapsel des Lotos befindet. Dies ist die Haṃsakalā[20] und ist die Beherrscherin aller Sinnesvermögen.

5. Das fünfte ist das vier Daumen breite Kehlcakra. Dort, auf der linken Seite, ist der subtile Nerv des Mondes, Iḍā, und auf der rechten Seite der subtile Nerv der Sonne, Piṅgalā. In dessen Innerem meditiere man auf die Suṣumnā. Diese ist die Anāhatakalā. Und man hört den Anāhata-Ton.
6. Das sechste ist das Gaumencakra. Dort geschieht das Herabströmen des Unsterblichkeitsnektars und befinden sich das Gaumenzäpfchen, die Wurzelöffnung, der Rājadanta[21] und die Öffnung der Śaṃkhinī, das zehnte Tor. Dort meditiere man auf die Leere. Das bewirkt die Auflösung des Denkorgans.
7. Auf das siebte, das Brauencakra,[22] welches das Auge der Erkenntnis und von der Größe eines mittelgroßen Daumens ist, meditiere man in der Form einer leuchtenden Flamme. Dies bewirkt Vollendung in der Sprache.
8. Auf das achte, das im Brahmarandhra befindliche Nirvāṇacakra, das so fein ist, daß es mit einer Nadelspitze durchbohrt werden kann, meditiere man in der Form einer Rauchsäule. Es befindet sich dort der heilige Ort Jālandhara, der Befreiung gewährende.
9. Das neunte ist das Ākāśacakra, ein nach oben gerichteter sechzehnblättriger Lotus. In dessen Innerem, in der Lotussamenkapsel, meditiere man auf die über diesem befindliche Śakti, die höchste Leere, welche die Form der drei Spitzen[23] hat. Dort befindet sich der heilige Ort des Berges der unendlichen Fülle (Pūrṇagiripīṭha)[24], und es geschieht die Erfüllung allen Wollens.
   Dies war die Erörterung der neun Energiezentren.
10. Nun werden die 16 Energiepunkte (Adhārāḥ)[25] beschrieben:
   Von diesen der erste ist der Energiepunkt an der großen Zehe. Dort an der Spitze meditiere man auf diesen Punkt als leuchtend, und der Blick wird fest und ruhig werden.

11. Während man den zweiten, die Wurzelbasis (Mūlādhāra), die der Faden ist, mit der linken Ferse preßt, soll man ruhig verweilen. Dabei wird das Feuer entfacht.
12. Den dritten, den Energiepunkt am Anus, welcher durch Ausweitung und Kontraktion gekennzeichnet ist, ziehe man zusammen. So wird der Apānawind gefestigt und ruhig.
13. Der vierte ist der Energiepunkt am Penis. Nachdem man durch die Kontraktion des Penis die drei Brahma-Knoten[26] durchtrennt hat und in der Bhramaraguhā[27] verweilt, wird daraufhin die Kraft des Samens festgehalten. Dies ist als Vajraulī bekannt.[28]
14. Der fünfte ist der Uḍyāna-Energiepunkt. Durch dessen Kontraktion werden Urin und Kot verringert.
15. Im sechsten Energiepunkt am Nabel wird das Aufgehen im mystischen Ton (Nāda) erreicht, wenn man konzentriert die Silbe OM ausspricht.
16. Im siebten Energiepunkt am Herzen halte man den Atem an, daraufhin blüht der Lotus des Herzens auf.
17. Im achten Energiepunkt an der Kehle presse man die Kehlkopfbasis mit dem Kinn, woraufhin der Atem von Iḍā und Piṅgalā beständig und ruhig wird.[29]
18. In den neunten Energiepunkt am Gaumen halte man die Zungenspitze, und der Unsterblichkeitsnektar fließt herab.[30]
19. Zum zehnten Energiepunkt am hinteren Gaumen, in die Mitte des Gaumenendes, führe man die Zunge in umgekehrter Weise hin, nachdem man sie durch Ausdehnen und Lockern gelängt hat,[31] und der Körper wird unbeweglich und still.
20. Der elfte ist dann der Energiepunkt an der Zunge. Dort halte man die Zungenspitze hin, und alle Krankheiten verschwinden.
21. Der zwölfte ist der Energiepunkt zwischen den Augenbrauen. Dort meditiere man auf die Scheibe des Mondes, und es wird einem kühl.

22. Der dreizehnte ist der Energiepunkt an der Nase. Deren Spitze fixiere man mit dem Blick, und das Denken wird ruhig und stetig.
23. Im vierzehnten Ort ist der Energiepunkt der Nasenflügel, der durch die Nasenwurzel bezeichnet ist. Darauf fixiere man den Blick, und innerhalb von sechs Monaten sieht man eine Masse von Licht.
24. Im fünfzehnten Ort ist der Energiepunkt der Stirn. Dort stelle man sich eine Menge von Licht vor und wird darauf von Licht und Kraft durchdrungen.
25. Im übriggebliebenen, der Öffnung des Brahman, befindet sich das Cakra des Raumes, Ākāśacakra. Dort blicke man stets auf das Lotuspaar der Füße des wahren Guru und wird so unendlich wie der Raum.
Das waren die sechzehn Energiepunkte.
26. Nun folgen die drei Gruppen von Konzentrationsgegenständen.
Man vergegenwärtige sich den weißen, entlang der Wirbelsäule vom Wurzelknoten bis zur Öffnung des Brahman führenden Brahmanerv. In dessen Innerem konzentriere man sich geistig auf seine Form: aufwärtsführend, strahlend wie Millionen Blitze und einer Lotusfaser gleichend. Bei dieser Übung wird dieser Nerv zum Geber aller inneren Kräfte.
27. Oder aber man konzentriere sich im Kollāṭamaṇḍapa[32] über der Stirn auf die funkelnde, glänzende Form eines Lichtes; oder man konzentriere sich auf die Form einer roten Biene in der Bhramaraguhā; oder man halte sich die beiden Ohren mit den Zeigefingern zu, und darauf hört man in der Mitte des Kopfes den Laut »Dhūṃ, dhūṃ«; oder man konzentriere sich auf ein blaues Licht im Innern der Augen in der Form einer Statue.
Das waren die inneren Konzentrationsgegenstände.
28. Nun werden die äußeren Konzentrationsgegenstände beschrieben:

Vier Fingerbreit von der Nasenspitze entfernt, konzentriere man sich auf etwas gleich einem blauen Licht; oder man konzentriere sich sechs Fingerbreit unterhalb der Nase auf das graufarbige Seinsprinzip der Luft; oder man konzentriere sich in einer Entfernung von acht Fingern von der Nase auf das rote Feuerprinzip; oder in einer Entfernung von zehn Fingern konzentriere man sich auf das Wasserprinzip, das Wellen besitzt; oder aber man konzentriere sich zwölf Fingerbreit von der Nasenspitze weg auf das gelbe erdige Seinsprinzip; oder man blicke in den Himmel hinauf und fixiere so seinen Blick, und man sieht den Himmel erfüllt von Lichtstrahlen, der so läuternd wirkt; oder man konzentriere sich auf den Zwischenraum zwischen aufwärtsgerichtetem Blick und Himmel, und man sieht Lichtstrahlen.

Oder man konzentriere sich auf den Äther, wo immer man hinblickt. Das damit dem Äther gleichgewordene Gemüt schenkt die Befreiung. Oder aber man konzentriere sich auf eine Gegend gleich strahlendem Gold am Horizont seines Blickes. Dadurch wird der Blick fest und ruhig.

Das waren die vielfältigen äußeren Konzentrationsgegenstände.

29. Nun werden die mittleren Konzentrationsgegenstände beschrieben.

Man konzentriere sich geistig auf etwas, das an keinen Ort gebunden ist, das je nach Wunsch und nach dem Maß seines eigenen Wesens die Form eines Halbmonds, einer Sonnenscheibe, eines Blitzes, eines Lichtes oder einer Flamme haben kann, das blau, rot oder gelb ist.

Das waren die vielfältigen mittleren Konzentrationsgegenstände.

30. Nun konzentriere man sich auf die Fünfheit des Raumes.

Diese Fünfheit des Raumes ist der Äther, der höchste Äther, der große Äther, der Äther der Seinsprinzipien und der Äther der Sonne.
Innen wie außen erblicke man den unendlichen, unbefleckten, formlosen Äther. Oder man erblicke innen wie außen den der unendlichen Dunkelheit gleichenden höchsten Äther. Innen wie außen erblicke man den dem Feuer der Weltvernichtung gleichenden großen Äther. Innen wie außen erblicke man den Äther der Seinsprinzipien, der die Selbstform der eigenen Seinsrealität ist. Oder man erblicke innen wie außen den Millionen von Sonnen gleichenden Äther der Sonne. – Auf diese Weise wird man durch das Erblicken der Fünfheit des Raumes dem Raume gleich.

31. Und es wurde gesagt:
Wer nicht in rechter Weise die neun Energiezentren, die 16 Energiepunkte, die drei Gruppen von Konzentrationsgegenständen und die Fünfheit des Raumes kennt, der trägt bloß den Namen eines Yogin.

32. Nun folgt der achtgliedrige Yoga:
Die acht Glieder sind Zucht, Selbstbeherrschung, Sitzhaltungen, Atembeherrschung, Zurückziehen der Sinne von den Sinnesobjekten, Konzentration, Meditation und Versenkung.
Zucht (Yama) bedeutet geduldige Ruhe (Upaśama), die Bezwingung aller Sinne, die Beherrschung der Zustände des Hungers und des Schlafes sowie der Umstände Kälte, Wind und Hitze. Dies erreicht man allmählich.

33. Selbstbeherrschung (Niyama) bedeutet die Beherrschung (Niyamana) der Bewegungen des Denkorgans. Das Leben an einem einsamen Orte, der Gleichmut, die Losgelöstheit, die Zufriedenheit mit dem, was man bekommt, das Angewidertsein vom weltlichen Leben und das Zufluchtsuchen bei den Füßen des Gurus bilden das Merkmal der Selbstberrschung.

34. Sitzhaltung (Āsana) bedeutet, die Selbstform erreicht zu haben (samāsannatā). Svastikāsanam, Padmāsanam und Siddhāsanam – aus deren Mitte erwähle man einen nach Belieben und verweile gesammelt in ihm. – Dies ist die Definition der Sitzhaltung.
35. Atemregelung (Prāṇāyāma) ist die Beständigkeit und Ruhe der Lebenskraft (Prāṇa). Die vier Vorgänge des Leerens und Füllens der Lungen, des Anhaltens der Luft und des Einreibens mit dem bei der Übung entstandenen Schweiß bilden das Merkmal der Atemregelung.
36. Das Zurückziehen der Sinne von den Sinnesobjekten (Pratyāhāra) bedeutet das Zurückziehen (Pratyāharana) der Pferde des Bewußtseins. Und zwar auf folgende Weise: Es entsteht leuchtend die völlige Beruhigung der aus dem Aufnehmen vielfältiger Veränderungen der Natur entstandenen Veränderungen des Bewußtseins. – Dies ist die Definition des Zurückziehens der Sinne von den Sinnesobjekten.
37. Konzentration (Dhāraṇā) bedeutet, innen wie außen nur die eine Selbstform der eigenen Seinsrealität mit Hilfe des inneren Sinnes zu erlangen. Und zwar auf folgende Weise: Man hält (dhārayet) alles, was sich im Bewußtsein erhebt, in den Zustand des ohne Form Seienden, und sich selbst hält man in einem Zustand, der einer ausgelöschten Lampe gleicht.[33] – Das ist die Definition der Konzentration.
38. Nun folgt die Meditation (Dhyāna): Es gibt einen gewissen Zustand der höchsten Einheit, und dieser eben ist das Selbst. Und so erreicht man dies: Was immer im Bewußtsein leuchtend erscheint, darüber meditiere man mit dem Gedanken: »Dies ist die Selbstform« – und ebenso, indem man alle Geschöpfe mit gleichem Blick[34] betrachtet. – Das ist die Definition der Meditation.
39. Nun folgen die Merkmale der Versenkung (Samādhi): Die Gleichförmigkeit des Zustandes aller Seinsprinzi-

pien, das Nichttätigsein sowie ein Bewußtsein, das ohne jede Anstrengung unveränderlich bleibt. – Das ist die Definition der Versenkung, und das war die Definition des achtgliedrigen Yoga.[35]

Dies war die zweite Unterweisung, Erörterung des Körpers genannt, im Leitfaden zur Lehre der Siddhas, der vom ehrwürdigen Gorakṣanātha verfaßt worden ist.

Dritte Unterweisung

Nun wird das Wissen über den Körper dargelegt:

1. Wer alle beweglichen wie unbeweglichen Wesen und alle Dinge im Körper kennt, der ist ein Yogin, und diese zu kennen ist das Wissen über den Körper.
2. Die »Schildkröte«[36] befindet sich in den Fußflächen, die Unterwelt Pātāla in der großen Zehe, die Unterwelt Talātalam in der Spitze der großen Zehe, die Unterwelt Mahātalam im Fußrücken, Rasātalam im Knöchel, Sutalam in den Unterschenkeln, Vitalam in den beiden Knien und Atalam in den Oberschenkeln. So stehen die sieben Unterwelten unter der Herrschaft der Gottheit Rudra, der im Körper in seiner zornigen Form existiert und daher Rudra des Zerstörungsfeuers (Kālāgnirudra) heißt.
3. Am Anus befindet sich die Welt Bhū, am Geschlechtsorgan die Welt Bhuva und am Nabel die Welt Svar. In diesen drei Welten ist Indra die Gottheit. Dieser Indra eben ist im Körper der Beherrscher aller Sinne.
4. Am Wirbelsäulenansatz befindet sich die Welt Mahar, in der Wirbelsäulenhöhle die Welt Jana, in der Wirbelsäule selbst die Welt Tapas und im Wurzellotus die Welt Satya.[37] In diesen vier Welten ist Brahmā die Gottheit und existiert im Körper in ihrer Selbstform von vielfältigem Egoismus und Willen.

5. Die Welt Viṣṇu befindet sich im Bauch. In ihr ist Viṣṇu die Gottheit und existiert im Körper als der Bewirker vielfältigen Tuns.
Im Herzen ist die Welt Rudra. In ihr ist Rudra die Gottheit und existiert im Körper in ihrer gestrengen Selbstform.
In der Brustgegend befindet sich die Welt Īśvara. Dort ist Īśvara[38] die Gottheit und existiert im Körper in ihrer Selbstform der Zufriedenheit.
In der Kehle befindet sich die Welt Nīlakaṇṭha. In ihr ist Nīlakaṇṭha[39] die Gottheit und existiert ewig im Körper.
In der Öffnung am Gaumen befindet sich die Welt Śiva. Dort ist Śiva die Gottheit und existiert im Körper in seiner unvergleichlichen Selbstform.
Am Ansatz der Zunge befindet sich die Welt Bhairava. In ihr ist Bhairava die Gottheit und existiert im Körper in ihrer alles transzendierenden Selbstform.
In der Stirnmitte befindet sich die Welt Anādi. Dort ist die anfanglose (anādi) Gottheit, die im Körper in ihrer Selbstform des höchsten Ich der Glückseligkeit existiert.
Im Śṛṅgāṭa-Punkt befindet sich die Welt Kula. Dort ist Kuleśvara die Gottheit und existiert im Körper in ihrer Selbstform der Glückseligkeit.
In der Mitte des Stirnbeins, am Ort des Lotus, befindet sich die Gottheit Akuleśvara, die im Körper als der Zustand der Selbstlosigkeit existiert.
In der Öffnung des Brahman befindet sich die Welt Parabrahma. Dort ist das höchste Brahman die Gottheit, die im Körpersystem als der Zustand unendlicher Vollkommenheit existiert.
Im oberen Lotus befindet sich die Welt Parāpara. Dort ist der höchste Herr (Parameśvara) die Gottheit und existiert im Körper als der Zustand des allumfassend Höchsten.

Am Ort der drei Spitzen[40] befindet sich die Welt Śakti. In ihr ist die höchste Śakti die Gottheit, die als der Zustand des Allschöpferseins aller Gottheiten existiert.
Dies war die Erörterung der 21 Orte des Kosmos, zusammen mit den sieben Unterwelten, innerhalb des Körpers.[41]

6. In der Realität religiösen Lebenswandels befinden sich die Brahmanen; im Mut die Kṣatriyas; in der Entschlossenheit die Vaiśyas und in der Haltung des Dienens die Śūdras, und ebenso befinden sich die 64 Kasten in den 64 Kalās.[42]
7. Nun werden die sieben Ozeane und sieben Kontinente erklärt:
Im Knochenmark befindet sich der Rosenapfelkontinent, in den Knochen der Śākakontinent; im Kopf der subtile Kontinent; in der Haut der Schnepfenkontinent, in den Haaren der Kuhdungkontinent; in den Nägeln der weiße Kontinent und im Fleisch der Feigenbaumkontinent. Dies sind die sieben Kontinente.[43]
8. Im Urin befindet sich das salzige Meer, im Speichel der Milchozean, im Schleim der Ozean der sauren Milch, im Fett der Ozean der gereinigten Butter, in der Gehirnmasse der Honigozean, im Blut der Zuckerozean und im Samen der Ozean des Unsterblichkeitsnektars. Dies sind die sieben Ozeane.
9. Die neun Länder befinden sich in den neun Köperöffnungen: Indien, Kaschmir, das »Land der Töpfer«, das Sandelholzbaumland, das Muschelland, das Land der Einfüßigen, das Land um Kandahar, das Land der Fischer und das Land des großen Berges Meru[44] sind diese neun Länder.
10. Der Berg Meru befindet sich in der Wirbelsäule,[45] der Berg Kailāsa in der Öffnung des Brahman, der Himālaja im Rücken, die Malayaberge in der linken Nackenseite, der Mandaraberg in der rechten Nacken-

seite, das Vindhyagebirge im rechten Ohr, der Berg Maināka im linken Ohr und der Berg Śrī in der Stirn. Dies sind die acht wichtigen Berge; die anderen, weniger wichtigen Berge befinden sich in den Fingern und Zehen.

11. Pīnasā, Gaṅgā, Yamunā,[46] Candrabhāgā, Sarasvatī, Vitastā, Śatarudrā, Śrīrātri und Narmadā sind somit die neun Flüsse, die sich in den neun wichtigsten subtilen Nerven befinden.

12. Die anderen, die Nebenflüsse, Bäche und Kanäle befinden sich in den 72 000 [weniger wichtigen] subtilen Nerven.

13. Die 27 Sternkonstellationen,[47] die zwölf Sternbilder, die neun Planeten und die 15 Mondtage, diese befinden sich im Inneren, in den 72 000 eigenen inneren Teilen des Körpers. Die große Schar der Sterne befindet sich in den Wellen (gewellten Haaren?).

Die 330 Millionen Götter befinden sich in den Härchen der Arme. Die vielen bedeutenden und unbedeutenden heiligen Orte befinden sich in den übrigen Körperhärchen. Götter, Naturgeister, Dämonen, Gespenster und die Geister der Verstorbenen befinden sich in den Knochen. Die Oberen der Schlangendämonen befinden sich in der Brust.

Andere wiederum, die Scharen der Weisen wie Sanaka, befinden sich in den Haaren der Achselhöhlen. Andere, die Berge, befinden sich in den Härchen am Bauch.

Die Gandharvas, Kinnaras, Kiṃpurusas, Apsarās und Gaṇas[48] befinden sich im Bauch. Die Khecarīlīlāmütter,[49] die Śaktis und gestrengen Gottheiten befinden sich in der Schnelligkeit der Körperwinde. Die zahlreichen Opfertiere befinden sich im Fall der Tränen. Die zahlreichen Wallfahrtsorte befinden sich am Ort der Gelenke. Die unendlich Vollkommenen befinden sich in der Erleuchtung des Verstandes. Sonne und

Mond befinden sich in den beiden Augen. Die zahlreichen Bäume, Lianen, Sträucher und Gräser befinden sich am Ort der Härchen der Unterschenkel. Die zahlreichen Würmer, Insekten und Vögel befinden sich im Kot.

14. Was Freude ist, das ist der Himmel. Was Leid ist, das ist die Hölle. Was Handlung ist, das ist Bindung. Was ohne die Differenzierungen des Denkens ist, das ist die Befreiung.
    In den Zuständen der Selbstform wie Schlaf usw. ist das Wachen des eigenen Selbst der Friede.
    In dieser Weise weilt der höchste Herr, das höchste Selbst, der das All zu seiner eigenen Form hat, in allen Körpern. In allen Individuen weilt er mit ungeteiltem Wesen, die Selbstform des Bewußtseins besitzend. Solcherart ist das Wissen über den Körper.

Das war die dritte Unterweisung, das Wissen über den Körper genannt, im Leitfaden zur Lehre der Siddhas, der vom ehrwürdigen Gorakṣanātha verfaßt worden ist.

Vierte Unterweisung

Nun wird die Grundlage der Seinseinheiten erklärt:

1. Es existiert eine gewisse Śakti, die das höchste Bewußtsein (Saṃvit) zu ihrer Selbstform hat, die die Allerhöchste ist und die, weil sie allen Seinseinheiten zugrunde liegt, die ewig bewußte, ursprüngliche Śakti genannt wird. Sie schafft den Schöpfer durch das Zutagetreten des Sprosses des kosmischen Existenzzustandes[50] von Wirkung, Ursache und Verursacher, und wird deswegen eben die allem zugrundeliegende Śakti genannt.
   Letztendlich wird sie als die Śakti von der Form des Geistes gerühmt, insofern sie die Zeugin der Wahr-

nehmung der Welt wie der autoritativen Überlieferung ist. Und insofern sie zugänglich ist durch die Einheit von eigener Erfahrung und eigener Erkenntnis ihres Bewußtseinslichtes.

Wenn diese Śakti eben sich in natürlicher Weise im Zustand des transzendenten Bewußtseins befindet, der das Gewahrsein des Göttlichen in sich selbst ist, dann ist sie gleich Śiva.

2. Daher wird sie als jene bezeichnet, die zu ihrer Selbstform Kula wie Akula hat, und deren eigenster Zustand jener der wesenhaften Identität (Sāmarasya) von Kula und Akula ist.
3. Zu Kula: Es existiert eben in der Selbstform von Höherem, von Existenz, von Ichheit, von offenbarendem Licht und der Kalā[51] in fünffacher Weise als die Grundlage des Universums.
4. Was aufgrund des Erscheinenlassens der [welttranszendenten] Nichterscheinung Bewußtseinslicht zu seiner Selbstform hat, ist das allerhöchste Höhere.
5. Die Existenz (Sattā) ist das, welches anfanglos existierend ist, das Höchste ist, von dem gesagt werden kann, es sei das über der Vielheit stehende Eine. Sie nimmt alles an und bejaht es.
6. Die höchste Ichheit ist das, dessen Natur es ist, sich als »Ich« zu bezeichnen, und daher »Ich bin« sagt; dessen Wesen unermeßlich ist und die Glückseligkeit von ausgebreiteten Lichtstrahlen besitzt und das ohne Ende noch Anfang ist.
7. Das offenbarende Licht ist, welches den unoffenbaren, transzendenten Bewußtseinszustand des Staunens des Geistes in seiner eigenen Erkenntnis offenbar werden läßt.
8. Die höchste Kalā[51] wird jene genannt, die das Selbstleuchtendsein der Selbstform, die ewig rein und bewußt ist, antreibt (ākalayati).
9. Zu Akula: Es ist bekannt als das, was eines nur ist, da es

die instrumentale Ursache des Alls, bestehend aus Kasten, den vier Menschengruppen und den Familien, ist. Und so wird im Gespräch zwischen Maheśvara und Umā[52] gesagt:
Bezüglich dessen, das nichts mehr über sich hat, dem Allerhöchsten, wird gesagt: Das Akula ist das Allerhöchste, weil es das Einzige, ungeteilt und eines, ist, weil es keinen anderen als seinen Träger hat, keine Wohnstatt besitzt und unaussprechlich (anāma) ist.

10. Als die allerhöchste Śakti verbleibt somit eben jene, die eine nur und fähig ist zur Manifestation der Seinsstufe des Erscheinens der wesenhaften Identität von Kula und Akula.
Die Allerhöchste Śakti, die Strebende genannt, läßt die allerhöchste Realität zum Gefüge der Manifestation des gesamten Universums werden und vereint es wieder mit ihm.

11. Im Lalitasvacchanda[53] wird gesagt:
Das Akula setzt die kosmische Manifestation (Kula), und die kosmische Manifestation begehrt nach dem Akula. Doch von einer einzigen Gestalt ist der höchste gnädige Herr (paraḥ Śivaḥ), denn es verhält sich wie bei dem Prinzip vom Wasser und dessen Blasen.

12. Daher eben ist der unendliche Kräfte besitzende Śiva von einer Gestalt nur. Er manifestiert sich, wenn auch im Zustand seiner eigenen Glückseligkeit befindlich, wonnevoll als die Vielgestaltigkeit und gibt sich eben dann selbst seinem Wesensgrunde hin. Dies ist die gängige Anschauungsweise.
In der Lehre von der Wiedererkennung[54] wird gesagt: Der niemals ohne Śakti Seiende manifestiert sich als alle Formen. Doch durch seine eigenste Gestalt verbleibt er wiederum als einer nur.
Deswegen eben ist der höchste Herr, der höher als das Höchste seiende Gnädige (Śiva), die höchste Ursache; er ist alldurchdringend, weil er seine Selbstform ist,

und ist fähig, sich als alle Formen zu manifestieren. Daher ist er der Besitzer der Kraft (Śaktimān).

13. Im Vamakeśvaratantra[55] wird gesagt:
Selbst Śiva ist ohne Śakti unfähig, etwas zu tun. Mit seiner Śakti jedoch ist er der, der das All erscheinen läßt.

14. Deswegen besteht der unendliche Kräfte besitzende höchste Herr, der zu seiner Selbstform das Bewußtsein des Alls hat, auch aus dem Universum selbst. Dies ist wohlbekannt. Den Vollendeten (den Siddhas) ist ebenso bekannt, daß er die Höheres und Niedrigeres als Selbstform besitzende Kuṇḍalinī-Kraft ist. Daher kennt man jene Vollendeten als die, welche die Seinseinheiten erkannt haben.
Diese Kuṇḍalinī ist zweifach: erweckt und unerweckt. Die Unerweckte wird jene Kuṇḍalinī genannt, die sich im jeweiligen Wesen in Form des Bewußtseins befindet (die von ihrem Wesen her die Form des Kosmos, der Betätigung, Anstrengung und vielfältigen Sorge ist)[56] und potentielle Energie zu ihrer Natur hat. Sie ist als die Erweckte den Yogins, die die durch den jeweiligen Zustand der Kuṇḍalinī manifestierten Veränderungen erfahren, als die sich aufwärtsbewegende Kuṇḍalinī gut bekannt, welche Anstrengung und Zurückhaltung als Selbstform besitzt.[57]

15. Zur Bezeichnung »oben«: Sie existiert »oben«, weil sie, obwohl sie alle Seinsprinzipien ist, gerade die Selbstform ist. Deswegen ist jene, die die Form der Selbst-Beziehungs- und Selbstdifferenzierungskraft besitzt und von der gesagt werden kann, die Yogins erkennen sie als die Selbstform, wohlbekannt.

16. Ebenso wird im Rūlaka[58] gesagt:
Durch die Erweckung der mittleren Śakti, die Kontraktion der unteren Śakti und das Herabkommen der oberen Śakti wird das Höchste erreicht.

17. Die Śakti, die eine nur ist, wird aufgrund der Diffe-

renzierung in mittlere, untere und obere als dreifach geteilte Śakti bezeichnet.

18. Diese nur wird die untere Śakti genannt, die aus den Betätigungen der äußeren Sinne und den vielfältigen Gedanken besteht. Deswegen erlangen diejenigen Yogins Vollkommenheit, die deren Kontraktion durch das Zusammenziehen der Wurzelbasis (Mūlādhāra) üben.

Und woraus diese Welt der beweglichen und unbeweglichen Wesen, die aus Geistigem und Ungeistigem besteht, hervorgeht, dieses eben ist als die Grundlage (Mūlādhāra) bekannt. Diese Grundlage ist eine Erscheinung und Ausdehnung des höchsten Bewußtseins.

19. Von dem Gelehrten Śivānanda[59] wird gesagt:

Durch Ausdehnung und Kontraktion aller Śaktis geschieht die Schöpfung und Auflösung der Welt. Darüber besteht kein Zweifel. Daher wird sie die Wurzel genannt. Daher sind alle Vollkommenen meist der Wurzelbasis hingegeben.[60]

20. Die mittlere Kuṇḍalinī wird genannt, welche fähig ist, die individuelle Seele stets im eigenen Bewußtseinslicht festzuhalten. Und das, obwohl die Seele in ihrem natürlichen Wesen in der Welt hin und her geworfen ist und unnütz umherirrt. Denn die Kuṇḍalinī ist die Selbstform der jeweiligen Seele.

Dies ist gewiß: Es ist eine große Lehre (Mahāsiddhānta), die sagt, die Kuṇḍalinī-Śakti bestehe in ihrer groben oder in ihrer subtilen Form.

21. Zur groben Form: Wenn sie auch die Selbstform aller Objekte und deren Grundlage ist und gleichsam im Inneren der Objekte zum »Umherschweifen« veranlaßt wird, ist diese formhaft grobe Kuṇḍalinī von der Gestalt der Gegenstände.

Sie existiert aber wiederum als gewandt in ihrer erschaffenden Selbstausdehnung und ist die zielgerichtete Kuṇḍalinī, die für die Yogins als höchste Glückseligkeit existiert. Diese ist die formlose, erweckte und in der Lehre der großen Vollendeten wohlbekannte subtile Kuṇḍalinī.

22. Im Tattvasāra[61] wird gesagt:
Die Kuṇḍalinī wird die Schöpfung genannt, aber zweifach ist die dem Dasein Innewohnende. Einmal wird sie die Grobgestaltige genannt, die ihrem Wesen nach Ursache der Welten ist.

23. Die andere ist die allgegenwärtige Subtile, frei von zu Durchdringendem und Durchdringendem.[62] Aber ihre Differenzierung[63] kennt der durch weltliche Vorstellungen Verwirrte nicht.

24. Daher muß die subtile, höhere, das höchste Bewußtsein als Selbstform besitzende mittlere Kuṇḍalinīśakti von den Yogins zum Zwecke der Vervollkommnung des Körpers im Zustand der Selbstform erweckt werden, nachdem sie es aus dem Mund des wahren Guru gelernt haben.

25. Nun wird das Herabkommen der oberen Śakti erklärt: Weil es sich über allen Seinsprinzipien befindet, ist das unaussprechliche Höchste eben als das »Obere« jener Śakti bekannt und wird die obere Śakti genannt. Diese besitzt die Natur des Aufzeigens vielfältiger Wahrnehmung und der eigenen Erkenntnis des Höchsten. Ihr Herabkommen ist das Zurückweisen der zweifachen Erscheinung[64] ihrer Selbstform. Sie verbleibt in ihrer ungeteilten Selbstform.

26. Und es wird gesagt:
Im Innersten Śivas ist Śakti, und das Innerste von Śakti ist Śiva. Ein Unterschied ist eben nicht erkennbar, wie beim Mond und dem Mondlicht.

27. Deshalb wird durch das Herabkommen der oberen Śakti von den großen Siddhayogins das Höchste erlangt – dies ist gewiß.

28. Ebenso ist gesagt worden:
In allem Seienden herrscht das eine höchste Bewußt-

sein, alles erschaffend. In allen Seinsprinzipien erscheint eben dieses höchste Bewußtsein, das die höchste Herrlichkeit ist.

29. In allem Werdenden ist jenes höchste Bewußtsein, manifestiert als vielfältig, unbeständig und begehrend. In allen Erscheinungen ist nur dieses höchste Bewußtsein, gleichsam vermehrt und geschickt sich teilend.
30. Was hier gesagt wurde, ist: Das höchste Bewußtsein, das die Gestalt höherer und niedrigerer Kraft der Selbstbeziehung und Selbstdifferenzierung besitzt, existiert als die Grundlage aller Seinseinheiten und in der Form vielfältiger Kräfte (Śaktis). Dies ist die endgültige Lehre.

Das war die vierte Unterweisung, die Grundlage der integralen Seinseinheiten genannt, im Leitfaden zur Lehre der Siddhas, der vom ehrwürdigen Gorakṣanātha verfaßt worden ist.

Fünfte Unterweisung

1. Nun wird die Vereinigung des individuellen Wesens mit dem Höchsten beschrieben:
   Von den großen Siddhayogins wird nun, nachdem sie in der zuvor gezeigten Reihenfolge, beginnend mit der höchsten Seinseinheit bis zum eigenen Körper alles erkannt haben, die Vereinigung im Höchsten vollzogen.
2. Das Höchste ist das, was selbst erkannt werden muß, und besteht aus dem, was die ganze Erscheinung des Universums erscheinen läßt.
3. In der Tattvasaṃhitā[65] wird gesagt:
   Wo es kein Erkennen und kein Denkorgan, das die Realität erkennt, und keine andere Kunst mehr gibt, was weder behauptet noch verneint werden kann – was kann da mit Worten ausgerichtet werden?
   Wie kann in rechter Weise nach diesem höchsten Ort

mit Hilfe eines bloß redegewandten Guru geeilt werden? Deshalb wird von Śiva selbst gesagt, daß das Höchste selbst zu erkennen und nicht äußerlich vermittelbar sei.

4. Deswegen eben ist das Höchste aufgrund dessen, daß es erfahren und gefunden wird, was aus der Hingabe an die Füße des Guru[66] resultiert, als das bekannt, das man nur selbst erkennen kann, nachdem man durch vielfältige, in Erwägungen gewandte Reden verwirrt worden ist. Dies ist die Lehre.

5. Der Guru ist hier in dieser Lehre von jener Art, daß er in rechter Weise den rechten Weg weist. Und der rechte Weg ist der Weg des Yoga; ein von diesem verschiedener Weg führt in die Irre.
Diesbezüglich wird vom Ādinātha[67] gesagt:
Die in die Bücher des Yogaweges Eingeführten verderben sie zugleich.[68] Deshalb werden jene Irreführer genannt und ebenso jene, die mit diesen zusammen leben und ihnen anhängen.

6. Wenn das gezeigt worden ist, entsteht im selben Augenblick die Wahrnehmung jenes selbst zu Erkennenden. Deswegen wird der Guru hier in unserer Lehre auch die Ursache dieser Erkenntnis des Höchsten genannt.

7. Daher wird von den großen vollkommenen Yogins ihr eigenes Wesen aufgrund eines Seitenblickes des Guru und eingedenk der Tatsache, daß das Höchste selbst zu erkennen ist, durch die Erfahrung des transzendenten Bewußtseinszustandes mit dem Höchsten in seiner Essenz identisch gemacht. Das ist die Lehre.

8. Und zwar in der folgenden Weise – es wird daher nun das Mittel zur Erlangung des transzendenten Bewußtseinszustandes erklärt:
Dem großen Siddhayogin wird durch die Suche, die besteht, weil er in Wahrheit seine Selbstform ist, der Eintritt in das Eigene, Ursprüngliche zuteil. Aus dem

Eintritt in das Eigene entsteht eine gewisse Erhabenheit, die der Zustand eines beschränkten transzendenten Bewußtseins ist.

Darauf entsteht aus dem wunderbaren Staunen des Bewußtseinszustandes des Saccidānanda[69] heraus die Erkenntnis eines Lichtes von wundersamem Aussehen.

Durch diese Erkenntnis wird dann der höchste Ort, das Allerhöchste, welcher das Leuchten der Geistigkeit als Folge des Offenbarseins von Zweiheit und Nicht-Zweiheit erscheinen läßt, zur Gänze offenbar.

9. Deshalb eben wird von den großen vollkommenen Yogins, die sich ganz hingeben, nachdem sie in rechter Weise die Gnade des Guru erlangt haben, kraft der Konzentration im selben Augenblick die Einheit, das Höchste eben, erkannt und erfahren.

10. Nachdem man kraft der Erfahrung dessen sein eigenes bestehendes Wesen in rechter Weise vollständig erkannt und dieses eben im Höchsten geeint hat, d. h. zu ihm, das gleichsam erstiegene Innerste, zurückgekehrt ist, wird um der Vervollkommnung des eigenen Wesens willen die erhabene Größe erfahren.

11. Das eigene Wesen ist das bloße Erscheinen der Glückseligkeit der Strahlen der Selbstform und das bloße Zurückziehen dieses Erscheinens ist der Vorgang der Vereinigung.

12. Deswegen breiten die großen vollkommenen Yogins das eigene Wesen (Piṇḍa), das eine Ansammlung mächtiger Strahlen ist, es in seiner eigensten Gestalt erkennend, als Folge der Selbsterforschung in sich selbst aus und verweilen so um der Vervollkommnung ihres Wesens willen. Das ist bekannt.

13.–16. Nun wird vom Äußeren bei der Vervollkommnung des Wesens gesprochen:

Die Saṅkhamudrā und Konzentration, das Bewahren von Haaren und Bart und ebenso das reine Unsterblichkeitsgetränk und maßloses Einreiben,[70] das an einem einsamen Orte Wohnen, die Initiation und die Abendandacht, Mantrajapa, das Zuflucht-Suchen bei Gott, die Verehrung der Bilder Jñānabhairavas gemäß den Vorschreibungen; der in die Muschel geblasene Löwenton,[71] das Lendentuch und die Holzsandalen; das Unterkleid und Oberkleid, das Wollgewand und ein seltsamer Schirm; der Stab, der Krug und auf der Stirn das Tripuṇḍramal aus Asche. – Dies alles möge er tun bzw. mit sich tragen, mit Sorgfalt und nachdem er den Guru geehrt hat.

17. Jenen, die das tun, sind, wenn die Vervollkommnung des Wesens erlangt ist, alle inneren Kräfte gegenwärtig.
18. Es wird aber weiters gesagt:
Wenn das Höchste erkannt ist, ist die ganze Welt mit Leichtigkeit gewonnen. Die inneren Kräfte kommen von allein, daher muß man das Höchste erkennen.
19. Das Höchste kann – vom höchsten Standpunkt aus – nicht durch Äußerlichkeiten erlangt werden. Denn das Äußere hat als Grundlage den Körper und ist die Ursache der Vorstellung von der Welt.
20. Nachdem in der Welt das Niedrige und Edle angenommen wurde, werden sie gesondert. Besonders auf dem Yogapfad wird dann gelehrt: Das[72] ist seine Pflicht, sein inneres Gesetz (Svadharma).
21. Einen höheren Weg als den Weg des Yoga gibt es nicht, nicht in der vedischen Offenbarung und nicht in der autoritativen Überlieferung.
22. In allen anderen Schriften (außer Veda und autoritativer Überlieferung) wurde er früher von Śiva verkündet. Denn der Yoga ist das Mittel zum Verbinden bei den Praktiken (Yukti), die mit Erkenntnis im Zusammenhang stehen.
23. Welches wie auch immer geartete Niedrige in der Welt dem tätigen Menschen stets zukommt, das eben, wie auch immer geartet, meiden die Yogins kraft der wahren Erkenntnis der Welt.

24. Und für alle gewöhnlichen Menschen gibt es hier, weil sie der Herrschaft früherer psychischer Prägungen unterliegen, die Schriften, philosophische Methoden und die daraus folgende Lebenspraxis in so abgestufter Reihenfolge – das ist offensichtlich.

25. Wenn so das Wesen um der Erlangung der Erkenntnis willen vervollkommnet worden ist und das Höchste, das die Lehre der großen Siddhas darstellt, vollständig erkannt worden ist, wird in diesem Zustand des Ich-Seins auch die Einzelseele durch die Stufenfolge Natürliches (Sahajam), Beherrschung (Saṃyama), Hilfsmittel (Sopāyam) und Nicht-Zweiheit (Advaitam) wahrgenommen.

26. Dabei ist das Natürliche:
Der höchste, das Universum transzendierende Herr, der in der Form des Universums erscheint, ist einer nur. Dieses Wissen gemäß der jeweiligen eigenen Natur ist bekannt als das Natürliche.

27. Die Beherrschung:
Wenn man das Beherrschen der eigenen Bewußtseinsvorgänge, die aufmerksam beobachtete Bewegungen sind, vollzogen hat [und] im Selbst meditiert, ist das die Beherrschung.

28. Das Hilfsmittel:
Nachdem man das aus Selbst-Leuchten bestehende höchste Bewußtsein eben mit sich selbst im eigenen Selbst geeint hat, soll man stets wahrhaftig so verweilen.

29. Die Nicht-Zweiheit:
Weil der Yogin nicht handelt, ist er stets zufrieden, ohne Vorstellungen und befindet sich immer im Zustand transzendenten Bewußtseins.

30. Es wird auch gesagt:
Das Natürliche ist die Erkenntnis seines eigenen Selbst. Die Beherrschung Selbstzucht, das Hilfsmittel ist die innere Stille, und die Nicht-Zweiheit ist der höchste Stand.

31. Und dieser ist aus dem Mund des Guru zu vernehmen und zu erkennen und nicht durch die zahllosen Schriften; ebenso kann er nicht durch spezielles Wissen, Etymologie und Logik, durch religiösen Lebenswandel oder Rezitieren des Veda erkannt werden.
32. Und es kann auch nicht durch das Hören des Vedānta, das darin besteht, über wichtige Aussagen wie »Das bist Du«[73] nachzudenken, erkannt werden. Ebenso nicht durch das Aussprechen des Mantra »Haṃsa« oder durch das Meditieren über die Einheit der individuellen Seele mit dem Brahman.
33. Nicht durch Meditation oder Auflösung des Denkens (Laya) geht ein Yogin im Höchsten auf, wird allwissend, schreitet zum Ufer der Vollkommenheit hinüber, wird frei und wird mit Leichtigkeit aus sich selbst heraus Verursacher, unsterblich und ohne Alter, sondern durch die Gnade des Gurus.
34. Unverletzbar erfreut er sich wie der Bhairava der Götter und Dämonen.[74] – Wer auf diese Weise fest gegründet ist, der erlangt allmählich und leicht das Höchste.
35. Alle unbezwingbaren psychischen Kräfte sind wahrlich von Gott zur Erscheinung gebracht worden.
Im ersten Jahr der Ausübung der Yogadisziplin besitzt der Yogin die psychische Kraft der Freiheit von Krankheit und ist allen Leuten lieb. Sie sehnen sich danach, ihn, der stets in sein eigenes Selbst erhoben lebt, zu sehen.
36. Die Gabe der Dichtung aber erhält er im zweiten Jahr und spricht alle Sprachen. Im dritten Jahr hat er einen göttlichen Körper und wird von Raubtieren oder Schlangen nicht bedrängt.
37. Im vierten Jahr wird er frei von Hunger, Durst, Schlaf und der Bedrängnis durch Kälte und Hitze und der Meister des göttlichen Yoga wird zweifellos fähig, sehr weit zu hören.

38. Im fünften Jahr erlangt er die Vollkommenheit der Sprache und die Fähigkeit, in einen anderen Körper einzutreten. Im sechsten Jahr wird er von Waffen nicht verletzt und vom Fall des Donnerkeils nicht beeinträchtigt.
39. Schnell wie der Wind, fähig, den Boden zu verlassen und sehr weit zu sehen, wird er im siebten Jahr. Im achten Jahr wird er mit Eigenschaften wie der Fähigkeit, sich unendlich klein zu machen (Aṇimā), versehen.
40. Im neunten Jahr besitzt er einen undurchdringlichen Körper und wird fähig, sich im inneren und äußeren Raum zu bewegen. Im zehnten Jahr kann er sich schneller als der Wind dorthin bewegen, wohin er will.
41. In rechter Weise wird er im elften Jahr allwissend und hat Anteil am Erfolg seiner Bemühungen. In zwölften Jahr wird jener Śiva gleich und wird daher selbst zum Schöpfer und Vernichter der Dinge.
42. In der Dreiwelt wird der Vollkommene wahrlich wie Śrībhairava verehrt. Auf diese Weise wird der Siddhayogin innerhalb von zwölf Jahren[75] durch die Macht der Füße des wahren Guru sehr mächtig, daran ist nicht zu zweifeln.
43. Es wird weiters die Fünffachheit der Gurutradition verkündet:
Die Ārdratradition, die Vileśvaratradition, die Vibhūtitradition, die Nāthatradition und die Yogīśvaratradition. Jede dieser Traditionen besitzt auch ihre Eigentümlichkeit.
44. Vom höchsten Standpunkt aus gesehen, besteht alles aus den fünf Elementen. Aus diesen sind die fünf Arten von Seelen entstanden. Der von einer einzigen Gestalt reiner Erkenntnis ist, dieser ist Śiva. Wenn die Unwissenheit verschwindet, bleibt Śiva, die Erkenntnis.
45. Auch von diesen Traditionen sind einige ihrer Selbst-

form abgeneigt, und, bloß formal eingeweiht, betreiben sie Handel und anderes mehr. Die Unterteilung der Traditionen und sich gegenseitig mißachten sie, und den Yogapfad mögen sie nicht.

46.–48. Aufgrund der Leidenschaften besitzen sie fürchterliche Wünsche, sind lüstern und überaus zornig. Sie sind betrügerisch, egoistisch, böswillig und verspotten jene, die dem Herrn lieb sind, jene, die erkennbar sind durch den Umgang mit Heiligen, dem Folgen guter und wahrer Lehren und ihre große Freude; jene, die versehen sind mit vollständiger Erkenntnis des Einen und Wissen um das Eine und mit der Freude eines völlig freien religiösen Lebenswandels.

»Ihr seid schlecht und wir gesittet, ihr seid ebenso wie wir abgefallen von den orthodoxen Lehren.«[76] So reden sie ununterbrochen in äußerster Verblendung.

49. Erde, Wasser, ebenso Feuer, Luft und Äther werden aber in rechter Weise als aus diesen fünf Emanationen entstanden bezeichnet.

50. Und Härte, Feuchtigkeit, Glanz, Beweglichkeit und Unbeweglichkeit sind fürwahr diese fünf Eigenschaften eben, in der Reihenfolge der Emanationen gelehrt.

51. Brahmā und Viṣṇu und Rudra, Īśvara und Sadāśiva – auch diese Gottheiten werden in der Reihenfolge der Traditionen verkündet.

52 (22). Die fünf Zustände grob, subtil, kausal, der Zustand des Zeugenbewußtseins (Turiya) und der diesen transzendierende Zustand werden der Reihe nach wahrgenommen. Und wer diese alle zur Gänze erkennt, ist ein Yogin, ist eine vollkommene Seele, ist ein Yogīśvareśvara, ein höchster Beherrscher des Yoga. Damit ist das höchste Geheimnis offenbart.

53. Deswegen muß er sich letztlich mit Hilfe des Zustandes transzendenter Bewußtheit fest in der Realität der Allglückseligkeit gründen, nachdem er in rechter Weise dem großen Yogin, dem wahren Guru, dem Be-

wirker der eigenen inneren Stille, gedient hat, das Höchste durch rechte Konzentration erlangt hat und bezüglich des Höchsten den Zustand der wesenhaften Identität im eigenen Wesen herbeigeführt, d. h. das eigene Wesen mit dem Höchsten vereinigt hat. Dann ist er selbst ein großer Vollkommener. Das wird in wahrer Weise gesagt.

54.+55. Weder Vorschriften noch auch Kasten, weder Vorstellungen über zu Meidendes oder zu Tuendes, weder Unterschiede noch irgendeine Familie, weder Unreinheit noch ein rituelles Bad gibt es für den Yogīśvareśvara, den so stets zufriedenen Yogin, der den Zustand der inneren Stille in der Freude des eigenen Selbst und des göttlichen Geistes aufgrund seines Verdienstes erlangt hat.

56.–59. Weder durch rechte vollständige Erkenntnis des eigenen Wesens noch durch stufenweise Übung; und nicht durch Yogapositionen; weder durch Weltentsagung noch durch Erwartungslosigkeit noch durch Zurückhalten von Atem und Nahrung; weder durch den Yoga, der das Halten von Mudrās ist, noch indem man zum Schweigen Zuflucht nimmt; weder durch vergebliche Bemühung um Leidenschaftslosigkeit noch durch Festhalten an körperlichen Leiden; weder durch Wiederholen von heiligen Wörtern noch durch Askese und Meditation, noch durch Opfer und das Besuchen von heiligen Orten; weder indem man Zuflucht zur Preisung der Götter nimmt noch auch durch das Bewahren von Einsiedeleien; weder durch das Festhalten am Haar der sechs Weltanschauungen noch auch durch Glatzköpfigkeit,[77] noch durch Bemühungen, bei denen man sich unzähliger Hilfsmittel bedient, wird das Höchste erlangt.

60. Nachdem sie alle diese körperlichen Mittel vollständig aufgegeben haben, gründen sich die vollkommenen Seelen im körperlosen Höchsten.

61.+62. Und wie tun sie dies? Im allgemeinen kommt diese Gründung im Höchsten jener Starken, die Wahrheit Sprechenden durch den Blick des Guru zustande. Durch die Worte oder das Herabkommen der Kraft, durch den Gnadenwillen seiner Füße oder durch die gesegnete Speise (Prasāda) des eigenen Gurus wird das Höchste in rechter Weise gewonnen.

63. Deswegen wurde von Śiva gesagt:
Es gibt nichts Höheres als den Guru, nichts Höheres als den Guru, nichts Höheres als den Guru, nichts Höheres als den Guru, aufgrund der Weisung Śivas, aufgrund der Weisung Śivas, aufgrund der Weisung Śivas, aufgrund der Weisung Śivas.

64.+65. Und wer durch bloße Worte oder durch einen Blick das nur selbst zu erkennende Höchste, das zu Erkennende, Śiva Zugehörige augenblicklich offenbar macht, und dabei die acht Fesseln[78] des Schülers durch einen Hieb des Schwertes seines Mitleids durchtrennt, der wird ein wahrer Guru, einer, der in rechter Weise die Glückseligkeit entstehen läßt, genannt.

66. Der entweder durch den Blick, der einen Bruchteil eines Augenblickes währt, oder durch den Gnadenwillen seiner Füße das eigene Selbst des Schülers ruhig und unbeweglich setzt, diesem wahren Guru sei Ehre.

67. Wer durch seine Worte das Zur-Ruhe-Kommen der vielfältigen Vorstellungen bewirkt, der ist als ein wahrer Guru erkennbar und ist kein falscher Nachäffer.

68. Deswegen ist der wahre Guru stets um der Erlangung des Höchsten willen zu verehren, indem man ihn mit folgenden Worten preist: »Der Guru lehrt in rechter Weise die innere Stille des Geistes, die das Heil ist.« Durch diese Stille wird das allerhöchste Höchste von selbst offenbar. Und im selben Augenblick wird es wahrgenommen.

69. Deshalb wird in der Lehre der großen Siddhas verkündet: Wer mittels bloßer Rede, des bloßen Blickes oder

rechten Gnadenwillens wiederholt im selben Augenblick in den Zustand der inneren Stille führt, der ist ein wahrer Guru. Und wenn dies nicht geschieht, dann findet ohne die eigene innere Stille die Vereinigung des Wesens mit dem Höchsten nicht statt. Das ist die Lehre. Deswegen wird ein wahrer Guru genannt, wer das Zur-Ruhe-Kommen bewirkt, und kein anderer. Aber einen Guru, der aufgrund von Folgerungen aus Ansichten der Lehrbücher, die nur aus Wörtern bestehen, indem er ihnen das Siegel der Philosophie aufdrückt, betrügt, soll man verlassen.

70. Und es wurde gesagt:
Einen Guru ohne Erkenntnis, einen Lügner und Nachäffer, soll man verlassen. Die innere Stille kennt er nicht, was kann er dann für andere tun?

71. Wie kann von einem Stein ein Haufen Steine auf das andere Ufer übergesetzt werden? Nur wer selbst das andere Ufer erreicht hat, der ist fähig, andere hinüberzubringen.

72.–74. Wer fähig ist, selbst aus dem fürchterlichen Meer der Differenzierungen zu entkommen, das aufgrund der Wellen des Kummers schwer zu überqueren und voll von den Netzen der durch weltliche Vorstellungen verdorbenen Planeten[79] ist, und wer sich aus der Gewalt der Wogen psychischer Prägungen[80] durch die richtige Unterweisung nur und im selben Augenblick durch den Zustand transzendenten Bewußtseins auf das Ufer der Befreiung von den Leiden der Welt zu retten vermag, der nur rettet andere durch seinen Blick oder seine Worte oder seinen Gnadenwillen. Wenn demjenigen, der an das andere Ufer gebracht wurde, in sein Innerstes der eigene höchste Seinszustand gesetzt wurde, dann wird er fest und ruhig.

75. Darauf wird der Schüler von den Banden der Geburt und der Wandelwelt befreit, und indem er von höchster Glückseligkeit durchdrungen ist, geht der so Voll-

ständige (weil er wieder die Einheit erlangt hat) in den Zustand Śivas ein.

76. Er befreit nun gleich darauf zahllose Gruppen von Menschen. Daher verehre man diesen wahren Guru in seiner körperlichen Form morgens, mittags und abends.
77. Durch das Niederwerfen des ganzen Körpers ihn preisend, verehrt er stets den Guru. Durch die Hingabe erlangt er Ruhe und Festigkeit und wird zu seiner Selbstform.
78. Was soll dazu viel gesagt werden, und was soll man dabei mit den unzähligen Lehrbüchern? Schwer ist, die Stille des Gemüts zu erreichen ohne die höchste Gnade des Gurus.
79. Die Yogins, die diese Stille des Gemüts erlangt haben, die festen Sinnes und in ihr Inneres versunken sind, erlangen den Zustand transzendenten Bewußtseins in diesem Maße.
80. Augenblicklich erstrahlt das schwer zu erreichende und somit offenbare Höchste, in welchem sich das individuelle Wesen plötzlich auflöst. Daran ist nicht zu zweifeln.
81. Den Hingebungsvollen selbst erscheint leuchtend die Beruhigung der Unstetigkeit des Geistes, welche aufgrund des Entstehens von Veränderungen als Folge der Tätigkeit des höchsten Bewußtseins zustande kommt. Ist die Gesamtheit der eigenen Bewegungskraft aufgezehrt, wird die Einheit, die jene des Höchsten mit dem individuellen Wesen ist und bedeutet, von gleicher Essenz zu sein, für die geliebten Schützlinge des Gurus zur Wirklichkeit.

Das war die fünfte Unterweisung, die Vereinigung des individuellen Wesens mit dem Höchsten genannt, im Leitfaden zur Lehre der Siddhas, der vom ehrwürdigen Gorakṣanātha verfaßt worden ist.

Sechste Unterweisung

Nun wird über die Definition des Yogin, der alles von sich abgeschüttelt hat (Avadhūtayogin), gehandelt:

1. In bezug darauf, wer ein Avadhūtayogin genannt werden kann, sagt man:
   Wer alle Modifikationen der Natur abschüttelt, ist einer, der alles abgeschüttelt hat (Avadhūta). Wer den Yoga besitzt, ist ein Yogin.[81] »Die Wurzel dhū steht im Sinne von Schütteln.« Das Schütteln ist das Losmachen: Der Yogin besitzt einen in der Majestät des eigenen Reiches aufgegangenen, der Sinnenwelt entleerten Geist. Dieser ist frei von der Verschiedenheit von Anfang, Mitte und Ende, nachdem er das mit den Objekten, die die Körper, das Körperliche, die Erscheinungen der Welt usw. umfassen, verbundene Denkorgan ergriffen und es von ihnen zurückgezogen hat.
2. Ya ist der Samenlaut des Vāyu, Ra der Samenlaut des Agni. Der Laut OM, der geistförmig ist, wird die Nichtunterschiedenheit der beiden genannt.
3. Es wird folgendes deutlich gesagt: Durch das Abschneiden der Fesseln und Befleckungen ergibt sich das Kahlscheren.[82] Wer in dieser Weise befreit ist von allen Zuständen des Bewußtseins in der Welt, der wird ein Avadhūta genannt.
4. Welcher Yogin die Asche des eigenen Begehrens besitzt und mit ihr am eigenen Körper geschmückt ist und wem der Aufstieg in die Grundlage[83] zukommt, der wird ein Avadhūta genannt.
5. Wer inmitten der Welt standhaft verharrt, frei von aller Verursachung ist und wer ein Lendentuch, eine Bettelschale aus einem Menschenschädel und Heiterkeit besitzt, der wird ein Avadhūta genannt.
6. Friede (Śam) ist die Freude und der Äther (Kham) das

höchste Brahman. Aus deren Zusammensetzung entsteht die Muschel (Śaṃkham). Von wem diese Muschel (Śaṃkham), welche das Ziel ist, getragen wird, der wird ein Avadhūta genannt.

7. Wessen Sandalen die Erkenntnis des höchsten Ortes, wessen Rehfell der Anāhatalaut ist und für wen der Fels[84] das höchste Bewußtsein ist, der wird ein Avadhūta genannt.
8. Wessen Gürtel die Erlösung, die das Sich-Befreien von den sechs Modifikationen der Natur ist, und wessen ewige Selbstform die Mattenunterlage[85] ist, der wird ein Avadhūta genannt.
9. Wessen beide Ohrringe fürwahr das Leuchten des Geistes und die höchste Glückseligkeit sind und wessen innere Stille die Kerne des Japa-Kranzes[86] sind, der wird ein Avadhūta genannt.
10. Wer einen aus innerer Standhaftigkeit bestehenden Stock besitzt und wessen Schädelbettelschale der höchste Raum ist, wessen Meditationsdecke seine eingeborene Kraft ist, der wird ein Avadhūta genannt.
11. Wer Verschiedenheit und Nicht-Verschiedenheit zu seinen Almosen gemacht hat und dem Genuß der sechs Geschmacksrichtungen hingegeben ist,[87] wessen Alter der Zustand der Identität mit dem Höchsten ist, der wird ein Avadhūta genannt.
12. Wer nun ins eigene Innere geht, in der eigensten unbegreiflichen Raumgegend, oder wer an einem einzigen Ort im Innern weilt,[88] der wird ein Avadhūta genannt.
13. Wer, um seinen Körper unsterblich zu machen, den unendlichen und unsterblichen Trank selbst eben trinkt,[89] der wird ein Avadhūta genannt.
14. Von wem die Unwissenheit, die hart wie ein Diamant und voll vom Schmutz der psychischen Prägungen ist, diese diamantene, aufgegessen wird, der wird ein Avadhūta genannt.

15. Wer selber stets in richtiger Weise sich in sein Inneres wendet[90] und die Welt mit Gleichmut erkennt, der wird ein Avadhūta genannt.
16. Wer sich selbst erkennt, in seinem Selbst gegründet ist und in rechter Weise dem Zustand transzendenten Bewußtseins gleich geworden ist, der wird ein Avadhūta genannt.
17. Wer die Sphäre des transzendenten Bewußtseins erlangt hat, zum Ufer der höchsten Ruhe übergesetzt hat und die aus Festigkeit und göttlichem Geist bestehende Wirklichkeit kennt, der wird ein Avadhūta genannt.
18. Wer in seinem Inneren seine eigene Wahrheit ist, wer als das Unmanifeste das Manifeste setzt und als das Manifeste fähig ist, alles verschwinden zu lassen, der wird ein Avadhūta genannt.
19. Wessen aus Scheinprojektion bestehender Glanz in seinem Bewußtseinslicht fest gegründet ist[91] und wer sich spielerisch an der Welt erfreut, der wird ein Avadhūta genannt.
20. Wer bald ein Genießer der Welt, bald ein der Welt Entsagender ist, dann wieder wie ein Wilder nackt herumläuft; wer bald ein König oder ein die orthodoxe Religion Ausübender ist, der wird ein Avadhūta genannt.
21. Ein wahrer Guru ist jener, der angesichts des immerwährenden Erscheinens von Lehrern vielfältiger Lehren und Traditionen im Besitz seiner eigenen inneren Selbstform ist. Und ebenso jener, der beim Betrachten der jeweiligen essentiellen Form aller Lehrsysteme in rechter Weise die Wahrheit lehrt und ein Avadhūtayogin genannt wird.

    Weil er alle Lehren harmonisch verbindet, im Anschauen der essentiellen Form der jeweiligen Lehre, ist er ein Avadhūtayogin.

    Über allen Lebensstufen stehend, ist er ein Yogin und

einer, der Erkenntnis und Vollkommenheit erlangt hat und seinem Gelübde treu ist. Er ist auch der Gebieter über sein Wesen sowie dessen Herr; glückbringend ist er und ein Heiliger eben.

22. Er, der Erhabene, hat seine Sinne bezwungen, er ist fromm, erfahren und weise. Und wie er ein Cārvāka und Ārhata[92] genannt werden kann, ist er ebenso ein Buddhist, ein Kenner des Bewußtseinslichtes.

23. Und als einen Philosophen, einen Anhänger des Sāṃkhya oder der Mīmāṃsa[93] kennt man ihn. Von den Tausenden Lehrbüchern, die mit den Gottheiten usw. vertraut sind, wird er gerühmt.

24.+25. Selbst ist er wiederum das kosmische Selbst, das transzendente Selbst und das individuelle Selbst. Er verkörpert die höchste Realität des Seienden, die als Śiva, Rudra usw. bezeichnet wird. Und die höchste Realität, welche in der Höhle des Körperlotus[94] aller Wesen gegründet ist, muß von den Erlösungsuchenden mit großer Anstrengung unbedingt erkannt werden.

26. Er ist Brahmā und Viṣṇu und Rudra, das Unveränderliche und der höchste Herrscher. Er ist eben Indra; er ist der Lebensatem; er ist Kālāgni;[95] er ist der Mond.

27. Er ist eben die Sonne; er ist Śiva; er ist auch Paramaśiva. Er ist aber nur durch Yoga erkennbar, auch von den Anhängern des Sāṃkhya und der Schriften.

28. Er wird auch von Mīmāṃsā-Gelehrten, die sich mit sämtlichen Ritualen beschäftigen, als das Ritual bezeichnet und von den Veda-Anhängern wird er als die höchste Glückseligkeit des Seins, die überall ist, bezeichnet.

29.+30. Diese Unterscheidung des Einen besteht aufgrund des Denk- und Sprachgebrauchs und wegen nichts anderem. In der Freude ist die Glückseligkeit des transzendenten Bewußtseinszustandes des individuellen und des transzendenten Selbst. Die Einheit der beiden wird als die Erkenntnis und als das Mysterium gerühmt.

31. Es freuen sich die Scharen der Götter, und es laufen die Haufen der Dämonen davon. Das Mysterium wird dies in offenbarer Weise stets genannt, das gute Dinge Gewährende.

32. Diejenigen, welche in diesem Weg nicht unterwiesen und immer der Welt des Wandels verhaftet sind, werden daher die einer Irrlehre Folgenden und in der Wandelwelt Treibenden[96] genannt.

33. Der Yogin, der die Charakteristika eines Avadhūta besitzt, befindet sich im Zustand des ohne Form Seienden und enthüllt die jeweilige Selbstform aller philosophischen Anschauungsweisen.

34. Diesbezüglich spricht er nun über die Lebensstufen wie Brahmacārya[97] unter den Brahmanen:
Welcher Kenner des Brahman umhergeht, zur Gänze mit kosmischer Wonne erfüllt und gestärkt durch seine eigene Erkenntnis, dieser wird ein im Brahman Wandelnder (Brahmācārī) genannt.

35. Die Hausherrin ist die ewige unendliche Fülle, das Haus der stets unbewegliche innere Raum. – Welcher bei diesen beiden wohnt, der wird hier ein im Hause Wohnender (Gṛhastha) genannt.

36. Wer immer innen wohnt im aus seinem eigenen Bewußtseinslicht bestehenden Walde, der ist als ein im Wald Lebender (Vānaprastha) zu erkennen, der aber nicht einfach nur im Walde umherläuft, wie ein Reh dies tut.

37. Das transzendente Selbst und dann das individuelle Selbst sind fähig, im universellen Selbst zu erscheinen. Weil er stets auf dieses gerichtet ist, wird er einer, der vollständig auf das Selbst gerichtet ist (Saṃnyāsī), genannt.

38. Von dem das Netz aus Schein (Māyā), der Verstrickung der Taten und den Kalās[98] unaufhörlich ge-

schlagen wird und wer unbeweglich wie ein Berg erscheint, der wird ein Dreistockträger (Tridaṇḍī)[99] genannt.

39. Von dem das stets ruhelose unstete Denkorgan, das, obwohl eines, viele Formen annimmt, gezüchtigt wird, der wird ein Träger eines Stockes (Ekadaṇḍī) genannt.

40. Ein Śuddhaśaiva jedoch ist der, welcher Śiva, den reinen, friedvollen, formlosen, die höchste Wonne Seienden, Sadāśiva genannten, erkennt.

41. Und wer die brennenden eigenen Sinne züchtigt und verbrennt, ist doch ein glühende Askese Ausübender (Tāpasa) zu nennen und nicht jener, der mit Asche von Kuhdung beschmiert ist.

42. Wer das Vieh (Paśu), das Netz der Taten, erschlagen hat, den Status der Selbstbemeisterung (Patitvam), die Unendlichkeit erreicht hat und sich im Zustand eines Paśu[100] befindet, der fürwahr mag ein Anhänger Śivas (Pāśupata) sein.

43. Von wem dieses Liṅgam, das aus höchster Seligkeit bestehende Liṅgam, an seinem eigenen ewig unbeweglichen heiligen Ort[101] verehrt wird, der mag fürwahr ein Kālamukha sein.[102]

44. Der Held, von dem die Auflösung aller Seinsprinzipien herbeigeführt wurde und von dem diese fest und immerwährend behauptet wird, der aber mag ein Träger des Liṅgam (Liṅgadhārī) sein.[103]

45. Wer den Seinsprinzipien, beginnend mit dem Tod, entsagt hat, wer nackt, nur mit Raum bekleidet ist und im Zustand des Nirvāṇa aufgegangen ist, der mag ein dem Nirvāṇa Hingegebener[104] sein.

46. Von wem dieses Wissen, das die jeweilige Selbstform zum Wesen hat und immer die Identität [mit Gott] ist, zusammen mit den richtigen Mantras praktiziert wird, der mag freilich ein Kāpālika[105] sein.

47. Von wem das Gelübde gehalten wird, das die der

großen Allgegenwärtigkeit zugehörige Realität, frei von Form und Inhalt, ist, der mag fürwahr einer sein, der das große Gelübde schwur (Mahāvrata).[106]

48. Wer die Śakti als den Ort der Einheit der beiden weiß, von Kula, das das All zum Wesen hat und der Körper Śivas ist, und von Akula, des allgegenwärtigen, der ist ein der Śakti Angehörender.

49. Ein Kenner der Śakti wird jener genannt, der die Kula und Akula umfassende Śakti als eine erkennt, durch die stets die Vernichtung aller Kalās[107] bewirkt wird.

50. Nachdem er das Kulākula-Seinsprinzip erkannt hat, kann er allmählich durch die große Śakti des Bewußtseinslichtes zum Ort der Śakti gelangen.

51. Für wen Freude der Wein, der Verstand die Mudrā, Māyā der Fisch, das Denken das Fleisch und die meditative Trance die sexuelle Vereinigung ist,[108] dieser wird ein Śākta genannt.

52. Wer die Śakti erkennt, durch welche die durch den Glanz erscheinende Gestalt[109] hergestellt wird und durch welche eben diese aufgrund von Kraftanstrengung offenbar wird, der wird hier ein Śākta genannt.

53. Wer, den Handelnden kennend, handelt und den Zustand transzendenten Bewußtseins ausweitet, dessen innere Stille wird durch die Śakti herbeigeführt und der wird hier ein Śākta genannt.

54. Wer im Körper, der alldurchdringend ist, die höchste Essenz Viṣṇus, welche uranfänglich und unvergänglich ist und Ruhe bringt, erkannt hat, der mag ein Vaiṣṇava (Vishnuit) sein.

55. Wer als Selbstform das sonnengleiche Leuchten besitzt, die frei vom Zustand der Verschiedenheit und Nicht-Verschiedenheit und ebenso von der Verschiedenheit allein ist, und in wessen Körper dieses stets scheint, der, fürwahr, mag ein Bhāgavata[110] sein.

56. Wer aber die ureigenste, Viṣṇu zugehörige Verschiedenheit, die aus dem All und dem Nicht-All besteht,

die bewußt ist und sich in allen Körpern befindet, kennt, der mag ein Vertreter der Lehre von der Verschiedenheit [von Gott, Welt und Seele] sein.

57. Der unwiederbringliche Verlust der fünf (pañca) Elemente wird die Nacht der Fünfheit genannt. Wer jene Nacht kennt, der mag ein Pāñcarātrika sein.[111]

58. Wodurch die Seelen leben und gleich darauf fürwahr in die Befreiung eingehen, das ist die höchste Seele. Von wem diese erkannt wurde, der ist ein stets die höchste Seele Besitzender.

59. Wer, wenn er das höchste Wesen zufriedengestellt hat, anderen Freude schenkt und die Sinne unter seine Herrschaft bringt, der wird ein »Gütiger« (Sāttvika) genannt.

60. Wer den subtilen Haṃsa kennt, der alles zu seiner Form hat, doch formlos ist, der unbefleckt und ohne Ursache ist, der mag ein Sūkṣmasāttvika[112] sein.

61. Wer aber, nachdem er die eine, ungeborene, ewige, unendliche, unvergängliche und beständige Wahrheit erkannt hat, sie ausspricht, der wird ein Weiser, die Wahrheit Sprechender genannt.

62. Durch die beiden aus Erkenntnis und zu Erkennendem bestehenden[113] Aspekte des Yogin, die seiner Natur entsprechend ausfallen, aber ist er ein Kalaṅkī, eine höchste alldurchdringende Seele.

63. Von wem im Laufe der Befreiung fürwahr der alldurchdringende, selbst-leuchtende Sinn, der Erkenntnis besitzt, erkannt wird, der mag ein Sāttvika sein.

64. Wer die Erscheinungen des Gemüts »aushungert«, sich der Anziehung und Abneigung beraubt und dem Himmel gleich nackt ist, der mag ein Fastender (Kṣapaṇaka)[114] sein.

65. In der Ausdehnung des Universums erscheint Śakti, in der Zusammenziehung Śiva. Wer beide vereint, der ist ein hoher Siddhayogin (Siddhayogirāṭ).

66. Wer aber immer durch die Einung mit dem Höchsten als das Eine eben, das das Universum transzendierende, das gemäß dem Universum ist, erscheint, der mag ein Siddhayogin sein.

67. Wer das fließende Bewegen aller eigenen Bewußtseinsvorgänge zur Auflösung gebracht hat, der mag in der Lehre der Siddhas ein sehr mächtiger Siddhayogin sein.

68. Über den Dingen stehend, stets friedvoll, gesund, aus dem eigensten Inneren heraus leuchtend, aus höchster Glückseligkeit bestehend und weise – dieser mag ein hoher Siddhayogin sein.

69. Wer vollkommen erfüllt und heiteren Gemüts ist, wer in den Stand erhoben ist, der das All und das Nicht-All ist, wer rein und von mächtiger Glückseligkeit erfüllt ist, der mag ein hoher Siddhayogin sein.

70. Wer vollkommen erfüllt und heiteren Gemüts ist, wer allen Glückseligkeit bringt und weise ist, wer in rechter Weise getragen ist von Gedanken des Wohlwollens gegenüber allen und allem, der mag ein hoher Siddhayogin sein.

71. Der Yogin trauert nicht über das Vergangene und Verlorene, begehrt nicht Reichtum und Macht und empfindet keine Freude über das Erlangte. Voll der Glückseligkeit, aufgegangen in der eigenen Erkenntnis, wird er niemals behindert durch den Bereich der Zeit.

72. Ein Avadhūta gibt eine Unterweisung, die den Charakter des Aufzeigens einer harmonischen Verbindung von allen Lehrsystemen und Anschauungen im Brahman hat, wenn sie sich auch in der zuvor gezeigten Weise voneinander unterscheiden, und er wird daher als ein wahrer Guru gerühmt.
Entsteht dabei Friede, wenn diese Unterweisungen einzeln gegeben werden, wird dies der wahre innere Friede genannt.

73. Und durch das wunderbare Staunen im Zustand des transzendenten Bewußtseins geht er von selbst in den Zustand der Auflösung der Erscheinungen seiner äußeren Natur ein. Weil er aus dem transzendenten Bewußtseinszustand besteht, mag dieser ein hoher Avadhūta sein.

74. Deswegen grüße und verehre man stets diesen wahren Guru in seiner körperlichen Form. Augenblicklich gewährt dieser in rechter Weise den Stand der Vollkommenen, der aus dem eigenen Selbst erschienen ist.[115]

75. Nicht verehren soll man jene Schlimmen, dumm wie Stroh, die nur Verwirrung hinsichtlich der verschiedenen Anschauungen bewirken. Diese Gurus halte jener Weise sich fern, der die Lehre der Vollkommenen (Siddhas) als Zuflucht hat.

[...]

96. Bei der Ergründung: »Dies ist das kosmische Selbst, dies ist das transzendente Selbst, dies ist das individuelle Selbst« wird die Entstehung der Einheit der drei die Lehre und Anweisung (Ādeśa) genannt.

97. Wer den Yogin mit »Ādeśa«, der heiligen Lehre, die die Übel aller Gegensätze hinwegnimmt, anspricht, erreicht das Selbst, das dem Herrn zugehörige.

98. Die Asche – das Verbrennen des Verlangens, das Ohrringpaar – die Zufriedenheit der Ergründung, das Lendentuch – das beständige Gemüt und die Bettelschale – der Äther sind der eigene Besitz des Yogin.

99. Dieses große göttliche, geheime Lehrbuch, das dem höchsten Herrn zu eigen ist und die endgültige Lehre und die Essenz von allem besitzt, ist die Darlegung vielfältiger spiritueller und religiöser Anschauungsweisen.

100. Es ist den Siddhas offenbar und bewiesen. Es bewirkt plötzliche Erkenntnis und die Glückseligkeit des Selbst. Es ist ewig und vernichtet alle Zweifel.

101.+102. Diese Schrift darf nicht den Schülern anderer Richtungen gegeben werden, und man möge sie auch nicht in Gegenwart anderer rezitieren. Sie darf weder aus Zuneigung noch aufgrund von Zwang, weder aus Gier noch aus Verblendung, weder aufgrund von Unredlichkeit oder Täuschung von seiten eines anderen noch aus Anlaß von Freundschaft, weder aus Freigebigkeit noch wegen der Schönheit einer Frau und nicht weil man mit jemandem wohnt, weitergereicht werden. Nicht einmal dem Sohn darf sie gegeben werden, ohne daß das Verhältnis von Guru und Schüler zwischen Vater und Sohn besteht.

103.–106. Jenen, die wahrhaftig sind, voll Mitleid und starker Hingabe, die stets ruhig, still und unerschütterlich sind, den großen Friedvollen, jenen, die immer Erkenntnis in anderen erwecken, die Furcht, Niedergeschlagenheit, Haß, Scham, Begehren, weltliche Hoffnungen und Kummer von sich gewiesen haben, jenen, die frei von Faulheit, Stolz, Neid, Heuchelei, Täuschung und Betrug sind, die sich abgewandt haben von Egoismus, großer Verblendung, Zuneigung und Abneigung, jenen, die Zorn, Wünsche, Lust, Eifersucht, Verwirrung und Habgier von sich gewiesen haben, die ohne Verlangen, rein, weise und stets dem Seinszustand der Einheit zugetan sind, diesen soll diese Schrift eifrig gegeben werden. Vor Schurken verberge man sie stets.

107.–109. Jene, die spotten und ein schlechtes Leben führen, die lüstern sind und in des Gurus Bett steigen, jene, die ungläubig, Schwindler sind, die grausam und Disputationen über die Wissenschaften hingegeben sind, vom Lebenswandel des Yoga abgekommen, die Schlaf und Streit lieben, die sich mit ihren eigenen Dingen beschäftigen und keine Begeisterung für das Werk des Gurus haben, von diesen anderen halte man sich fern, seien es auch Schüler des Gurus.

110. Dieses heilige Lehrbuch, der Weg der Vollkommenen und Leitfaden zur Lehre der Vollkommenen, darf niemals solchen angeboten werden, falls man ein langes Leben wünscht.

111.–113. Es ist sorgfältig zu bewahren, wie Reichtum vor Dieben. Wer unbesonnen und verblendet solche Menschen belehrt, für den Dummkopf nämlich gibt es keine Befreiung, und er wird immer vom Leid gepeinigt, ob er sich in der Luft oder auf der Erde bewegt, ob er ein Yogin ist oder wie ein Dämon die Nacht durchstreift. Der geheimnisvolle Fluch der Siddhas und des Bhairava fällt auf seinen Kopf. Darum hüte man es sorgfältig.

114. Nachdem er aber den Ort im Lotus der Füße des Guru[116] erblickt hat, verkünde er stets die Lehre, denn wie kann es Leid und Furcht für eine große Seele geben, die die Wahrheit kennt?

115. Um der Fortdauer der religiösen Tradition willen soll man das heilige Lehrbuch eben bitte weitergeben, denn der Fortbestand der religiösen Tradition wird von allen gutgeheißen.

116. Wer, nachdem er sich vor Māyā und dem gnädigen Śaṅkara (= Śiva) verbeugt und den Leitfaden zur Lehre der Siddhas abgeschrieben hat, diesen mit Hingabe liest, der erreicht das höchste Ziel.

117. Die Schrift gewähre großen Reichtum und ebenso einen Geist, der der Wonne des liebenden Gedenkens zugetan und der Glanz ist, welcher Gaṇapati[117] umgibt.

Das war die sechste Unterweisung, die Definition des Avadhūtayogin genannt, im Leitfaden zur Lehre der Siddhas, der vom ehrwürdigen Gorakṣanātha verfaßt worden ist.

Anmerkungen

I. Śiva, die Tantras und der Yoga

1 Ein ähnliches Schicksal hatte ja auch der Yoga erlitten. Aus einer Meditationstechnik einschließlich Körpervervollkommnung wurde eine zuweilen fast schon ausschließliche Konzentration der westlichen Menschen auf die physischen Methoden des Yoga, vor allem auf die Körperstellungen (Āsanas) des Haṭhayoga. Aber im Yoga hat sich die Situation inzwischen gebessert. Soll nun der Tantrismus als das, was er ist, nämlich eine spirituelle Methode und hochentwickelte Lehre, im Westen Fuß fassen, so muß sich im westlichen Verständnis der tantrischen Spiritualität eine umfassende Wandlung vollziehen.

2 Zu der Parallele zwischen den Vedas und den Tantras siehe z. B. Eliade, S. 263 ff., oder Muller-Ortegas Studie zum Herzen Śivas.

3 Die weibliche Natur der Sprache (Vāk), ihre Vierteilung, die Laute als Symbole u. ä. finden sich bereits in Ṛgveda, Aitareyabrāhmaṇa, Māṇḍūkya-Upaniṣad und anderen vedischen Texten.

4 Zu diesem Problem des Ursprungs der Āryas siehe Sethna.

5 Sri Chinmoy 1974, S. 2.

6 Sri Aurobindo 1970, S. 322 f.

7 Hierzu nimmt die Philosophie der kaschmirischen Schule der Pratyabhijñā eine andere Position ein.

8 Diese »Keim-Mantren« bedeuten nichts und wirken nur durch die ihnen innewohnende Bewußtseinskraft. Bekannte Bījamantras der Tantras sind unter anderen Hrīm, Sauḥ, Klim und Hūm.

9 Vgl. dazu Sastry, S. 81 ff.

10 Avalon, S. 60.

11 Sastry, S. 87.

12 Eliade, S. 219.

13 »Vedisch« bedeutet hier in Ermangelung früher literarischer Daten in Indien einen möglicherweise sehr langen Zeitraum, der seinen Endpunkt um 1000 v. Chr. hat.

14 Die Upanishaden folgen auf die eigentlichen vedischen Kerntexte (die Saṃhitās). Die klassischen Upanishaden-Texte wurden in einem Zeitraum von mehreren Jahrhunderten verfaßt. Die hier erwähnte Maitrī-Upaniṣad und die Śvetāśvatara-Upaniṣad gehören einer mittleren, sicherlich noch vorchristlichen Zeit an.

[15] Zur Bhagavadgita siehe z. B. Sri Chinmoy 1994.
[16] Haṭhayogapradīpikā 1, 2.
[17] In manchen hinduistischen Traditionen kennt man eine größere Anzahl von Cakras, im Buddhismus eine geringere.
[18] Hier wiedergegeben nach: Ṣaṭcakraṇirūpaṇa 22–27.
[19] Zur Sandhābhāṣā siehe genauer Eliade, S. 258 ff., und Sh. Dasgupta 1946, S. 413 ff. Siehe auch Seiten 101 f. im vorliegenden Buch.
[20] Nach Pandit 1977, S. 49 f. Gorakṣanātha gibt in seinem »Leitfaden zur Lehre der Siddhas« eine ähnliche symbolische Bedeutung der »5 M-s« und sagt, diese (symbolische Ausführung) würde den Śākta kennzeichnen (SSP 6, 51). Vgl. auch Kulārṇavatantra V, 107–113. Zu der Rahasyapūjā selbst siehe z. B. Murphy 1986, S. 56 ff.
[21] Zit. nach Pandit 1977, S. 51.
[22] Sri Chinmoy 1972, S. 24.
[23] Sri Chinmoy 1972, S. 23.
[24] Pandit 1977, S. 3.
[25] Śiva hieß im Veda *Rudra.* Bei Rudra trat stärker der zerstörerische und furchterregende Aspekt hervor als bei dem vorwiegend gnädigen und friedlichen Śiva der späteren Zeit. Das Wort *Śiva* selbst bedeutet »gnädig«.
[26] Hier ist vor allem der Okkultismus in der Atharvaveda-Saṃhitā, in den Brāhmaṇas und in den älteren Upanishaden gemeint. Nach der Schule Sri Aurobindos wird im Ṛgveda, der ältesten indischen Schrift, schon eine vollentwickelte spirituelle Disziplin (eine Art Yoga), durch Symbole verschlüsselt, beschrieben.

II. Gorakṣanātha und die Siddhas

[1] Eliade, S. 310.
[2] Dazu und zu den folgenden Ausführungen über die Siddhas vgl. vor allem Sastri 1956, S. 300 ff.
[3] Goudriaan, Gupta und Hoens in: Goudriaan u. a. 1979, S. 23.
[4] Ein weiteres wichtiges Werk, das Matsyendranātha verfaßt haben soll, wurde vor kurzem entdeckt. Es ist die »Matsyendrasaṃhitā«, deren 1. Teil 1994 von D. Sensharma herausgegeben wurde.
[5] Tantrāloka 1.7; 26.71. Vgl. auch Kaulajñānanirṇaya 6, 47 + 48.
[6] Jayaratha zu Tantrāloka 1.213. Siehe auch TA 1.13.
[7] Nach Bagchi, 1934, S. 27.
[8] Es ist ein Hauptmerkmal tantrischer Texte, daß sie in der Form eines Dialogs zwischen Śiva und seiner Śakti geschrieben sind – Śiva als der Verkünder der Lehren, seine Śakti als Zuhörerin und gelegentliche Fragenstellerin.

9 Matsyendranātha, Kaulajñānanirṇaya, 16.11 und 16.21 ff.
10 Eliade, S. 316, Fußnote.
11 Wahrscheinlich aber ist, daß der große Avalokiteśvara von Bugama als die große Gottheit Nepals schon lange verehrt wurde, bevor er vielleicht erst im 15. Jahrhundert mit Matsyendranātha identifiziert wurde. Siehe dazu Bagchi, S. 13.
12 Banerjea 1964 (2), S. 4 f.; siehe ebenfalls Unbescheid, S. 37 f. und S. 153 f.
13 Haṭhayogapradīpikā 1.4.
14 Kommentar Jayarathas zu Abhinavaguptas Tantrāloka, 1.7.
15 Yoginīs sind nicht nur weibliche Yogins, auch mythisch-mystische Gestalten oder spirituelle Symbole tragen diesen Namen. Erwähnt wird dies in Kaulajñānanirṇaya 22.10b.
16 Siehe dazu Dyzckowski 1988, S. 69 f. und S. 166, sowie Bagchi und den Tantrāloka wie in Dyzckowski angeführt.
17 HYP, 9.
18 Gorakṣasiddhāntasamgraha, S. 40.
19 Erzählung dieser Variante der vielen ähnlichen Legenden um Gorakṣanāthas Geburt nach: Sri Chinmoy (mündlich).
20 Nach Dowman 1991, S. 111 f.
21 Wiedergegeben nach: Sh. Dasgupta, S. 377 ff.
22 Wiedergegeben nach: Sh. Dasgupta, S. 222.
23 Kavirāj 1927, S. 20.
24 Vgl. Mokashi-Punekar in der Einführung zur Avadhūtagītā, S. 55.
25 Vgl. dazu unter anderem Deshpande 1986, S. 17.
26 Dieser Meinung ist zumindest Mokashi-Punekar 1972, S. 400.
27 Näheres zur Lehre der SSP findet sich im Abschnitt über die Philosophie Gorakṣanāthas, soweit das Werk in seinen Sutras, Versen und Prosaabschnitten auch in der Übersetzung nicht für sich selber spricht.
28 Zu den heute noch existierenden Tempeln, Klöstern und Gruppen von Nāthayogins siehe Briggs, Teil A, Bandyopadhyay, S. 71–73, und Banerjea 1964 (2). Nach Briggs (S. 6) hat es 1931 mehr als eine Million Yogins, Fakire usw. in Indien gegeben, viele von ihnen Nāthayogins. In vielen Gegenden machten die Nāthas einen zweistelligen Prozentanteil von der Gesamtzahl der Yogins und Asketen aus.
29 Vgl. Sh. Dasgupta, S. 394 ff.
30 Vgl. dazu Dowman 1991, S. 449 ff.
31 Zur Datierung der Siddhācāryas vgl. Dasgupta, S. 7 ff.
32 Auch zum Text der Caryā siehe Dasgupta, S. 415 f.
33 Dieser und der folgende Caryāpāda-Text zit. nach: Sh. Dasgupta, S. 43.
34 Nach Sh. Dasgupta, S. 26 ff.

[35] Kabīr, wiedergegeben nach: Ksh. Sen 1956, S. 382. Übersetzung aus dem Englischen durch den Autor.

III. Der Yoga der Nāthasiddhas und die Kuṇḍalinī

[1] Es muß hier darauf hingewiesen werden, daß der göttliche Körper, der nach dem Durchlaufen verschiedener Stadien der physischen Transformation erreicht werden soll – davon sprechen aber meist die Nāthasiddhas in ihren stark auf die Praxis ausgerichteten Texten kaum – nicht substantiell ist. Vielmehr besitzt er nach der Lehre der Siddhas eine »feinstoffliche« subtile Substanz, ist also nicht eigentlich materiell in unserem Sinne. Dieser letzte große Schritt, die Vision und logische Notwendigkeit der Vollkommenheit des wirklich physischen Körpers und seine Vergöttlichung sollte dem 20. Jahrhundert vorbehalten bleiben und wurde in den Lehren von Sri Aurobindo vollzogen.

[2] Yogabīja, S. 34 ff.

[3] Vgl. hierzu Sh. Dasgupta, S. 218 ff.

[4] Gopicandrer Pañcāli, S. 345, zit. nach: Sh. Dasgupta, S. 226.

[5] Kaṭhopaniṣad, 2.1.1.

[6] Vgl. Sh. Dasgupta, S. 231.

[7] Zu diesem Abschnitt vgl. die hervorragende Darstellung von Dasgupta 1946, S. 235–246.

[8] Auch die Siddha-Siddhānta-Paddhati, ohne aber Näheres dazu auszuführen, spricht von den drei Prinzipien Sonne, Mond und Feuer. Es muß sicherlich nicht eigens betont werden, daß auch für den Haṭhayogin oder Nāthasiddha, so wie für jeden Hindu, die Sonne auf einer höchsten Ebene das Erleuchtung und inneres Licht gewährende, göttliche Prinzip ist. Vgl. dazu Jayarathas Kommentar zu Abhinavaguptas Tantrāloka 3.67.

[9] Manche Texte sprechen an dieser Stelle nicht von der Śaṃkhinī. Nach ihnen scheint der Nektar direkt vom Mond hinabzufallen.

[10] Beschreibung nach dem Gorakṣavijaya, wie in Sh. Dasgupta, S. 241, wiedergegeben.

[11] Nach Sh. Dasgupta, S. 242.

[12] Dazu und zum folgenden siehe Sh. Dasgupta, S. 211 ff.

[13] Zum Fliegen in Indien und in anderen Kulturen siehe Eliade, S. 335 ff.

[14] Sri Aurobindo 1976, S. 552.

[15] Vgl. Siddha-Siddhānta-Paddhati 5,42 und die Verse davor.

[16] Gorakṣavijaya und Gopicandrer Pañcāli, angeführt in Sh. Dasgupta, S. 213 ff.

[17] Vgl. Eliade, S. 239.

[18] Vgl. Avalon, S. 113. Er sagt jedoch nicht, worin Mahābodha (die ›große Erkenntnis‹) bestehen soll.

19 So versteht zumindest Alain Daniélou den Haṭhayoga.
20 Vgl. Gorakṣaśatakam 51 und Avalon, S. 137.
21 Gorakṣaśatakam 13+14 (Poona-Rezension). Daß mit dem Wort »trilakṣam« wirklich 300000 subtile Nerven gemeint sind, ist nicht sicher. Ein fast gleichartiger Vers in der Siddha-Siddhānta-Paddhati (2,31) spricht an dieser Stelle von »lakṣatrayam«, womit drei Gruppen von Meditationsobjekten gemeint sind.
22 Triśikhibrāhmaṇopaniṣad in: Yoga Upaniṣad-s – siehe 2,56+57.
23 Zu den Winden siehe Gorakṣanāthas Siddha-Siddhānta-Paddhati 1,68 und Daniélou, S. 142ff.
24 Haṭhayogapradīpikā 3,4.
25 Sri Ramakrishna hat einmal sinngemäß gesagt, daß Liebe zu Gott die beste Methode sei, die Nāḍīs zu reinigen. Das bedeutet, Techniken sind nicht unbedingt erforderlich im Yoga, es ist oft wirkungsvoller, aber meist auch schwieriger, Reinheit in Gedanken und Gefühlen und eine intensive innere Haltung zu kultivieren und gleich direkt mit der Meditation zu beginnen, was viele Yogins auch tun.
26 Caryāpāda 32, Sarahapāda; zit. in: Eliade, S. 249; auch zum Rest des Absatzes siehe Eliade, ebd.
27 Die buddhistischen Tantras wiederum kennen nur vier Cakras.
28 Ich folge hier zum Teil bis in die Formulierungen hinein der hervorragenden Darstellung von Avalon, S. 147f. und 135f.
29 Ṣaṭcakranirūpaṇa 10+11; Übersetzung von Avalon.
30 Silburn 1988, S. 24. Die Auffassung des kaschmirischen Shivaismus bezüglich der Kuṇḍalinī-Śakti ist jener Gorakṣanāthas in der SSP ähnlich. Hierzu vergleiche Silburns hervorragende Studie, vor allem S. 19ff. und S. 63ff.
31 Yogabīja 150–152.
32 Singh, S. 25; Haṭhayogapradīpikā 4,65+66; siehe auch Original der SSP 6,91.
33 Daniélou (S. 33ff.) zählt zum Haṭhayoga noch die beiden ersten Stufen des klassischen Rājayoga, Yama und Niyama, welche aus verschiedenen Ge- und Verboten bestehen; ebenso zählt er die höheren Stufen des Rājayoga zum Haṭhayoga und macht so mit dem Recht des Praktizierenden aus dem Haṭhayoga einen für sich selbständigen und vollständigen Yoga.
34 Vgl. dazu Daniélou, S. 63ff.
35 Śivasaṃhitā 3, 40f.
36 Daniélou, S. 71–83. Hier werden die Übungen genau beschrieben.
37 Siehe Daniélou, S. 52–62. Er stützt sich dabei auf die Śivasaṃhitā.
38 Diese Technik heißt auch Yonimudrā.
39 Zu den verschiedenen Klängen bzw. Stufen des Nāda vgl. auch Haṃsopaniṣad 13 (in: Yoga Upaniṣad-s), welche zehn Stufen/

Arten von Klängen anführt; siehe auch die Nādabindūpaniṣad (31–41), die elf Stufen kennt. In anderen Yoga-Upanishaden und verwandten Texten finden sich ähnliche Unterteilungen der in der Meditation manifest werdenden Töne. Vgl. hierzu Beck, S. 92ff.

[40] Haṭhayogapradīpikā 4,20–31; 4,67; 4,80; 4,82–87; 4,89–91; 4,105–108; 4,112–115.

[41] Zu dieser siehe Banerjea 1964, S. 165ff, die Verse 48–51 im Gorakṣavacanasaṃgraha bei Banerjea sowie die Haṃsopaniṣad, Nr. 10–13, (in: The Yoga Upanisad-s), wo die Ajapā Gāyatrī auch die verborgene, unmanifestierte (avyakta) Gāyatrī genannt wird.

[42] Der Schwan gilt in Indien häufig als Symbol für die freie Seele, das Selbst des Menschen.

[43] Nach Banerjea 1964 (1), S. 166.

[44] Gorakṣanātha im Amaraughaśāsana, S. 22f. (Prosatext unten und folgende zwei Verse); und S. 23 (die drei Verse unten).

[45] Zit. in Avalon, S. 144.

[46] Diese Körperkühle und die gleichzeitig örtlich erhöhte Temperatur ist auch das äußerlich deutlichste Phänomen des Layayoga.

[47] Avalon, S. 146.

[48] Zu diesem Thema siehe auch Silburn, S. XIVff.

[49] Śivayogasāra 59–65; und ders., SSP 2,23–39.

[50] Śivayogadarpana 6.

[51] Zum Beispiel SSP 6,96.

[52] Śivayogasāra 90+91; 94+95.

[53] Yogamārtaṇḍa 124.

[54] Yogamārtaṇḍa 149–167.

[55] Śivayogasāra 72ff., folgt ihm hier recht genau.

[56] Für den genauen Text siehe SSP 2,26–31.

[57] SSP 5,56–62.

[58] SSP 5,69.

[59] Advayatāraka Upaniṣad 14–18 (in: Yoga Upaniṣad-s).

IV. Philosophie und Spiritualität im Leitfaden zur Lehre der Siddhas

[1] Im folgenden wird die Siddha-Siddhāntha-Paddhati wie zuvor schon mit der Abkürzung SSP bezeichnet. Zitate aus ihr bzw. Verweise auf entsprechende Textstellen stehen nicht als Anmerkungen, sondern stets im Haupttext selber. Verwendete Abkürzungen für andere Texte, vor allem in den Anmerkungen:
SSP = Siddha-Siddhāntha-Paddhati
SSS = Siddhāsiddhāntasaṃgraha
GSS = Gorakṣasiddhāntasaṃgraha
HYP = Haṭhayogapradīpikā

2 Sprachlich ist die SSP aus Teilen verschiedenen Stils aufgebaut. Sūtra-hafte (= Merksatzform) Abschnitte im ersten Kapitel, normale Prosa, einfache Ślokas (vor allem im 5. und 6. Kapitel) und einige kompliziertere Vers- und Strophenformen kennzeichnen den Text. Das Sanskrit ist, wie in anderen Yogaschriften dieser Zeit, äußerst knapp, grammatikalisch unkorrekt und – vom klassischen Sanskrit aus betrachtet – oft schwer zu verstehen. Das mag aber darauf zurückzuführen sein, daß Sanskrit vor 1000 Jahren (und sicherlich ebenso in den folgenden Jahrhunderten) wahrscheinlich als eine Art panindische lingua franca unter Yogins und Sādhus gedient hat und deshalb für den täglichen Gebrauch oft abgeändert und vereinfacht worden ist und auch durch die Volkssprachen geprägt wurde.

3 Es gibt auch Begriffe, die sonst recht eindeutig bestimmten Schulen angehören, z. B. »nirañjana« (der Niranjana-Schule) und »śūnya«, der – ursprünglich buddhistisch – in den Shivaismus und vor allem in den Haṭhayoga und bei den Nāthas Eingang gefunden hat.

4 Muller-Ortega, S. 103, bemerkt zu diesem Problem bei Abhinavagupta, was auch auf die SSP anwendbar ist: »The dual-non-dual viewpoint provokes a subtle interplay in which distinctions are made and then carefully undercut.«

5 Z. B. Siddhamata, Siddhānta, Amanaska, Avadhūtamata.

6 Es ist dies ebenso in anderen, wenn auch ähnlichen Richtungen (dem Kaulatantrismus und den Avadhūtas) eine durchaus bekannte Weise, das Höchste zu beschreiben:

> »Advaitaṃ kecid icchanti dvaitaṃ icchanti cāpare/
> Mama tattvam na janati dvaitādvaitavarjitam//
> Der Lehre Nicht-Zweiheit (Einheit) hängen die einen an, der Lehre der Zweiheit (Vielheit) die anderen; die höchste Wirklichkeit, jenseits von Nicht-Zweiheit und Zweiheit, erlangen sie beide nicht.«
> – Kulārṇavatantra I.110 (für einen ähnlichen Vers siehe auch Avadhūtagītā 1,36).

7 Siehe Nāthasiddhāntadiṇḍima 6 + 11 + 16.

8 »Advaitoparivartinirākārasākārātītanāthāt ...« – Gorakṣasiddhāntāsaṃgraha (GSS), S. 72.

9 Diese Bezeichnung für das Absolute kommt auch in verwandten Richtungen des öfteren vor: z. B. in den Spandakārikāḥ des Vasugupta 1,6; ebenso schon in frühester Zeit: Ṛgveda I.154.5 + 6 als »höchster Ort« Viṣṇus, und später in der Kaṭhopaniṣad 1.2.15 sowie 1.3.9.

10 In der SSP 4,12 wird Śiva, die statische Seinsweise des Absoluten, als »Paramakāraṇam«, die höchste Ursache, bezeichnet.

Auch in der Tradition des kaschmirischen Shivaismus, der Gorakṣanāthas Lehre sehr nahe zu stehen scheint, wird der Begriff Namenlos (nirnāma) für das Allerhöchste verwendet (Spandapradīpikā, S. 85; zit. bei: Dyczkowski, S. 103).

11 Siehe Banerjea, S. 233, und Śrīvāstava, S. 170.

12 Die nijā Śakti wird im vierten Kapitel auch als die Grundlage des Universums (Ādhāra) bezeichnet; sie ist von der Form des Bewußtseins (Cidrūpiṇī) und die »Allerhöchste« (Aparaṃparā) (SSP 4,1). Sie ist selbst nicht einmal die Schöpferin des eigentlichen Universums, sondern sie erschafft erst das schaffende Prinzip (kartṛ) (4,1:2–3). Śiva ist die statische Seinsweise des Absoluten, und als solcher tritt er der Śakti als Śaktimān, der Besitzer der Śakti, gegenüber. Als solcher erscheint er durch seine Śakti als alle Formen (SSP 4,12) und ist die höchste Ursache und in gewissem Sinne das Allerhöchste (SSP 4,13:1+2). Das Absolute in seinem erhabensten Zustand kann jedoch noch nicht Ursache (kāraṇam, SSP 1,4) sein, denn es ist jenseits von seinen Zustandsformen oder Seinsweisen als Śiva und Śakti. Gleichwohl werden Śiva und Śakti oft als ein Allerhöchstes beschrieben und bezeichnet (SSP 4,1; 4,13:1+2; 4,10), da sie in ihrem Wesen auch identisch mit dem Absoluten sind, sie sind eben dessen dynamisch-bewirkende (Śakti) und statisch-tragende (Śiva) Seinsweise.

13 Ein ähnlicher Vers (Śiva als Mond und Śakti als Mondlicht) findet sich in der Vāyavīyasaṃhitā des Śivamahāpurāṇa, VII.2.4.9.; und in Matsyendranāthas Kaulajñānanirṇaya 17,8+9 werden dazu noch andere Vergleiche gegeben:

> »Śakti existiert nicht ohne Śiva und Śiva nicht ohne Śakti. Miteinander wirken sie wie Feuer und Rauch, o Liebste. Der Schatten ist nicht ohne den Baum und der Baum nicht ohne den Schatten.«

14 SSP 4,12: »Nānākāratvena vilāsan …« – »(Er, Śiva) manifestiert sich wonnevoll als die Vielgestaltigkeit …«

15 Abhinavagupta, Tantrāloka 29,4.

16 Diese Einheit von Kula und Akula wird dann in der Kaula-Tradition häufig in den Begriffen Kaula, Kaulikā usw. angedeutet, da nach einer bekannten Definition Kaula die Vereinigung von Kula und Akula bedeute.

17 Auch in Matsyendranāthas Kaulajñānanirṇaya (14,97) ist das Höchste (hier die höchste Ambrosia = Amṛta) »Akulakulavarjitam«, »frei von (d. h. über) Akula und Kula«.

18 Muller-Ortega, S. 101.

19 Die Fünfzahl der Śaktis ist auch in anderen Traditionen nicht völlig unbekannt, doch deren Bezeichnung und Beschreibung unterscheidet sich von jener Gorakṣanāthas; siehe dazu Basu,

S. 136–137, und Schomerus, S. 175. Doch die übliche Aufteilung der Śaktis scheint jene in drei Formen zu sein, nämlich Icchā-, Jñāna- und Kriyāśakti (Wille, Erkenntnis und Handeln), von denen die Icchāśakti etwa der nijā Śakti der SSP gleichkommen würde. Wir finden diese Dreiteilung der Śakti ebenso in Matsyendranāthas Kaulajñānanirṇaya 2,6+7.

20 Die drei Guṇas Sattva, Rajas und Tamas stellen die drei grundlegenden Eigenschaften allen Daseins dar: Harmonie und Licht, Dynamik und Begierde, Trägheit und Dunkelheit.

21 Eliade, S. 45 + 46; siehe ebenso das Viśvasāra Tantra: »Yad ihāsti tad anyatra yan nehāsti na tat kvacit.« »Was hier ist, das ist anderswo, was hier nicht ist, das ist nirgends« (zit. nach: Avalon, S. 21).

22 Eine berühmte Parallele hierzu findet sich im elften Kapitel der Bhagavadgītā, in dem Krishna Arjuna nicht nur als einer erscheint, dessen Körper das Universum ist, sondern der wesenhaft als jedes Individuum im Universum selbst auftritt.

23 In GSS (S. 10) wird auch gesagt, nach der Gorakṣopaniṣad sei das Ziel nicht Mukti, Befreiung gewesen, sondern »Advaitoparisadānandadevatā«, die »Gottheit immerwährender Glückseligkeit, die sich über der Nicht-Zweiheit (Einheit) befindet«.

24 In Gorakṣanāthas Amaraughaśāsanam (S. 22) heißt es ausdrücklich, der Yogin soll, ist er ein »Lebenderlöster« (Jīvanmukta), in der Welt arbeiten – »karma samābhyāset«.

25 Śivasūtravimarśinī 2.6, zit. nach: Singh 1979, S. 102–103. In vielen spirituellen Traditionen des Mittelalters nimmt der Guru solch eine zentrale Stellung ein, und der Nāthasampradāya ist dafür besonders bekannt. So heißt es in einem prägnanten Satz des GSS, S. 1:

»Asmin mārge sarvaśreyomūlabhūto gurur eva.
Auf diesem Weg ist der Guru allein die Wurzel allen Heils.«

26 Zu der Beziehung Guru–Schüler und zum Guru allgemein, siehe Pandit 1965, S. 77–110, und Schomerus, S. 290–317.

27 In den Versen 6,34–37 werden auch die vier Lebensstufen der Brahmanen in einer symbolischen und vergeistigenden Weise beschrieben: So ist ein Haushälter einer, dessen Hausherrin die Unendlichkeit und dessen Haus der ewig unbewegliche (innere) Raum ist. (SSP 6,35)

28 Es folgt auf diese Verse jedoch eine lange Reihe von Śārdūlavikrīḍita- und Sragdharā-Strophen (SSP 6,76–94), in denen die Lehre der Siddhas als die einzige Zuflucht für den Weisen gepriesen wird und andere Systeme, auch Techniken (wenn falsch oder ausschließlich betrieben) zurückgewiesen werden. Man kann aber aufgrund sprachlicher, inhaltlicher, wie aufgrund der plötz-

lichen wechselnden und ungewöhnlichen Versifikation dem Eindruck nicht entgehen, die besagten Strophen stellten einen späteren Einschub dar. Sie werden daher, auch wegen der schweren Übersetzbarkeit des grammatikalisch oft unkorrekten Sanskrit aus der vorliegenden Übersetzung ausgespart.

V. Der Leitfaden zur Lehre der Siddhas

1 Zu Kula und Akula siehe SSP 4,2 und S. 186f.

2 Dieses Schauen bedeutet das Erwachen aus dem Zustand transzendenter Untätigkeit.

3 Die Bedeutungen der Begriffe, die zur Beschreibung von Eigenschaften dieser Śakti verwendet werden, liegen nahe beieinander und sind sehr schwierig zu unterscheiden. In all diesen Begriffen kommt jedoch deutlich zum Ausdruck, daß diese Stufe der Śakti eben der Beginn zumindest potentiellen Sich-Entfaltens und Sich-Manifestierens ist.

4 Zu den Versen 15–21 siehe mögliche Erklärungen bei Banerjea 1964 (1), S. 93–96.

5 In seinem Kommentar zur SSP identifiziert Śrīvāstava diese fünf Seinsweisen des Absoluten in der entsprechenden Reihenfolge mit Sadāśiva, Parameśvara, Rudra, Viṣṇu und Brahmā.

6 Das Wort Lolatā (Unstetigkeit) soll hier vielleicht die Paradoxien ausdrücken, die in der Leere enthalten sind. In der SSS, einer Zusammenfassung der SSP in Versen, liest man hier das Wort Layana (Auflösen), was mehr Sinn ergäbe.

7 = So 'hambhāva; es bedeutet den Zustand der Erkenntnis der Identität von Śiva und Einzelseele.

8 Dies ist im Sinne von Bewässern zu verstehen.

9 Außer Brahmā, Viṣṇu und Īśvara sind dies alles Formen und Namen von Śiva.

10 Etwas deutlicher ist in der SSS (1,44) an dieser Stelle von Egoismus, »Meinheit« und der »Verblendung von Glück und Leid« die Rede.

11 Sattva, Rajas und Tamas sind die drei Gunas (Eigenschaften) der manifestierten Welt. Sattva steht für Harmonie, Licht und Gleichgewicht, Rajas für Tätigkeit, Leidenschaft und Wunsch, Tamas für Trägheit, Dunkelheit und Unbewußtheit.

12 Es bedeutet das Bewußtsein des Selbst, das als Zeuge die Vorgänge der Welt (auch im Individuum) wahrnimmt. Dieses Bewußtsein wird das »Vierte« (Turīyam) genannt. Die anderen drei beinhalten Wachen, Traum und Tiefschlaf und ihre inneren, spirituellen Gegenstücke. Die Beschäftigung mit den vier Bewußtseinszuständen zählt zu den grundlegenden und beliebtesten

Themen vedāntischer Philosophie. In yogisch-tantrischen Schriften spricht man oft noch von einem fünften Zustand (Turīyātīta), wahrscheinlich um die innere Höhe des Bewußtseins des Selbst zu betonen, das schon im vierten Zustand erlangt wurde.

13 Zu diesen Begriffen siehe S. 34–37.

14 Die Öffnung des Brahman ist der Scheitel des Kopfes.

15 Mit Ha und Sa ist die Ajapā Gāyatraī gemeint, zu ihr siehe S. 155f. In der Handschrift der SSP aus Hardwar finden sich an dieser Stelle noch zwei Sätze mehr:

> »Asyaivavasthābhede haṭhayoga iti saṃjñā, hakāraḥ kīrtitaḥ sūryaṣ ṭhakāraścandra ucyate/sūryacandramaso(r) yogād haṭhayogo nigadyate//Die Bezeichnung Haṭhayoga rührt aus der Verschiedenheit der Zustände dessen (= des Prāṇa) her. Der Laut ›Ha‹ wird die Sonne genannt, und der Laut ›Tha‹ wird der Mond genannt. Aufgrund der Vereinigung (Yogād) von Sonne und Mond wird dieser Yoga Haṭhayoga [die Vereinigung von Sonne und Mond] genannt.«

16 Das sind die drei Doṣas der ayurvedischen Lehre.

17 Kāmarūpa bedeutet »von der Form der Wünsche/Begierde«.

18 Diesen nennt man normalerweise Uḍḍiyāṇa.

19 Damit ist das Anāhatacakra gemeint.

20 Bezieht sich auf die Ajapā Gāyatrī bzw. das Mantra Haṃsa.

21 Rājadanta bedeutet eigentlich »Elefantenstoßzahn« (oder auch »Vorderzahn«) und scheint hier auf eine Stelle am hinteren Gaumen anzuspielen. Der Begriff ist nicht geklärt.

22 Gemeint ist das Ājñācakra.

23 Es handelt sich um einen Ort im Sahasrāracakra. Hier sei auf eine interessante Parallele zum Ṛgveda verwiesen, wo von den drei höchsten Zuständen der Seele (dort »Stier« genannt) und der Wahrheit als der vier Hörner dieses Puruṣa gesprochen wird. Siehe hierzu Sri Aurobindo 1971, S. 271 (Fußnote).

24 Von etwas Vergleichbarem ist auch in Śivasaṃhitā 5,187 die Rede.

25 Die Ādhāras scheinen etwas Ähnliches wie Cakras zu sein, sind jedoch eher Punkte der Konzentration denn Zentren der Energie; zum Teil sind sie mit den Cakras identisch oder zumindest an derselben Stelle wie diese befindlich.

26 Diese sind: Brahmāgranthi, Viṣṇugranthi und Rudragranthi, Knoten des in der Welt befangenen Bewußtseins entlang der Wirbelsäule, die zur Befreiung durchtrennt werden müssen. Zu ihnen siehe z. B. Avalon, S. 90, und ebenso die Yogakuṇḍalinyupaniṣad 1,63–68 (in: Yoga Upanisad-s).

27 Bedeutet wörtlich »die Höhle der roten Biene«. Damit ist ein Ort

im Kopf gemeint, der zur speziellen Konzentration und Ansammlung von Energie genutzt wird. Vgl. auch SSP 2,27 und Banerjea, S. 190.

28 Diese Technik wird in HYP 3,83 in etwas anderer Form unter dem Namen Vajrolī beschrieben.

29 Diese Übung ist der im Haṭhayoga übliche Jālandharabandha. Siehe HYP 3,70–78.

30 Ähnelt der berühmten Khecarīmudrā. Zu dieser siehe, zusätzlich zu den Ausführungen im vorliegenden Buch im Abschnitt III. 4., HYP 3,32–54 und Śivasaṃhita 5,129 + 130.

31 Siehe Anmerkung 30.

32 Eine sonst nicht bekannte Bezeichnung.

33 = Nirvātadīpa. Dieses Wort assoziiert Nirvāṇa.

34 D. h. im Wissen darum, daß alles gleich im Selbst ist, daß alles das Eine ist.

35 Eine andere Definition von Samādhi findet sich in dem Gorakṣanātha zugeschriebenen Vivekamārtaṇḍa, zitiert in: Banerjea, S. 245. Als sein Hauptmerkmal erweist sich dort die Einheit (Samarasatvam) von Einzelseele und transzendenter Seele. Auch in HYP 4,7 wird Samādhi als die Einheit (Aikyam) von Jīvātmā und Paramātmā definiert.

36 Wahrscheinlich ist mit »Kūrma« eine Art Basis des Kosmos gemeint. Srivastava in der Ausgabe der SSP sagt, es sei »Brahmāṇḍaśarīra kā āśraya«.

37 Diese sind zusammen mit den Welten in Punkt 3 der Dritten Unterweisung die sieben Welten, die in den Purāṇas aufgezählt werden. In den Tantras (mit Ausnahme von Bhū) werden sie ebenso den Cakras zugeordnet, wenngleich in völlig anderer Form.

38 Der Begriff Īśvara bezeichnet Gott in seinem Aspekt als Herrscher des Universums.

39 Nīlakaṇṭha, der »Blaukehlige«, ist ein aus der Mythologie stammender Name für Śiva.

40 Vgl. SSP 2,9.

41 Es wurden hier im Text jedoch nur 19 Welten angeführt.

42 Das sind die vier grundlegenden Gruppen des indischen Kastensystems. Im Hinblick auf die 64 Kalās läßt sich nun mutmaßen, daß vielleicht jeder Kastengruppe 16 Kalās (»Mond-Teile«) zugeteilt werden, um sie weiter zu untergliedern.

43 In den Purāṇas (z. B. Bhāgavatapurāṇa 5,20) werden diese Kontinente genauer beschrieben. Sie stellen einen wichtigen Teil des alten indischen Weltbildes dar.

44 Der mythische Berg Meru bildet das Zentrum der Welt.

45 Die Wirbelsäule wird oft »Merudaṇḍa« (Merustock) genannt,

weil sie, wie der Berg Meru für die Welt, gewissermaßen Zentrum und Stütze unseres Körpers ist.

46 Nach HYP 3,109 sind die Gaṅgā Iḍā, die Yāmunā (heute: Jumna) Piṅgalā und der ausgetrocknete Fluß Sarasvatī dann wahrscheinlich der Suṣumnā zugeordnet.

47 Damit sind die 27 Häuser des Mondes in der indischen Astrologie gemeint.

48 Es handelt sich um mythische Wesen, ähnlich den Elfen, Nymphen u. a.

49 Unklar bleibt, welche Wesen damit gemeint sein sollen.

50 Bedeutet ein Erwachen oder Aufstehen Gottes zum Kosmos (Utthānadaśā).

51 Kalā heißt eigentlich »Teil«. Nach Bagchi (S. 45), der sich auf den berühmten Tāntrika Puṇyānanda beruft, läßt sich Kalā in wenigen Worten als die dem ersten Keim des Selbstbewußtseins und der Vibration Śivas innewohnende Kraft definieren.

52 Maheśvara ist Śiva und Umā seine Śakti Parvatī.

53 Ein Werk mit diesem Titel ist uns heute nicht bekannt.

54 Gemeint ist wahrscheinlich die kaschmirische Schule des Pratyabhijñā, der Lehre vom Wiedererkennen, nach der sich die Seele als Śiva wiedererkennt.

55 Ein sehr ähnlicher Vers findet sich tatsächlich in Vamakeśvaratantra 4,6. Dort, im ersten Teil des Werkes, dem Nityaṣoḍaśikārṇava, heißt es:

»Paro hi śaktirahitaḥ śaktaḥ kartuṃ na kiñana/
Śaktas tu parameśāni śaktyā yukto yadā bhavet//
Denn der Höchste ist ohne Śakti unfähig, etwas zu tun.
Wenn er mit seiner Śakti verbunden ist, o höchste Göttin, ist er fähig, zu handeln.«

56 Die Klammern wurden von der Herausgeberin Kalyani Mallik ohne Angabe von Gründen gesetzt.

57 Bezieht sich ganz offensichtlich auf den Vorgang des Yoga, der die Kuṇḍalinī von einem Cakra zum anderen höher steigen läßt und das Bewußtsein des Yogin, der jeweiligen Stufe entsprechend, verändert.

58 Ein Werk mit diesem Titel ist uns heute nicht bekannt.

59 Nach Meinung von Rastogi (S. 106) ist dies möglicherweise jener Śivānanda, der als einer der Begründer der Krama-Linie des kaschmirischen Shivaismus wahrscheinlich im 9. Jahrhundert gelebt hat.

60 Diese Aussage trägt zwei Bedeutungen in sich:
1. Die Siddhas verehren die Śakti als die Grundlage der Welt.
2. Sie versuchen durch geeignete Techniken die Kuṇḍalinī im Mūlādhāra zu erwecken.

[61] Ein Werk mit diesem Titel ist uns heute nicht bekannt.

[62] = Vyāpya und Vyāpaka, zwei Begriffe aus der indischen Logik, die die Koexistenz von Grund oder Wirkung (Vyāpya, das zu Durchdringende) und Schlußfolgerung oder Ursache (Vyāpaka, das Durchdringende) beschreiben. Von der Wirkung oder dem logischen Grund (z. B. sichtbarer Rauch auf dem Hügel) kann immer auf die Ursache (das nicht sichtbare Feuer) geschlossen werden, umgekehrt ist das jedoch nicht immer möglich, da es auch Feuer ohne Rauch gibt, aber eben niemals Rauch ohne Feuer.

[63] D. h. wohl die Differenzierung in grobe und subtile Kuṇḍalinī.

[64] Es ist nicht ganz klar, welche zwei Erscheinungsformen gemeint sind, wahrscheinlich aber handelt es sich um Vidyā (Erkenntnis) und Avidyā (Unwissenheit).

[65] Ein Werk mit diesem Titel ist uns heute nicht bekannt.

[66] Die Füße des Guru symbolisieren die Gnade Gottes im Guru.

[67] Śiva als der Gründer des Nāthasampradāya.

[68] D. h., weil sie nur in den Büchern und nicht in der Praxis des Yoga versiert sind.

[69] Saccidānanda ist eine alte Bezeichnung für das Göttliche und wird auch heute als der vielleicht universellste Name für das Göttliche in Indien gerne verwendet. Sat (Sac) bedeutet Sein, Cit (Cid) Bewußtsein, und Ānanda bedeutet Glückseligkeit.

[70] Mit dem Schweiß, der beim Prāṇāyāma entsteht.

[71] = Siṃhanāda. Siṅgnād heißt auch eine Art Pfeife, die Nāthayogins heute bei sich tragen. Vgl. Briggs, S. 11 + 30.

[72] Damit ist das Annehmen und Sondern gemeint.

[73] »Tat tvam asi« (»Das bist Du«) ist einer der großen Aussprüche (Mahāvākyas) der Upanishaden.

[74] Bhairava ist hier im Sinne des Obersten von Śivas Heer zu verstehen.

[75] Die zwölf Jahre symbolisieren wahrscheinlich die zwölf Stufen der Entwicklung.

[76] Das bezieht sich auf die Kritik der Nāthas an angelerntem Vedawissen, was ganz deutlich im GSS wird.

[77] Eine originelle Art, auf die orthodoxen Pandits und die kahlgeschorenen Asketen hinzuweisen.

[78] Nach Śrīvāstava sind dies folgende: Alter, Geburt, Tod, Krankheit, Lust, Zorn, Verblendung, Unwissenheit und Ego.

[79] Liest man statt dem in der Klammer befindlichen Wort »Graha«, das Wort »Grāha«, ergibt sich eine andere Übersetzung, die ein Wortspiel enthält: »Voll von der Menge feindlich gesinnter Meeresungeheuer.« Die Netze der Planeten bezeichnen das – im astrologischen Sinne – aus den Planetenkräften gewobene Schicksal des Menschen.

80 Aus früheren Leben stammende Verhaltenstendenzen und Denk- und Fühlweisen, denen man sich im Yoga entziehen muß.

81 Mit diesen beiden Sätzen wird erklärt, was ein Avadhūta und was ein Yogin ist, da hier vom Avadhūtayogin die Rede ist.

82 Bezieht sich auf das tatsächliche Kahlscheren der Asketen. Im SSS steht an dieser Stelle statt »Kleśa« (Befleckung) sogar »Keśa« (Haar).

83 Das deutet auf die Grundlage allen Seins, Śiva und Śakti, hin.

84 Das deutet auf die Höhle oder den Fels hin, in der oder auf dem der Yogin meditiert.

85 Auf Matten sitzend meditieren die Yogins.

86 Zum Wiederholen eines Mantras (Mantrajapa) wird zum Zählen eine Art Rosenkranz verwendet, der bei Shivaiten aus Rudrākṣa-Kernen besteht.

87 Die sechs Rasas (Geschmacksrichtungen) stehen hier wahrscheinlich für die sechs Cakras: Insgesamt bleibt die Sprache des Verses allerdings unklar.

88 Dieser kann sich sowohl auf herumwandernde als auch auf seßhafte Asketen beziehen.

89 Mit dem Trank ist hier Amṛta, die Ambrosia, gemeint, die ein Yogin durch geeignete Technik (z. B. Khecarīmudrā) trinkt und die für die erfahrene Glückseligkeit im mystischen Erlebnis steht.

90 Ebenso könnte es heißen: »Wer in seinem Innern studiert.«

91 Dies kann als nicht mehr denn als ein Übersetzungsversuch angesehen werden, da der Sinn wohl nicht klar ist.

92 Ein Cārvakā ist ein Anhänger des Materialismus, und ein Ārkata ein Jaina-Mönch.

93 Sāṃkhyā wie Mīmāṃsā sind zwei der sechs orthodoxen und klassischen philosophischen Schulen.

94 D. h., im Innern, in der Seele (Haṃsa), die sich im Herzen befindet.

95 Kālāgni ist das Feuer der Zeit, d. h. das Feuer der Zerstörung.

96 Die Wandelwelt ist Saṃsāra, unsere vergängliche und endliche Welt.

97 Brahmacārya bedeutet »Wandel im Brahman«, womit eine reine Lebensführung ohne die Befriedigung der Sinne, vor allem aber sexuelle Enthaltsamkeit gemeint ist. In der indischen Tradition bezeichnet Brahmacārya auch die Lebensstufe des enthaltsam und rein lebenden Schülers und Studenten, bevor er in das gesellschaftliche Leben eintritt.

98 Bezieht sich auf die fünf Kalās der shivaitischen Philosophie (Nivṛtti-, Pratiṣṭhā-, Vidyā-, Śānta- und Śāntyatītakalā), welche die auf verschiedenen Ebenen befindlichen Begrenzungen der

ursprünglich unbegrenzten Fähigkeiten Gottes in der Schöpfung und im Menschen darstellen. Zu diesen siehe Basu, S. 130 und S. 159 ff.

99 Tridaṇḍins und Ekadaṇḍins sind Brahmanengruppen, die drei bzw. einen Stock tragen. Vgl. S. Dasgupta, Bd. 3, S. 1.

100 Paśu dürfte hier eher als das shivaitische Symbol für die Einzelseele denn als Stufe des Menschseins zu verstehen sein.

101 D. h., der reine, absolute Geist, dessen Symbol im Shivaismus oft das Liṅgam ist, wird in einem Cakra verehrt. Da Svādhiṣṭhāna und Nijapītha Synonyme sein können, wäre an das Svādhiṣṭhānacakra zu denken.

102 Zu Kālamukhas und Kāpālikas, zwei shivaitischen Sekten, siehe D. H. Lorenzens bekanntes Werk *The Kāpālikas and Kālamukhas: Two lost Śaivite Sects.*

103 Die Liṅgamträger sind Vīraśaivas, eine heute noch existierende südindische Religionsgemeinschaft.

104 Hier könnten die Buddhisten gemeint sein, die allerdings niemals ohne Kleidung auftreten. Nur die Jainas der Digambarasekte tun dies.

105 Siehe Anmerkung 102.

106 Bei den Mahāvratas handelt es sich um eine alte shivaitische Sekte.

107 Siehe Anmerkung 98.

108 Eine vergeistigende Auslegung der Pañcamakāras des shaktistischen Vāmamārga.

109 Bedeutet den Glanz des göttlichen Bewußtseins, der das Erscheinen des Universums bewirkt und es auch selber ist. Das wird hier Bhāsa, Erscheinen, Glanz, genannt, und das Universum wird als die Gestalt bezeichnet.

110 Ein Bhāgavata ist ein Vishnuit.

111 Diese Stelle wurde nach Śrīvāstava (Hrsg. der SSP) übersetzt. Er erklärt den Zusammenhang folgendermaßen: Die Nacht (Rātrī) symbolisiert den Weltuntergang, der gleichbedeutend ist mit dem Verschwinden der fünf Elemente. Demnach wäre mit Pāñcarātrika jemand gemeint, der um die Auflösung dieser fünf, d. h. um das Aufgehen im Höchsten (hier Viṣṇu) weiß. Pañcarātra ist eine alte vishnuitische Richtung.

112 Sūkṣma bedeutet fein oder subtil.

113 Hier handelt es sich um einen Übersetzungsversuch.

114 Ein Kṣapaṇaka ist entweder ein Jaina- oder ein Bauddhamönch.

115 Es ist durchaus das Selbst des Verehrers gemeint, da der Guru ja stets nur hervorbringt, was schon immer im Schüler vorhanden gewesen war.

116 D. h., er hat die Wahrheit geschaut und ist ans Ziel gelangt.

[117] Gaṇapati ist dem Mythos zufolge der elefantenköpfige Sohn Śivas und gilt als der Gewährer von Erfolg, Erkenntnis und Vollkommenheit.

Literatur

I. Quellen

Abhinavagupta: *The Tantrāloka* (mit Kommentar des Jayaratha). Hrsg. von M. Rama und M. Kaul. 12 Bde. (*Kashmir Series of Texts and Studies,* Nr. 23, 28, 30, 35, 36, 39, 41, 47, 59, 52, 57, 58). Srinagar 1918–1938.

Avadhūtagītā. Hrsg. und eingeleitet von Sh. Mokashi-Punekar mit einer englischen Übersetzung der Avadhūtagītā von Purohit Swāmī. Delhi 1979.

Bhagavadgītā. Śrīmadbhagavadgītā (mit Kommentar und Übersetzung in Hindī von H. Dvivedi). Hrsg. von B. Dvivedi. 2 Bde. Calcutta 1975.

Gheraṇḍasaṃhitā, The: A Treatise on Haṭha Yoga. Übers. von Ch. Vasu. Bombay 1895.

Gorakhbodh. In: M. Singh: *Gorakhnath and Mediaeval Hindu Mysticism.* Lahore 1937 (Übersetzung S. 48–67, Text im Textteil S. 5–19).

Gorakṣanātha: *Amaraughaśāsanam* (Śaivāgamasaṃgraha, Bd. 3). Hrsg. von K. Sāgara. Delhi 1986.

–: *Amaraughaprabodha.* In: K. Mallik (Hrsg.): *The Siddhasiddhāntapaddhati and other Works of the Nāthayogīns* (mit einer Einleitung zu den Nāthayogins und Gorakṣanātha). Poona 1954, S. 48–55.

–: *Gorakṣapaddhati.* Hrsg. von Kh. Śrīkṛṣṇadāsa. Bombay 1967. (Ist ein erweitertes Gorakṣaśatakam.)

–: *Gorakṣasaṃhitā.* Hrsg. und übersetzt von C. Gautama. Mathura 1974. (So gut wie identisch mit Gorakṣapaddhati.)

–: *Gorakṣasaṃhitā.* Teil 1 und 2. Hrsg. von J. Pāṇḍeya. (*Sarasvatībhavanagranthamālā* Bd. 110). Vārāṇasī 1976 und 1977. (Nicht identisch mit obiger Gorakṣasaṃhitā; ist ein tantrisch-alchemistischer Text.)

–: *Gorakṣaśatakam, The.* Mit Einführung, englischer Übersetzung und Noten hrsg. von Svāmī Kuvalayānanda und S. A. Shukla. Bombay 1974.

–: *Gorakṣavacanasaṃgraha (GSS).* In: A. K. Banerjea (Hrsg.): *Philosophy of Gorakhnath with Goraksha-vacana-sangraha.* Gorakhpur 1964, S. 321–332.

–: *Siddhasiddhāntapaddhati.* Hrsg. von S. R. Āghārkar. Poona 1979.
–: *Siddhasiddhāntapaddhati.* In: K. Mallik (Hrsg.): *The Siddhasiddhāntapaddhati and other Works of the Nāthayogīs.* Poona 1954, S. 1–44.
–: *Siddhasiddhāntapaddhati.* Hrsg. und in Hindī kommentiert von R. Śrīvāstava. Gorakhpur 1981.
–: *Śivayogasāra.* In: P. N. Jośī (Hrsg.): *Nāthasampradāya: Udaya va Vistāra.* Poona 1977, Pariśiṣṭa 1, S. 587–594.
–: *Śivayogadarpaṇa.* In: P. N. Jośī (Hrsg.): *Nāthasampradāya: Udaya va Vistāra.* Poona 1977, Pariśiṣṭa 1, S. 595–597.
–: *Yogabīja.* Hrsg. und in Hindī und Englisch übersetzt von B. M. Awasthi. Delhi 1985.
–: *Yogamārtaṇḍa.* In: K. Mallik (Hrsg.): *The Siddhasiddhāntapaddhati and other Works of the Nāthayogīs.* Poona 1954, S. 56–71.
–: *Gorakṣasiddhāntasaṃgraha.* Hrsg. von G. Kavirāj (*The Princess of Wales Sarasvati Bhavana Texts,* 18, Teil 1). Benares 1925.
Haṭhayogapradīpikā of Svātmārāma, The. With the Commentary Iyotsnā of Brahmānanda and English Translation. Hrsg. von S. Iyengar und T. Tatya. Madras 1972 (korrigierte Ausgabe).
Kaṭhopaniṣad. In: *Eighteen Principal Upaniṣads,* hrsg. von V. P. Limaye und R. D. Vadekar, Bd. 1. Poona 1958, S. 6–27.
Kulārnavatantra. Hrsg. von T. Vidyāratna, mit einer Einleitung von Sir John Woodroffe und Kommentaren von M. P. Pandit. Madras 1965.
Matsyendranātha: *Akulavīratantram,* A und B. In: P. C. Bagchi (Hrsg.): *Kaulajñānanirṇaya and Some Minor Texts of The School of Matsyendranātha* (*Calcutta Sanskrit Series* Nr. III). Calcutta 1934, S. 84–105.
–: *Jñānakārikā.* In: P. C. Bagchi (Hrsg.): *Kaulajñānanirṇaya and Some Minor Texts of The School of Matsyendranātha* (*Calcutta Sanskrit Series* Nr. III). Calcutta 1934, S. 114–122.
–: *Kaulajñānanirṇaya.* In: P. C. Bagchi (Hrsg.): *Kaulajñānanirṇaya and Some Minor Texts of The School of Matsyendranātha* (*Calcutta Sanskrit Series* Nr. III). Calcutta 1934, S. 1–83.
–: *Kulānandatantram.* In: P. C. Bagchi (Hrsg.): *Kaulajñānanirṇaya and Some Minor Texts of The School of Matsyendranātha* (*Calcutta Sanskrit Series* Nr. III). Calcutta 1934, S. 106–113.
–: *Matsyendra Saṃhitā,* Teil I. Hrsg. von D. Sensharma. Calcutta 1994.
Nāthasiddhāntaḍiṇḍimaḥ. In: P. N. Jośī (Hrsg.): *Nāthasampradāya: Udaya va Vistāra.* Poona 1977, Pariśiṣṭa 1, S. 597–601.
Nityaṣoḍaśikārṇava. Mit zwei Kommentaren hrsg. von V. Dviveda (*Yoga-Tantra-Granthamala* Bd. 1). Vārāṇasī 1968.
Ṛgveda, siehe Rig-Veda-Samhitā

Rig-Veda-Samhitā: The Sacred Hymns of the Brāhmans, together with the Commentary of Sāyanācārya. Hrsg. von F. M. Müller. 4 Bde. 2. Auflage. London 1890–1892.
Sampradāyanirṇaya (des *Virmarśanātha*). In: P. N. Jośī (Hrsg.): *Nāthasampradāya: Udaya va Vistāra.* Poona 1977, Pariśiṣṭa 1, S. 601–602.
Ṣaṭcakraṇirūpana. In: A. Avalon (Sir J. Woodroffe): *Die Schlangenkraft: Die Entfaltung schöpferischer Kräfte im Menschen* (Edition von T. Vidyāratna, übers. von A. Avalon). Weilheim 1975, S. 193–288.
Siddhaśiddhāntasangraha, (of Balabhadra). Hrsg. von G. Kavirāj (*The Princess of Wales Sarasvati Bhavana Texts* Nr. 18, Teil 2). Benares 1925.
Śivasaṃhitā, The. Hrsg. und übers. von C. Vasu. Delhi 1975.
Vasugupta: *Spandakārikāḥ, with the Nirṇaya by Kṣemarāja.* Hrsg. und übers. von M. Kaul (*Kashmir Series of Texts and Studies* Nr. XLII). Srinagar 1925.
Vāmakeśvaratantra. In: *The Kulacūḍāmaṇi Tantra and The Vāmakeśvara Tantra.* Eingel., übers. und annotiert von L. M. Finn. Wiesbaden 1986.
Yoga Upaniṣad-s, The. With the Commentary of Śrī Upaniṣad-Brahmayogin. Hrsg. von A. M. Śāstri. Adyar 1920.

II. Sekundärliteratur

Avalon, Arthur (Sir John Woodroffe): *Die Schlangenkraft: Die Entfaltung schöpferischer Kräfte im Menschen.* Weilheim 1975.
Bagchi (Hrsg.), siehe Matsyendranātha
Bahirat, B. P.: *The Philosophy of Jñānadeva.* Bombay 1956.
Bandyopadhyay, P. K.: *Nātha Cult and Mahānād, A Study in Syncretism.* Delhi 1992.
Banerjea, Akhoy Kumar: *Philosophy of Gorakhnath with Goraksha-vacana-sangraha.* Gorakhpur 1964.
–: *The Nath-Yogi Sampradaya and the Gorakhnath Temple.* Gorakhpur 1964.
Banerji, S. C.: *Tantra in Bengal. A Study in its Origin, Development and Influence.* New Delhi 1992.
Basu, Manoranjan: *Fundamentals of the Philosophy of Tantras.* Calcutta 1986.
Beck, Guy L.: *Sonic Theology, Hinduism and Sacred Sound.* Delhi 1995 (1993).
Bharati, Agehananda: *The Tantric Tradition.* London 1965.
Bhattacharyya, N. N.: *History of the Tantric Religion.* New Delhi 1982 (1992).

Boullier, V.: *La caste sectaire des Kāṇphata: Jogīs dans le rayonne de Nepāl: l'example de Gorkhā.* In: Befeo 75/1985.
Briggs, George Weston: *Gorakhnāth and the Kānphata Yogīs.* Calcutta 1938.
Brooks, Douglas Renfrew: *The Secrets of the Three Cities. An Introduction to Hindu Sākta Tantrism.* Chicago 1990.
Chatterjee, R.: *Religion in Bengal during the Pāla and the Sena times.* Calcutta 1985.
Daniélou, Alain: *Yoga, Mastering the Secrets of the Universe.* Rochester (VT) 1991 (1949).
Dasgupta, Surendranath: *A History of Indian Philosophy.* 5 Bde. Delhi 1975.
Dasgupta, Shashibhusan: *Obscure Religious Cults.* Calcutta 1946.
Deshpande, M. N.: *The Caves of Panhāle-Kāji (Ancient Pranālaka).* Delhi 1986.
Dowman, Keith: *Die Meister der Mahamudra.* München 1991.
Dvivedi, Hazariprasād.: *Nāthasampradāya.* Allahabad 1950.
Dyczkowsky, Mark S. G.: *The Doctrine of Vibration: An Analysis of the Doctrines and Practices of Kashmir Shaivism.* New York 1987.
–: *The Canon of the Śaivāgama and the Kubjikā Tantras of the Western Kaula Tradition.* Albany 1988.
Eliade, M.: *Yoga: Unsterblichkeit und Freiheit.* Frankfurt 1985.
Frauwallner, Erich: *Geschichte der Indischen Philosophie.* 2 Bde. Salzburg 1953–1956.
Gonda, Jan: *Die Religionen Indiens (Die Religionen der Menschheit,* Bde. 11–13). Stuttgart 1960–1964.
–: *History of Indian Literature.* Bd. II.1.: *Mediaeval Religious Literature in Sanskrit.* Wiesbaden 1977.
Goudriaan, Tenn; Gupta, Sanjukta; Hoens, Dirk Jan: *Hindu Tantrism* (Handbuch der Orientalistik, 2. Abt., Bd. 4, 2. Abschnitt). Leiden, Köln 1979.
Iengar, B. K. S.: *Light on Yoga. Yogapradipika.* London 1966.
Kavirāj, Gopināth: *Some Aspects of the History and Doctrine of the Nāthas.* In: *The Princess of Wales Sarasvati Bhavana Studies,* Nr. 6, 1927, S. 19–43.
Lorenzen, David N.: *The Kāpālikas and Kālamukhas: Two lost Śaivite Sects.* Berkley 1972.
Mokashi-Punekar, Shankar: *Notes on the Sixth Chapter of Siddhasiddhāntapaddhati.* In: *Studies in Indian History and Culture* (P. B. Desai Felicitation Volume). Dharwar 1972, S. 400–411.
Muller-Ortega, Paul Eduardo: *The Triadic Heart of Śiva: Kaula Tantricism of Abhinavagupta in the Non-Dual Shaivism of Kashmir.* New York 1989.

Murphy, Paul E.: *Triadic Mysticism. The Mystical Theology of the Śaivism of Kashmir.* Delhi 1986.
Pandey, K. C.: *An Outline of History of Śaiva Philosophy.* Delhi 1986.
Pandit, M. P.: *Lights on the Tantra.* Madras 1977.
–: *Readings.* In: *Kulārṇavatantra.* Hrsg. von T. Vidyāratna mit einer Einleitung von Sir John Woodroffe. Madras 1965.
–: *Traditions in Sadhana.* Delhi 1988.
Pathak, V. S.: *History of Śaiva Cults in Northern India, from Inscriptions 700–1200 A. D.* (*History, Culture and Archeology,* Bd. 2). Allahabad 1980.
Rai, R. K.: *Encyclopedia of Yoga* (*Indological Reference Series* Nr. 1). Vārāṇasī 1975.
Rastogi, Navajivan: *The Krama Tantricism of Kashmir.* Bd. 1: *Historical and General Sources.* Delhi 1979.
Sastri, V. V. Ramana: *The Doctrinal Culture and Tradition of the Siddhas.* In: *The Cultural Heritage of India,* hrsg. von H. Bhattacharyya. Calcutta 1956², Bd. IV, S. 300–308.
Sastry, T. V. Kapali: *Sidelights on the Tantra.* Pondicherry 1971 (1985).
Schomer, Karin; McLeod, W. H.: *The Sants. Studies in a Devotional Tradition of India.* Berkley 1987.
Schomerus, H. W.: *Der Çaiva-Siddhānta: Eine Mystik Indiens.* Leipzig 1912.
Sen, Kshitimohan: *Mediaeval Mysticism of India.* London o. J.
–: *»The Mediaeval Mystics of North India«.* In: Haridas Bhattacharyya (Hrsg.): *The Cultural Heritage of India.* Calcutta 1956², Bd. IV.
Sethna, K. D.: *The Problem of Aryan Origins.* New Delhi 1992.
Silburn, Lilian: *Kuṇḍalinī, the Energy of the Dephts.* New York 1988.
Singh, Jaideva (Übersetzer): *Śiva Sūtras: The Yoga of Supreme Identity.* Delhi 1979.
–: (Übersetzer): *Spanda Kārikās: The Divine in Creative Pulsation.* Delhi 1980.
–: (Übersetzer): *Vijñānabhairava or Divine Consciousness: A Treasury of 112 types of Yoga.* Delhi 1979.
Singh, Mohan: *Gorakhnath and Mediaeval Hindu Mysticism.* Lahore 1937.
Sri Aurobindo: *Savitri.* Birth Centenary Edition, Bd. 28 und 29. Pondicherry 1970.
–: *The Secret of the Veda.* Pondicherry 1971.
–: *Die Synthese des Yoga.* Gladenbach 1976.
Sri Chinmoy: *Matsyendranath and Gorakshanath: Two Spiritual Lions.* New York 1994.

–: *Kundalini – die Kraft der göttlichen Mutter.* Nürnberg 1993.
–: *Eternity's Breath.* New York 1972.
–: *The Wings of Light.* Teil 4. New York 1974.
–: *Veden, Upanishaden, Bhagavadgita. Die drei Äste am Lebensbaum Indiens.* München 1994 (DG 107).
Unbescheid, G.: *Kānphaṭā: Untersuchungen zu Kult, Mythologie und Geschichte śivaitischer Tantriker in Nepal.* Wiesbaden 1980.
Vaudeville, Charlotte: *Kābir Granthāvalī* (hrsg., übers. und eingel. von Ch. Vaudeville). Pondicherry 1957.
Wayman, Alex: *The Buddhist Tantras. Light on Indo-Tibetan Esotericism.* Delhi 1993 (1973).
Woodroffe, Sir John: *Śakti und Śākta: Lehre und Ritual der Tantra-Shastras.* Weilheim 1962.
Zaehner, R. C.: *Der Hinduismus.* München 1980.

Zum Autor

Jyotishman Dam, geboren 1963, hat in Wien Indologie studiert und sich auf die Gebiete des späten, »nachklassischen« Yoga sowie auf die moderne indische Philosophie und Spiritualität spezialisiert. Er verfügt über langjährige Erfahrungen mit Yogatechniken und versucht diese in Bücher und Aufsätze einfließen zu lassen. Er hält Vorträge und ist als freier Übersetzer und als Autor tätig. Für den Eugen Diederichs Verlag hat er den Band »Veden, Upanishaden, Bhagavadgita« von Sri Chinmoy (DG 107) übersetzt, bearbeitet und eingeleitet.

Elvira Friedrich
Yoga – Der indische Erlösungsweg
Das klassische System und seine Hintergründe
Diederichs Gelbe Reihe Band 138, 200 Seiten

Die Indologin Elvira Friedrich gibt einen tiefen Einblick in Ursprünge, Entwicklung und Praxis des klassischen Yoga. Zudem präsentiert sie eine neue Übersetzung der wichtigsten Texte dieser Lehre: dem Yogasutra des Pantañjali (400–500 n. Chr.) und der Sāṃkhyakārikā des Īśvarakṛṣṇa (ca. 400 n. Chr.)

Sri Chinmoy
Veden, Upanishaden, Bhagavadgita
Die drei Äste am Lebensbaum Indiens
Übersetzt und bearbeitet von Franz Dam
Diederichs Gelbe Reihe Band 107, 200 Seiten

Sri Chinmoy, prominenter, vieldiskutierter spiritueller Lehrer, Prediger des Weltfriedens, legt hier die Essenz seiner philosophischen Auseinandersetzung mit den klassischen Quellentexten Indiens vor. Seine Kommentare zu den Veden, Upanishaden und der Bhagavadgita sprechen in tiefgründiger Weise, die niemals die spirituelle Praxis außer acht läßt, von den inneren Geheimnissen, welche die Seher und Magier indischer Vergangenheit entdeckten.

EUGEN DIEDERICHS VERLAG

Indische Quellentexte in Diederichs Gelbe Reihe

Upanishaden
Die Geheimlehre der Inder
Übertragen und eingeleitet von Alfred Hillebrandt,
mit einem Vorwort von Helmuth von Glasenapp
Diederichs Gelbe Reihe Band 15, 240 Seiten

Die *Upanishaden* stellen die philosophische und religiöse Essenz des Veda dar. Dieser Text ist für das Verständnis der indischen Philosophie grundlegend.

Mahābhārata
Indiens großes Epos
Aus dem Sanskrit übersetzt und zusammengefaßt von Biren Roy
Diederichs Gelbe Reihe Band 16, 336 Seiten und Frontispiz

Das *Mahābhārata* ist das bedeutendste Epos der Hindus. Es beschreibt den Kampf der Kauravas mit den Pandavas auf dem heiligen Schlachtfeld von Kurukshetra.

Bhagavadgita/Aschtavakragita
Indiens heilige Gesänge
Aus dem Sanskrit übertragen und kommentiert von
Leopold von Schroeder und Heinrich Zimmer
Diederichs Gelbe Reihe Band 21, 176 Seiten

Die *Bhagavadgita* ist bis heute das verbreiteste Andachtsbuch der Hindus, und die *Aschtavakragita* faßt die Weisheit Indiens in epigrammatischen Sprüchen zusammen.

Ramayana
Die Geschichte vom Prinzen Rama, der schönen Sita und dem großen Affen Hanuman
Übertragen von Claudia Schmölders, mit einem Nachwort von Günter Metken
Diederichs Gelbe Reihe Band 45, 317 Seiten mit 12 Abbildungen

Das *Ramayana* (2. Jh. n. Chr.) ist das erste und größte indische Märchenepos. Neben Buddha ist Rama die moralische Leitfigur der Inder.

EUGEN DIEDERICHS VERLAG

DIEDERICHS GELBE REIHE
Die lieferbaren Bände

DG 1 I Ging
DG 6 Das Totenbuch der Tibeter
DG 7 Heinrich Zimmer: Der Weg zum Selbst
DG 8 Helmuth von Glasenapp: Pfad zur Erleuchtung
DG 12 Hellmut Wilhelm: Sinn des I Ging
DG 13 Geshe Lhündub Söpa u. Jeffrey Hopkins: Der Tibetische Buddhismus
DG 14 Dschuang Dsi: Das wahre Buch vom südlichen Blütenland
DG 15 Upanishaden
DG 16 Mahabharata
DG 17 Über den Rand des tiefen Canyon
DG 18 Popol Vuh
DG 19 Laotse: Tao te king
DG 20 Annemarie Schimmel: Rumi
DG 21 Bhagavadgita / Aschtavakragita
DG 22 Kungfutse: Gespräche. Lun Yü
DG 23 Al Ghasali: Das Elixier der Glückseligkeit
DG 24 Basil Johnston: Und Manitu erschuf die Welt
DG 26 Le Saux/Abhishiktananda: Die Spiritualität der Upanishaden
DG 27 Idries Shah: Die Sufis
DG 28 Liä Dsi: Das wahre Buch vom quellenden Urgrund
DG 29 Tantra in Tibet
DG 30 Chang Chung-yuan: Tao, Zen und schöpferische Kraft
DG 31 Li Gi. Das Buch der Riten, Sitten und Bräuche
DG 32 Annemarie Schimmel: Und Muhammad ist Sein Prophet
DG 33 Heinrich Zimmer: Indische Mythen und Symbole
DG 34 Śāntideva: Poesie und Lehre des Mahāyāna-Buddhismus
DG 35 Der Sohar. Das heilige Buch der Kabbala
DG 36 Kungfutse: Schulgespräche
DG 37 Annemarie Schimmel: Gärten der Erkenntnis
DG 39 Emma Brunner-Traut: Die Kopten
DG 41 Lati Rinpoche/Jeffrey Hopkins: Stufen zur Unsterblichkeit
DG 42 Mong Dsi: Die Lehrgespräche des Meisters Meng K'o
DG 45 Ramayana
DG 46 Germanische Götterlehre
DG 47 Hans Findeisen u. Heino Gehrts: Die Schamanen
DG 51 Erfahrungen mit dem I Ging
DG 52 Franz Carl Endres u. Annemarie Schimmel: Das Mysterium der Zahl
DG 53 Gerhard Wehr: Die Bruderschaft der Rosenkreuzer
DG 56 Albert Y. Leung: Chinesische Heilkräuter
DG 57 Christian Rätsch: Chactun. Die Götter der Maya

DG 61 John Blofeld: Der Taoismus
DG 62 Alfred Douglas: Ursprung und Praxis des Tarot
DG 63 Janheinz Jahn: Muntu
DG 64 Richard Wilhelm und C. G. Jung: Geheimnis der Goldenen Blüte
DG 65 Wen Kuan Chu/ Wallace A. Sherrill: Astrologie des I Ging
DG 67 Heinrich Zimmer: Abenteuer und Fahrten der Seele
DG 68 Wolfram Eberhard: Lexikon chinesischer Symbole
DG 71 Christian Rätsch: Indianische Heilkräuter
DG 73 Hans Wolfgang Schumann: Der historische Buddha
DG 74 Heinrich Seuse u. Johannes Tauber: Mystische Schriften
DG 76 Mahatma Gandhi: Wegweiser zur Gesundheit
DG 78 Robert Aitken: Zen als Lebenspraxis
DG 79 Robert Aitken: Ethik des Zen
DG 82 Annemarie Schimmel: Muhammad Iqbal
DG 91 Weisheit der Völker
DG 93 L. S. Dagyab: Buddhistische Glückssymbole
DG 95 George William Russell – A. E.: Weg zur Erleuchtung
DG 96 Benjamin Walker: Gnosis
DG 98 Das Weisheitsbuch des Zen
DG 99 Hans Wolfgang Schumann: Buddhismus
DG 100 Peter Sloterdijk u. Martin Buber: Mystische Zeugnisse
DG 101 Omar Ali-Shah: Sufismus für den Alltag
DG 102 Annemarie Schimmel: Von Ali bis Zahra
DG 103 Rients R. Ritskes: Zen für Manager
DG 104 Barbara C. Sproul: Schöpfungsmythen der östlichen Welt
DG 105 Barbara C. Sproul: Schöpfungsmythen der westlichen Welt
DG 106 Geshe Thubten Ngawang: Vom Wandel des Geistes
DG 107 Sri Chinmoy: Veden, Upanishaden, Bhagavadgita
DG 108 Friedrich Weinreb: Kabbala im Traumleben des Menschen
DG 109 Dominique Viseux: Das Leben nach dem Tod
DG 110 René Grousset: Die Reise nach Westen
DG 111 Dennis Genpo Merzel: Durchbruch zum Herzen des Zen
DG 112 Åke Hultkrantz: Schamanische Heilkunst und rituelles Drama
DG 113 I. P. Couliano: Jenseits dieser Welt
DG 114 Hans Wolfgang Schumann: Mahāyāna-Buddhismus

DG 115 Christian Rätsch: Heilkräuter der Antike
DG 116 Gerhard Wehr: Spirituelle Meister des Westens
DG 117 Hartmut Kraft: Über innere Grenzen
DG 118 Isabelle Robinet: Geschichte des Taoismus
DG 119 Idries Shah: Sufi-Wege zum Selbst
DG 120 H. P. Blavatsky: Theosophie und Geheimwissenschaft
DG 121 Rumi: Von Allem und vom Einen
DG 122 Dominique Hertzer: Das Mawangdui-Yijing
DG 123 Murad Hofmann: Reise nach Mekka
DG 124 Andreas Gruschke: Mythen und Legenden der Tibeter
DG 125 Malidoma Somé: Vom Geist Afrikas
DG 126 Dominique Hertzer: Das alte und das neue Yijing
DG 127 Gerd Becher/Elmar Treptow: Vom Frieden der Seele
DG 128 Hanna Moog: Leben mit dem I Ging
DG 129 Hans Wolfgang Schumann: Die großen Götter Indiens
DG 130 Helmuth von Glasenapp: Die fünf Weltreligionen
DG 131 Gerardo Reichel-Dolmatoff: Das schamanische Universum
DG 132 Thomas Cleary: Zen-Geschichten
DG 133 Vanamali Gunturu: Krishnamurti
DG 134 Kornelius Hentschel: Geister, Magier und Muslime
DG 135 Konrad Dietzfelbinger: Mysterienschulen
DG 136 Matthias Dalvit: Geburts-I Ging und Astrologie
DG 137 Andreas Gruschke: Die heiligen Stätten der Tibeter
DG 138 Elvira Friedrich: Yoga
DG 139 John Bierhorst: Die Mythologie der Indianer Nordamerikas
DG 140 Die Edda
DG 141 Marc Jongen: Das Wesen spiritueller Erkenntnis
DG 142 Jyotishman Dam: Shiva-Yoga
DG 143 Ella E. Clark: Indianische Legenden
DG 144 Jakob Böhme: Im Zeichen der Lilie – Werke
DG 145 Rudolf Haase: Johannes Keplers Weltharmonik